RELIGIÃO ANTIGA

Dados Internacionais de Catalogação na Publicação (CIP)
(Câmara Brasileira do Livro, SP, Brasil)

Kerényi, Karl, 1897-1973.
  Religião antiga / Karl Kerényi ; tradução de Milton Camargo Mota. – Petrópolis, RJ : Vozes, 2022.

  Título original: Antike religion
  ISBN 978-65-5713-276-0

  1. Grécia – Religião 2. Mitologia grega 3. Religião 4. Roma – Religião I. Título.

21-65928   CDD-292.13

Índices para catálogo sistemático:
1. Mitologia grega : Religião clássica 292.13

Cibele Maria Dias – Bibliotecária – CRB–8/9427

Karl Kerényi

RELIGIÃO ANTIGA

Tradução de Milton Camargo Mota

Petrópolis

© 1995, Klett-Cotta – J.G. Cotta'sche Buchhandlung Nachfolger GmbH, Stuttgart

Tradução realizada a partir do original em alemão intitulado *Antike Religion*.

Direitos de publicação em língua portuguesa – Brasil:
2021, Editora Vozes Ltda.
Rua Frei Luís, 100
25689-900 Petrópolis, RJ
www.vozes.com.br
Brasil

Todos os direitos reservados. Nenhuma parte desta obra poderá ser reproduzida ou transmitida por qualquer forma e/ou quaisquer meios (eletrônico ou mecânico, incluindo fotocópia e gravação) ou arquivada em qualquer sistema ou banco de dados sem permissão escrita da editora.

CONSELHO EDITORIAL

Diretor
Gilberto Gonçalves Garcia

Editores
Aline dos Santos Carneiro
Edrian Josué Pasini
Marilac Loraine Oleniki
Welder Lancieri Marchini

Conselheiros
Francisco Morás
Ludovico Garmus
Teobaldo Heidemann
Volney J. Berkenbrock

Secretário executivo
Leonardo A.R.T. dos Santos

Diagramação: Raquel Nascimento
Revisão gráfica: Nilton Braz da Rocha / Fernando Sergio Olivetti da Rocha
Capa: Editora Vozes

ISBN 978-65-5713-276-0 (Brasil)
ISBN 978-3-608-91732-1 (Alemanha)

Editado conforme o novo acordo ortográfico.

Este livro foi composto e impresso pela Editora Vozes Ltda.

Sumário

Prefácio, 7

O que é mitologia, 13

O traço mitológico da religião grega, 33

Da natureza da festa, 43

Dois estilos de experiência religiosa, 67

Pontos altos da experiência religiosa grega e romana, 98
    1. *Theoría*, 98
    2. *Religio*, 114

Homem e deus segundo Homero e Hesíodo, 125
    1. A ideia grega de sacrifício, 125
    2. Do riso dos deuses, 139

Homem e deus segundo a concepção romana, 149
    1. A vida do *flamen Dialis*, 149
    2. Retrospecto, 170

A ideia religiosa do não-ser, 174

Religião e mito na Grécia, 196

Theós: "Deus" em grego, 209

A sacralidade do festim, 220

Retrato mitológico da menina, 225

O Héracles cansado de Olímpia, 232

O mito da *areté*, 242

A religião grega é uma religião da salvação?, 253

O mito da fé, 263

O que é o templo grego?, 277

Notas, 282

Bibliografia, 283

Índice, 287

Posfácio, 303

Prefácio

O surgimento deste volume remonta a uma orientação em estudos clássicos, nos campos filológico e histórico-religioso, mas de modo nenhum a uma orientação meramente alemã. Depois de minha palestra romana sobre o estado da filologia latina na Hungria, na primavera de 1935, Raffaele Pettazzoni me pediu que escrevesse um trabalho representativo para sua série *Storia delle religioni*. Ele próprio publicara ali um livro sobre religião na Grécia. Pareceu-me que era necessário um novo começo metodológico, especialmente no que dizia respeito à religião grega. A religião romana deveria ser colocada ao lado dela para fins de comparação. Hoje, esse recomeço é tão necessário quanto teria sido trinta e cinco anos atrás.

O livro que eu tinha em mente era como o *Prolegomena to the Study of Greek Religion*, de Miss Harrison, que, publicado em 1903, tornou-se um difundido trabalho introdutório em inglês. A autora quis se afastar definitivamente daquela caracterização dos gregos traçada por John Ruskin e que ela inseriu no início de seus prolegômenos: "Não há pavor em seus corações; atitude pensativa, espanto, muitas vezes a mais profunda tristeza e desolação, mas terror nunca. Calma eterna na presença de todo destino; e alegria como a que foram capazes de extrair, não realmente da beleza perfeita, mas da beleza em perfeito repouso". Essas são linhas de intenso brilho, que superam tudo o que já foi dito na Alemanha sobre os gregos no sentido classicista.

Em contraposição a essa concepção, Jane Ellen Harrison projetou uma imagem tão sombria da religião grega que ela mesma teve de considerá-la unilateral. No entanto, seus parcos *Epilegomena to the Study of Greek Religion* não restabeleceram o equilíbrio, especialmente porque a pesquisa, com o apoio poderoso da obra colossal *The Golden Bough*, de *Sir* James Frazer, construída sobre uma base semelhante e com a mesma unilateralidade, perseguiu os passos da autora desenfreadamente.

Eu ainda poderia me referir a outra concepção dos gregos encontrada na própria Inglaterra, que foi apresentada em 1935 por *Sir* Richard Win Livingstone em seu livro *Greek Ideals and Modern Life*. A rigor, esta não tratava do mesmo assunto, mas oferecia o exemplo de uma postura relativa aos gregos que não era fundamentalmente diferente da de John Ruskin e Walter Pater e que não se baseava apenas no aspecto estético-classicista. Na literatura alemã, o livro de Walter F. Otto, *Die Götter Griechlands*, tornou-se uma obra clássica, acusada de classicismo estético pelos especialistas. Em 1929, preparada apenas pela conferência do autor sobre "A ideia antiga grega de Deus", ela irrompeu no campo da investigação filológica da religião e abriu um imenso abismo nessa ocupação científica, que em toda parte já se orientava no sentido dos *Prolegômenos* de Miss Harrison.

Era preciso tomar uma posição *acima* dos opostos dos quais os próprios estudos religiosos padeciam – porque cada uma das duas direções considerava a outra pseudocientífica; era preciso mostrar uma posição a partir da qual apenas o fenômeno histórico parecia importante. A religião é um fenômeno de correlação em que o homem professa o objeto de sua adoração. Esse fenômeno não se tornou assunto de um tratamento científico nem no caso da religião grega nem no da romana, com uma metodologia objetiva, como devem ser tratados os fenômenos da cultura. Desde 1934, quando proferi a conferência em homenagem ao sexagésimo aniversário de Walter F. Otto em Frankfurt, estive em contato próximo com Leo Frobenius e sua morfologia cultural. Segui internamente a ampliação da experiência do estilo e sua transferência da história da arte para toda a história cultural e procedi a uma segunda expansão: para a história da religião.

Fiz isso com plena consciência, à maneira de uma descoberta, e vi na possibilidade recém-encontrada a salvaguarda de cientificidade que era tão fortemente questionada nesse campo. A consideração estilística por parte de um historiador da arte, se ela é bem-informada, também garante objetividade. Eu falei desse modo de consideração nos estudos religiosos de maneira ainda muito metafórica, porque acreditava que, com isso, eu o aproximava do leitor, e porque prefiro me mover numa imagem concreta em vez de conceitos abstratos. No entanto, era e continua sendo uma imagem consciente, pedagógica. Nesse sentido, escolhi o título italiano do meu livro: *La religione antica nelle sue linee fondamentali* (A religião antiga em suas linhas fundamentais). Na edição alemã, *Die antike Religion: Eine Grundlegung* (A religião antiga: uma fundamentação), o subtítulo não me satisfez. Era muito curto e, de acordo com a concepção alemã da palavra, ainda era mais abstrato do que acho que deveria ser. Somente na terceira edição alemã, encontrei a coisa certa que correspondia ao significado da versão italiana: *Ein Entwurf von Grundlinien* (Um esboço de linhas fundamentais).

O livro foi escrito em alemão para o tradutor italiano, que também era historiador da religião. No primeiro capítulo, continuei meus estudos em psicologia religiosa que realizava na época. O resultado foi uma consideração sobre "Religião antiga e psicologia religiosa", apresentada na Universidade de Roma no início de 1936 e incluída no meu *Apollon* (1937). Encontrava-se também no livro italiano, na primeira edição, como o primeiro capítulo. A exibição do "sentimento da realidade" – em italiano, "*senso della realtà*", o "senso da realidade" – como base da religião grega em vez da "fé" não foi excluída de nenhuma das versões posteriores, mas apenas não foi objeto de um capítulo inteiro. O livro, por outro lado, em alinhamento com sua ideia básica, permaneceu aberto a qualquer continuação que ainda pudesse, de um ponto de vista adicional, mostrar o que foi a "religião antiga".

Outra descoberta (além da transferência da experiência de estilo para religiões como a grega e a romana que abarcou os capítulos que espontaneamente se interconectaram) foi que o "caráter de independência primária" era tão apropriado à "festa" quanto ao "jogo". Conversei sobre isso com Jan Huizinga, historiador holandês e filósofo cultural, em Budapeste, no verão de 1936. Na edição alemã de seu *Homo Ludens* (1939), ele se referiu a essa peculiaridade da festa, recém-descoberta naquela época, com as palavras citadas, absolutamente corretas. Ele também pôde se referir ao texto do meu segundo capítulo. Este foi apresentado por ocasião da fundação da "Sociedade Alemã de Morfologia Cultural" em Frankfurt em 1938 e foi publicado na revista *Paideuma* com o título "Da natureza da festa: religião antiga e pesquisa etnológica da religião". Huizinga sentiu-se confirmado em sua própria concepção do jogo como um elemento da cultura e esperava que eu desenvolvesse minha ideia sobe a festa. Isso foi feito no campo etnológico por Pater Wilhelm Schmidt (1950) e Adolf Ellegard Jensen (1951). Os exemplos gregos mais impressionantes estarão no meu livro *Dionysos: Urbild des unzerstörbaren Lebens* (em inglês, 1971), cujos trabalhos preparatórios iniciais já estavam disponíveis em 1935.

Quando escrevi o prefácio do texto em italiano em Olímpia, no verão de 1938, eu já havia percebido que meu livro preparava uma "filosofia da religião antiga", mas também que ele poderia ser continuado com uma exposição da cultura grega e romana, nos passos de Jacob Burckhardt, como também com uma história da literatura ou da arte. As "linhas fundamentais", as observações morfológicas, estavam lá. Mas ainda faltava nessa primeira versão a reabilitação da mitologia como parte essencial da religião grega e como forma básica da vida antiga, depois que a importância do mito originário já havia sido reconhecida na etnologia e na psicologia. Encontrei na mitologia um gênero de primária independência dentre as atividades criativas do homem, ao lado da poesia, ciência e música, até certo ponto também comparável à "festa" e ao "jogo".

Na primavera de 1939, surgiu meu estudo "O que é mitologia?", que também é conhecido *per se* e foi incluído nas edições alemãs de 1940, 1942 e 1952 como o primeiro capítulo. Na versão inglesa *The religion of the Greeks and Romans* (1962) e na edição alemã baseada nela *Die Religion der Griechen und Römer* (1963), eu o omiti, pois, nesse meio-tempo, ele foi desenvolvido em minha *Introdução à essência da mitologia* (1941), publicada em conjunto com Carl Gustav Jung, e amplamente utilizado na minha *Mitologia dos gregos* (1951). Aqui está ele novamente em sua primeira versão. De resto, este volume não vai além do texto de 1962, que, escrito para a edição em inglês, aparece aqui pela primeira vez em sua versão alemã original.

Minha ocupação com a mitologia começou de forma temática e biográfica no outono de 1938, com a palestra "O nascimento de Helena", em Doorn. Encontra-se no primeiro volume de minhas obras. O segundo volume, *Nas pegadas do mito*, retomou e desenvolveu a linha vital mitológica. O círculo de tópicos, abarcados neste volume pelo título *Religião antiga*, inclui não apenas os capítulos que constituíam meu anterior trabalho *A religião antiga*, mas também as continuações que lançavam luz adicional sobre a pergunta: O que era a religião antiga? Minha colaboração num empreendimento lexicológico de especial importância, a *Encyclopaedia Hebraica*, me deu ensejo para preencher, ao menos com um breve resumo do material tradicional, as observações morfológicas que fiz da religião grega. Esse texto, *Religion und Mythos im alten Griechenland*, até agora foi publicado apenas na tradução hebraica. Os ensaios e as pequenas investigações linguísticas desse círculo temático, que se tornaram cada vez mais uma pesquisa dos fundamentos de estudos religiosos em nossa área cultural europeia, têm apenas a imposição do limite temporal de 1969. Todos os trabalhos aqui reunidos devem, de acordo com as intenções do autor, manter seu caráter de ensaio.

Acredito, no entanto, que o assunto – o tipo antigo de religião como a realização de uma possibilidade humana geral de religiosidade, que permaneceu praticamente sem consideração nos estudos religiosos e nas ciências da Antiguidade clássica – tornou-se mais palpável nos últimos ensaios do volume. São palestras realizadas parcialmente em Roma, parcialmente em Jerusalém e Atenas. Sua referência explícita ou inerente a dois outros tipos de religião – israelita e cristã – deve ajudar a esclarecer o assunto. Eles servem ao objetivo deste livro: o esclarecimento de fatos históricos no campo religioso, restauração clara de suas formas e a eliminação de simplificações velhas e não testadas. A questão de quando virá a geração de estudiosos que desejará construir sobre fundamentos não meramente abstratos, mas na concretude de uma vida espiritual vivida, pode permanecer aberta. O que há está aí para todos os "leitores dispostos": meu livro pode ajudá-los a ver, com amor à verdade, a religião dos gregos e romanos como propriedade da humanidade.

O QUE É MITOLOGIA

1

A inquirição do que era essencialmente a religião antiga é apenas uma maneira entre muitas para chegar a uma imagem apropriada ao estilo da cultura antiga. Mas seguindo esse caminho também podemos atingir o objetivo comum a partir de diferentes pontos de partida. É até essencial que a pesquisa em ciência da religião escolha ora este, ora aquele ponto de vista, para complementar o aspecto oferecido por um com a consideração dos outros.

Podemos, por exemplo, dirigir nosso olhar apenas para a estrutura pura para apreender as linhas que delineiam a forma da humanidade antiga – o helenismo de um lado, e o romanismo, de outro – em seu comparecimento perante a divindade, em sua direta presença diante da divindade. Por mais claros e determinados que se mostrem os contornos de tal forma interior em Homero, Sófocles e outros grandes clássicos na fase de um desenvolvimento já totalmente maduro e perfeito (e a uma ciência da Antiguidade mais desenvolvida eles se mostrarão ainda mais claros e definidos do que hoje): o primeiro olhar que recai sobre os monumentos religiosos da arte e da literatura da Antiguidade não apreende, de início, essas linhas básicas da religião antiga e da antiga existência humana em geral. É diferente a imagem da religião antiga que vive na memória das pessoas com educação humanista de nosso mundo cultural: uma imagem muito mais colorida e rica em formas, muito mais atraente, mas também mais confusa. Todos a conhecemos de perto ou de longe: é a imagem da mitologia grega. Sim, da grega: porque ela também se tornou predominante na arte e na literatura dos romanos e – partindo daí – na cultura moderna determinada pelo humanismo e pelo classicismo. Mas é precisamente essa mitologia que – como somos advertidos por especialistas – com maior certeza pode nos enganar se quisermos empregá-la para conhecer a religião grega (para não falar da romana)...

A mitologia grega que nos é familiar, na qual pensamos quando somos lembrados da religião antiga, que temos em mente como exemplo e modelo quando pronunciamos a palavra "mitologia" (uma designação que cabe para um certo tipo de criação espiritual dos mais diferentes povos) – esse epítome de "mitologia", por excelência, tornou-se bastante problemática para nós em sua relação com a religião grega. Tão problemática que hesitamos em confiar naquele aspecto da religião antiga que ela oferece. Essa mitologia nos foi transmitida principalmente por poetas e obras de arte, mais precisamente aquelas bastante tardias, e não, por exemplo, por meio de livros sagrados. Pode-se, é claro, considerar seriamente essa relação entre arte antiga, particularmente a arte poética, e mitologia. Mas geralmente nos contentamos com a afirmação de que "mito" não é nada mais nada menos que uma narração ordenada. Sua essência estaria na ordem, na forma. Tratar-se-ia de poesia. As leis que entram em consideração aqui seriam as leis formais da poesia.

Essa é precisamente a visão que Schelling havia combatido em primeiro lugar em sua introdução à *Filosofia da mitologia*, com a observação, no entanto, de que ele não pretendia afirmar que tal visão havia sido realmente apresentada alguma vez: era apenas uma visão possível. Desde então, porém, ela foi apresentada com toda a seriedade. Quem a defende deve claramente admitir que as ações cultuais das religiões primitivas estão, com frequência, estreitamente relacionadas a histórias sagradas. O etnólogo K. Th. Preuss demonstrou isso em casos particularmente claros num tratado ao qual ele, com razão, deu o título *O conteúdo religioso dos mitos*. Todo conhecedor de religião antiga deve admitir que as mesmas relações também existem na Grécia e em Roma e que só com grande esforço a pesquisa mais recente de orientação não mitológica pode eliminá-las em suas interpretações. A citada concepção da mitologia como criação poética também deve ser examinada do lado mitológico, no interesse de uma correta interpretação dos atos de culto antigos. Isso deve ser tentado independentemente de Schelling e de qualquer teoria sobre mito e cultura. Nós abordamos o problema da postura científica correta sobre mitologia onde ele ficou estancado ainda antes de Schelling, ou seja, nos *Prolegômenos de uma mitologia científica* (1825), de K. O. Müller.

2

A princípio, o significado da palavra "mito" diz pouco. Em Homero, *mythos* está em contraposição a *ergon*: a habilidade nele – no discurso – se contrapõe à habilidade nas ações (*erga*). Um vence *mythoisi*, com palavras eloquentes, o outro, com a lança. Na boca do sofista Protágoras, no diálogo homônimo de Platão, *mythos* se opõe ao *logos*: um tipo de instrução contra outro. O primeiro é uma mera narrativa sem oferecer provas, com uma admissão aberta de não comprometimento. O outro também pode ser narrativa ou discurso, mas sua essência consiste em argumentar e provar. Nessa confrontação, que pressupõe a valoração filosófica do *logos*, aquilo que naquela época provavelmente já trazia em geral o nome *mythos* é examinado de modo necessariamente unilateral e em seu detrimento. A estrita distinção entre *mythos* e *logos* foi feita, ela própria, com base numa teoria racionalista, provavelmente na sinonímia retórico-sofista. Heródoto, com tranquilidade, diz *logos* onde Protágoras e Sócrates teriam empregado *mythos*. O próprio Platão descreve ambos – *logos* e *mythos* – como uma mesma parte da arte musical.

Teóricos antigos e modernos fazem um emprego muito livre da palavra "mito". Temos a continuação lógica da visão sofista-racionalista quando um estudioso moderno prefere excluir a palavra "mitologia" de nosso arcabouço de conceitos, uma vez que, a seu ver, *mythos* e *logos* são mutuamente excludentes. Uma visão linguística, totalmente violenta, é aquela já mencionada, segundo a qual "*mythos*" significa apenas a narrativa "ordenada". Obviamente, quando usamos a palavra "mito" em nossa ciência moderna, não podemos evitar dar a ela um significado mais limitado ou mais expandido, ou diferenciar entre diversos tipos do que chamamos de "mito". É justamente por isso que, numa consideração como esta aqui, o uso desse nome ambíguo será evitado tanto quanto possível.

Uma determinada realidade da cultura grega se apreende com menos clareza na palavra *mythos* do que em expressões como *mythus legein*, *mytho-*

logein, *mythologia*, encontradas em Platão. A atividade descrita com essas palavras é para Platão uma espécie de *poiesis*, de criação poética. Ela parece diferir do canto dos poetas apenas por sua forma em prosa. Por outro lado, a *mythologia* também é possível em forma métrica: é assim que os poetas a praticam. Platão, do seu ponto de vista filosófico, também tem uma avaliação negativa da arte poética e da arte da mitologia e, portanto, não faz nenhuma tentativa séria de diferenciá-las com nitidez. No entanto, ao considerar a "mitologia" ao lado da, e com a, poesia, ele prova involuntariamente – e, justamente por isso, com certeza – que ele está diante de um fenômeno da existência grega que se dá independentemente de qualquer definição e limitação filosóficas. De modo igualmente involuntário, ele revela, onde quer que fale de mitologia, uma diferença entre ela e a *poiesis*. Esta última, no uso linguístico de Platão – como no grego, em geral –, é, em primeiro lugar, atividade, "fazer", que só depois desemboca em algo feito e, consequentemente, existente – a obra –, para a qual a mesma designação é então transferida secundariamente. A outra atividade, a *mythologia*, só é nomeada assim por analogia com algo já existente, ela é sempre pensada como continuação deste; ela pressupõe uma *mythologia* mais antiga, de algum modo fixa, mas que não é de um tipo extinto, imóvel e petrificado. Quem pronuncia a palavra *poiesis* não olha para o modelo primordial lá atrás, mas para o seu criar, que produz a obra. Mas quem chama seu criar de *mythologia*, como faz o antigo Platão com sua "fundação da cidade" e sua "legislação", está pensando num tipo totalmente determinado de criações, um tipo que ele crê ter retomado.

Com base em Platão – não com base em seu pensamento teórico, mas com base em sua experiência e em seu fazer – chega-se a um conceito de mitologia que pelo menos corresponde ao fenômeno grego *mythologia* no período final da era clássica. Diante da pergunta "O que é mitologia?", será possível, portanto, responder: é uma arte ao lado e no interior da poesia (as áreas de ambas se sobrepõem em muitos pontos), mas uma arte com um pressuposto peculiar. Este pressuposto é material. Há uma matéria peculiar que determina a arte da mitologia. É exatamente nela que pensamos quando ouvimos a palavra "mitologia": uma massa material antiga e tradicional, contida em narrativas conhecidas, que ainda não excluem outras configurações (*mythologai* ou *mythologemata*), de deuses e seres divinos, batalhas heroicas e jornadas ao submundo, como resumido pelo próprio Platão. Sua própria *mythologia* se move nessa matéria; quase poderíamos dizer: ela é o movimento dessa matéria. Pelo menos, ela nos mostra a "mitologia" como algo vivo: algo fixo e ao mesmo tempo móvel, capaz de transformação até aquele limite em que obras de arte sofistas e os "mitos escatológicos" dos diálogos platônicos anunciam uma mudança não mais da matéria, mas do espírito. A narração do Protágoras platônico pode ser considerada, do ponto de vista puramente material, como uma variante do mito de Prometeu. O Sócrates platônico ainda pratica a arte da mitologia antiga ao dar continuidade às narrativas da viagem ao Hades nos "mitos escatológicos". Para os gregos – e não só para Platão –, as fundações de cidades também fazem parte dos eventos mitológicos.

Sem dúvida, é só com meio tom jocoso que Platão pode chamar de *mythologia* suas fundações de cidade com base no novo espírito. No entanto, sendo alguém que praticava mitologia como arte – ainda que fosse um novo tipo de "mitologia da alma" –, ele nos conduz a um conceito que abarca ao mesmo tempo o material e o não estático. A comparação mais óbvia é com a música, uma comparação que será usada aqui com certa frequência para esclarecer a peculiaridade da mitologia. Essa analogia não pretende unir mitologia e música num grupo especial de artes, em oposição, por exemplo, à conexão entre mitologia e poesia, mas principalmente apontar que a mitologia, de modo igualmente significativo como a música, pode ser considerada *por si mesma*, sem subordinação à poesia ou à filosofia. Mitologia como arte e mitologia como matéria são, em igual medida, os dois aspectos de um fenômeno, como, por exemplo, a arte do compositor e *sua* matéria, o mundo sonoro. Um dos aspectos mostra o artista como criador, o outro o mundo sonoro, tal como ele se plasma. Onde um plasmador de espírito próprio, como no caso de Platão, não está em primeiro plano, nas grandes mitologias como, por exemplo, a indiana, a finlandesa e a oceânica, pode-se falar dessa relação com mais razão ainda: isto é, de uma arte que se revela na própria plasmação, e de uma matéria peculiar que se plasma, como elementos inseparáveis de um mesmo e único fenômeno.

A análise e apreciação de uma obra de arte poética exigem um olhar cuidadoso sobre a mão do plasmador. O crítico de música é confrontado com um fluxo impessoal de sons, com o surgimento de novas conexões e estruturas sonoras, bem como com o fato da composição, do compor enquanto atividade do artista. Ele está voltado para os dois lados, por assim dizer. A ciência da mitologia tem de considerar o afluente, aquilo que está sempre instaurando novas conexões, sempre aparecendo em novas "variantes": tem de considerar o material mitológico como seu verdadeiro objeto. Nunca devemos esquecer que essas "variantes" são, por assim dizer, "variações" sobre o mesmo tema. Sua primeira tarefa é encontrar a atitude certa diante desse material singular, móvel.

3

A consideração das mitologias não gregas é essencial se desejamos encontrar essa atitude. Devemos atentar, contudo, para um axioma de que, ao comparar materiais mitológicos, o parentesco linguístico dos povos cujas mitologias estão em questão não deve ser incondicionalmente pressuposto, nem necessariamente deduzido das semelhanças resultantes. Tal abordagem é tão possível e justificada como um exame comparativo da poesia ou da música de diversos povos; e pode nos fornecer compreensões importantes sobre a natureza da mitologia, tal como este exame pode fornecê-las sobre a natureza das artes mencionadas. "Mitologia" não é algo estático, mas vivo. Mas uma coisa viva só pode, de fato, ser reconhecida no estado vivo, e não no estado morto em que a mitologia grega se nos apresenta, por exemplo, na "Biblioteca" de Apolodoro.

O exemplo de Sir George Grey nos mostra como pode ser instrutivo, de um lado fundamental, o encontro com uma mitologia viva. Enviado à Nova Zelândia pelo governo britânico em 1845, ele publicou sua *Polynesian Mythology and Ancient Traditional History of the New Zealand Race* em 1855 e relata no prefácio, quase se desculpando, como ele chegou a esse empreendimento mitológico enquanto atuava como governador-em-chefe do conjunto de ilhas. Ao chegar à Nova Zelândia, ele descobriu que realmente não conseguia entender "os súditos indígenas de Sua Majestade" com a ajuda de intérpretes. Quando com grande dificuldade aprendeu o idioma, em que nenhum livro havia sido publicado, ele experimentou uma nova decepção: mesmo dominando a língua, ainda não conseguia realmente entender os chefes nativos com quem mantinha relações diplomáticas. "Descobri", continua ele em seu relato, "que esses chefes, em palavras e escritos, citavam fragmentos de velhos poemas e provérbios para explicar suas visões e intenções, ou faziam alusões baseadas num antigo sistema mitológico; e mesmo que as partes mais importantes de seus comunicados estivessem revestidas nessa forma figurada, os intérpretes fracassavam e raramente (ou nunca) podiam traduzir poemas ou explicar as alusões". Então George Grey foi forçado a coletar e a criar por conta própria uma espécie de "biblioteca" apolodórica da mitologia polinésia. Nós a temos em sua publicação numa escrupulosa tradução para o inglês.

Não é apenas o conteúdo do volume que é importante para nós em aspectos fundamentais. (Entre outras coisas, ele contém uma narração muito semelhante à grega sobre a separação primeva do céu e da terra, uma história de estilo decididamente "titânico" – o que, aliás, está em conformidade com essas mitologias "primitivas" em geral.) A experiência que George Grey poderia ter tido em qualquer ilha grega da Antiguidade nos mostra o que uma mitologia significa, não *sub specie aeterni* para o observador científico, mas para seus portadores durante a vida destes; ela é para estes uma forma de pensamento e expressão que o estrangeiro precisa aprender juntamente com a língua. Quem cursou estudos clássicos se recordará de ter tido a experiência de George Grey: para entender os antigos helenos, também teve de aprender sua mitologia além de seu idioma. Mas, além da experiência classicista, e precisamente como complemento a ela, a experiência de Sir George Grey chama nossa atenção para fatos importantes.

Antes de tudo, a mitologia é ao mesmo tempo um modo de vida e de ação para quem pensa nela e se expressa por meio dela. Aqui não há um abismo entre pensar e viver. No evento mítico, não imperam leis morais tão elevadas que não possam ser alcançadas na ação histórica e que, por tal impossibilidade, causariam desarmonias entre os modos de falar e de agir. À linguagem de citações corresponde uma "vida no mito", designação bastante apropriada dada a essa vida citacional[1]. O eu antigo e sua autoconsciência estavam, por assim dizer, abertos ao passado e absorviam muitas coisas pretéritas, que depois repetiam no presente e que estavam "novamente aí" com ele. Nesse contexto, também se mencionou uma palavra do filósofo cultural espanhol Ortega y Gasset, que parafraseou o mesmo comportamento dizendo que o homem antigo, antes de fazer algo, recuava um passo, tal como o toureiro que se arroja para o golpe da morte. E que ele buscava no passado um modelo no qual se enfiava como num sino de mergulho para assim, a um só tempo protegido e desfigurado, mergulhar no problema atual. Os chefes maoris da Nova Zelândia não faziam outra coisa em suas negociações com Sir George.

Nessa relação entre mitologia e vida é ocioso perguntar por que motivo a primeira era considerada verdadeira. "A preferência", como K. O. Müller descreveu a atitude dos gregos em relação à sua mitologia, "que o povo mais engenhoso dedicou por muito tempo a seu mito e que, com toda agudeza dos sentidos, com todo o talento natural para a observação, não permitiu que a história propriamente dita aflorasse por um longo tempo" – essa "preferência" era baseada numa experiência: a de que as pessoas se sentiam completamente *em casa* nessa mitologia. O homem antigo encontrava no mundo razão suficiente para perceber seus deuses como *reais*. O mesmo se aplicava à sua vida, que tinha a tendência a penetrar nos constructos de sua mitologia e torná-los reais. "Fé" não era o elemento decisivo nem neste nem naquele caso. Quando surgiu a questão de "crer ou não crer" – que é dirigida a Sócrates pelo Fedro platônico: "Crês que esse mitologema (a história de Bóreas e Orítia) é verdadeiro?" –, isso significou uma nova situação intelectual. Começa-se a não se sentir em casa entre hipocentauros e quimeras, Górgona e Pégaso, que Sócrates enumera em sua resposta como figuras e monstros primais que não o interessam mais. Mesmo em épocas anteriores, as pessoas eram capazes de reconhecer o elemento mentiroso numa narrativa mitológica, por exemplo, na composição de um poeta de mitos contemporâneo. No entanto, enquanto a vida – não a individual de cada um, mas aquela vivida por todos – conse-

---

1. Mann, Thomas, *Freud und die Zukunft*, Viena, 1936, 33-36, citado em detalhes abaixo p. 40s.

guia adentrar um mitologema como naquele sino de mergulho e encontrar nele sua própria expressão e significado, a mais recente criação mitológica também podia ser sentida como real.

A mitologia viva é vivida, é uma forma de expressão, de pensamento, de vida – e, *no entanto, é material*. Ela não é uma mera forma ou tipo de representação. Por certo, a mitologia *pressupõe* uma forma de pensar mitológica específica ou "maneira de plasmar", ou como quer que seja chamada, mas não pressupõe nem mais nem menos do que a poesia pressupõe uma "forma de pensar" poética, ou a música, uma musical. Onde a mitologia aparece, ela, tal como estas, aparece nas criações, embora principalmente em criações anônimas. Em vez de "criações", pode-se nesse caso dizer "formas" e remontar analiticamente a "imagens" mitológicas individuais. (Mas se deve pensar em imagens reais, como uma árvore com pássaros, o mar com uma criança flutuante, ou até mesmo apenas um oceano sem fim, não em esquemas vazios!) Mas se avançamos para além delas e chegamos a "representações religiosas" ou "míticas", isso significa que há muito perdemos nossa mitologia em algum ponto longínquo, tal como alguém que decompõe a música em sons isolados *a* perdeu. E, para continuar essa comparação, o esforço por uma "morfologia" de tais representações não ajuda a obter o conhecimento certo da mitologia, assim como o caminho da música ou da poesia não passa pela coleção e "morfologia" de frases musicais ou poéticas. A experiência de Sir George Grey mostra como o sentido da "mitologia como linguagem" pode ser encontrado: é preciso avançar para a "mitologia como matéria".

Essa experiência é instrutiva de outro ponto de vista. Até agora, evitamos analisar a coleção de Grey. Ela contém tanto a *Polynesian Mythology* como também a *Ancient Traditional History*. Portanto, temos de constatar que a mitologia propriamente dita e a lenda heroica estão aqui tão intimamente relacionadas quanto nas coleções mitológicas dos gregos. Essa conexão não é casual nem arbitrária, mas encontra sua justificação na mesma função de ambos os tipos de narrativa no pensamento e na vida dos polinésios. Ambos são experienciados: a mitologia principalmente no culto (há também referências a isso nos textos de Grey), a lenda heroica, na vida do herói. Trata-se de um comportamento unitário dos portadores dessa mitologia e dessa lenda heroica, que caracteriza toda a coleção como uma espécie de Bíblia. O comportamento dos leitores europeus não científicos transforma a mesma coleção em algo completamente diferente: para eles é um livro de contos. E também é bastante natural que grandes partes dele tenham sido incluídas nos "Contos dos mares do Sul", publicados por Paul Hambruch (na coleção: *Märchen der Weltliteratur*).

Aqui se mostra, de uma maneira notável, onde reside a distinção entre mitologia no sentido mais amplo (que também inclui a lenda heroica) e contos: nem na matéria nem na forma, mas no comportamento em relação a elas. Se a vida se dissolve no material tradicional com total entrega de si mesma e o faz em grandes formas cerimoniais: no culto ou na guerra (porque ela também é cerimonial entre os povos arcaicos), então se trata aqui de mitologia e lendas heroicas. Se as grandes cerimônias se tornaram uma cerimônia já de difícil denominação, uma cerimônia para narrar e ouvir, e finalmente para mera leitura, e a total entrega da vida se tornou um autoesquecimento prazenteiro, então estamos diante de um conto de fadas e, no caso da mera leitura, de uma espécie de romance. No que tange à matéria, isso não faz diferença. A transição de um comportamento para o outro equivale sempre a uma mudança de mundo. Assumir elementos especiais dos contos numa configuração mitológica é, basicamente, querer diferenciar de um ponto de vista puramente material o que aparece alterado apenas pela modificação das possibilidades e dos tipos de vivência do mundo receptor.

Uma olhada no âmbito mais amplo da pesquisa dos contos de fadas confirma essa concepção. Do ponto de vista material, o terreno do conto abarca não apenas o mitológico, mas também, entre outras coisas, objetos cuja forma essencial é a narração de destinos individuais, como a novela. Se algo como a história de crianças expostas aparece num contexto mitológico, isso prova apenas as possibilidades novelescas da própria mitologia, mas não uma coexistência originariamente dada do conto de fadas. Do ponto de vista fenomenológico, o conto de fadas fica a meio-caminho entre a mitologia e a literatura narrativa. No sentido histórico, contudo, a pergunta sobre a origem só pode ser feita caso a caso para o conto individual e nunca pode ter resposta inequívoca, válida para todos os contos.

Não importa se, com a chamada escola finlandesa, os remontamos a "protótipos" nascidos no tempo histórico ou os derivamos exclusivamente de fontes literárias; não importa se acreditamos que eles emergem de uma camada psíquica arcaica da humanidade ou se enxergamos, na maioria deles, tradições pré-históricas pouquíssimo modificadas: a concordância material da imensa maioria dos contos de fadas com o que aparece como mitologia em todo o mundo é um fato inegável. Essa concordância reside na natureza do material, não em suas configurações casuais. Podemos nos apegar a esse dado positivo e nos contentar com ele aqui. Além do mais, determinar quanto o conto de fadas perdeu de nobreza material em comparação com as grandes mitologias é algo que se pode fazer apenas em cada caso individual. Existem contos que conservaram mais dessa nobreza, e há aqueles que conservaram menos. A suposição generalizada de que as grandes mitologias teriam incorporado "contos populares" é no máximo concebível tanto quanto dizer que grandes composições musicais abrigam não apenas formas musicais primordiais, mas também canções folclóricas gastas, que, assim, ganham novo enobrecimento. A possibilidade existe por si só, mas resta sempre verificar os casos individuais...

4

Não queremos nos perder em generalidades nem nos deter em detalhes que significariam pouco de um ponto de vista fundamental. A pergunta "O que é mitologia?", com relação aos gregos nos estudos da Antiguidade clássica, na medida em que se busca um esclarecimento introdutório, foi respondida como se segue[2]:

O que chamamos mitologia dos deuses consiste em dois componentes diferentes; em primeiro lugar, a característica, isto é, a descrição do poder e da atividade dos deuses e, em segundo, a história de suas vidas. Esta última é a mitologia que deve assim ser chamada no sentido próprio. Uma série de mitos surgiu do culto para explicar costumes e representações conspícuos

---

2. NILSSON, M. P., in GERCKE, A.; Nordens, E., *Einleitung in die Altertumswissenschaft* II 2, Leipzig, 1933, 4, p. 62.

dos deuses: são os assim chamados *aitias* de culto. Os *aitias* têm um significado muito maior na mitologia. Existem diferentes variações; por exemplo, os *aitias* de animais e outros *aitias* da natureza. A etiologia culmina na cosmologia, que desemboca na filosofia da natureza. Um segundo componente principal da mitologia é oferecido pelo conto, no qual se desenrola a imaginação poética – como se diz com mais precisão. Em terceiro, a mitologia contém elementos históricos. As lutas de um deus podem refletir as lutas que a propagação de seu culto custou. Elas, então, encontram expressão no sistema genealógico no qual a mitologia é ordenada. Como resultado, a lenda heroica se conecta à mitologia real, como uma pseudo-história se conecta a uma pseudo pré-história. É preciso descobrir a origem, pelo menos o da lenda heroica grega, no período micênico e em suas circunstâncias. Foi isso que tentou fazer o estudioso cuja opinião foi brevemente expressa com essas palavras, num livro que tem o significativo título: *The Mycenaean Origin of Greek Mythology* (A origem micênica da mitologia grega)[3].

De acordo com essa visão, a mitologia grega seria um conceito coletivo para várias coisas e só em último lugar diria respeito à pré-história da Hélade, reestilizada na lenda de deuses e heróis. Pelo menos assim se passa na teoria. Na realidade, a ciência que decompõe a mitologia grega dessa maneira (no que diz respeito ao componente "conto de fadas", já vimos o quão descuidada foi), só está interessada no que ela acredita ser capaz de retransformar em pré-história ou história. O livro mencionado emprega a expressão "Greek mythology" para se referir principalmente à lenda heroica e, de fato, não há expressão inglesa mais adequada quando não se quer usar a palavra escandinava *saga*. Contudo, ao escolher esse título, o autor involuntariamente atesta como é dada pouca atenção para aquilo que ele próprio designa como a "mitologia assim chamada no sentido próprio". No primeiro plano de interesse está – não apenas nesta obra bastante meritória, mas nos estudos clássicos até os dias de hoje em geral – aquilo que pode ser remontado a uma origem histórica aceitável e que pode ser "explicado" dessa maneira. Tal explicação parece evidente no caso da lenda heroica e na parte da mitologia mais inti-

---

3. NILSSON, M. P., *The Mycenaean Origin of Greek Mythology*, Berkeley, 1932.

mamente aparentada com ela, em contraste com as narrativas aretalógicas (que proclamam o poder da divindade), etiológicas e puramente fantásticas, para as quais encontramos apenas explicações humanas de caráter geral, e com a mitologia genuína, que é reduzida tanto quanto possível e empurrada para segundo plano pela separação dos componentes mencionados.

Isso significa que a ciência da Antiguidade clássica, em termos essenciais, não foi muito além dos *Prolegomena* de K. O. Müller, este verdadeiro trabalho inovador na pesquisa mitológica. Somente o material cresceu desde então, e muito do frescor que caracteriza esse livreto foi perdido. E também se perdeu o senso para aquilo que K. O. Müller chamou de "ideal" no mito e para cujo entendimento ele pelo menos deixou o caminho aberto. Podemos até mesmo falar, em relação ao seu ponto de vista, de uma regressão da ciência, provocada pela pesquisa com sua orientação histórica unilateral. O fortalecimento do historicismo em si não significou uma regressão, mas que nos tornamos cada vez mais míopes em relação a um elemento ideal nas configurações mitológicas.

Antes de K. O. Müller, o grande gramático e mitólogo Ph. Buttmann estava no melhor caminho de despertar a sensibilidade para esse ideal. Ele tentou conceber os mitologemas individuais como totalidades dotadas de sentido, usando a comparação de sagas nórdicas e orientais e, dessa maneira, pretendeu, por assim dizer, arrancar as narrativas mitológicas gregas dos autores graças aos quais as conhecemos. Pois, a seu ver, os mitos originalmente circulavam de um lado para o outro, em número colossal, não como produtos de uma fantasia rica e variada, em busca do que é estranho, mas como criações de um passado remoto, que não inventava nada intencionalmente, mas meramente olhava, aprendia e, então, reproduzia figurativamente. Esses mitos surgiram ora aqui, ora ali, em parte na Grécia, em parte no Oriente, originalmente sem outro contexto além daquele do modo de pensar subjacente, como expressão variegada de diversos pensamentos antiquíssimos.

K. O. Müller levantou duas objeções contra isso. Em primeiro lugar, ele enfatizou com razão que conceber separadamente a imagem e o que é representado na imagem não é realmente "mítico". Ele dirigiu sua luta bem-sucedida precisamente contra a *interpretação* dos mitos, contra sua concepção como modo de expressão alegórico, em cujo lugar outro modo também poderia ter sido escolhido na mesma época, outro modo mais simples e mais compreensível. Segundo ele, o modo de expressão mitológico era o único disponível na época. E esse modo de expressão também se torna compreensível, o mito se interpreta quase por si próprio quando é "tomado em seu próprio solo, em suas próprias raízes". Müller, portanto, critica – em segundo lugar – a visão de Buttmann sobre a circulação de incontáveis mitos de um lado para o outro. Ele os vê por toda a parte na Grécia com vínculos locais e históricos. Ele também os concebe como totalidades dotadas de sentido, mas com laços orgânicos com regiões históricas e com sua história. Müller se posiciona em solo grego, e essa é sua vantagem sobre Buttmann. Para ele, a mitologia grega é o mais antigo modo de expressão grego, por meio do qual se exprimem duas coisas: o ideal e o real, o pensado e o acontecido. O acontecido é sempre um pedaço da história de uma região ou cidade grega, e os mitos que contêm principalmente esse material apresentam para o intérprete dificuldades muito maiores do que aqueles que, por seu conteúdo "ideal", têm relação de maior proximidade com a alegoria. Assim, Müller havia dividido a mitologia em, de um lado, narrativas complicadas, mais reais e, de outro, simples, mais ideais. Estas últimas são, segundo ele, os mitos ou peças teogônicos e cosmogônicos, como a história de Prometeu. Ele preferia o grupo mais complexo e, graças ao seu prazer em explicar, tornou-se o precursor de toda a posterior interpretação histórica dos mitos.

O prazer com os mitos em si, como configurações dotadas de sentido em e por si próprias, que ainda caracterizava Buttmann, desapareceu da ciência. Por outro lado, a visão de Müller sobre o conteúdo ideal dos mitos como algo pensado é muito pouco diferente do que ele próprio critica em Buttmann. Ele também enxerga o ideal no mito de modo mais puro onde ele é mais aparentado com a alegoria. Os estudos clássicos, que decididamente seguiram o caminho da explicação histórica traçado por K. O. Müller, felizmente removeram esse último resíduo de alegorismo. Eles o fizeram em parte voltando-se de maneira completamente unilateral para o real, isto é, o elemento histórico da mitologia, e em parte concebendo o modo de expressão mitológico – no sentido de K. O., mas com mais coerência do que ele – como linguagem figurada pura e impondo a si mesmos a tarefa de escrever a "gramática" dessa linguagem (uma expressão de Müller). Como é sabido, o grande filólogo H. Usener fez isso, e é a seu procedimento que se refere nossa comparação com uma "morfologia" de frases musicais ou poéticas.

No entanto, devemos perguntar: o que a ciência até agora colocou no lugar daquilo que, por meio de K. O. Müller e especialmente depois dele, se perdeu para o correto entendimento da mitologia *genuína* desde Buttmann? Nada além de desintegração e dissolução. Os méritos de Müller não devem ser negados. Foi e continua sendo algo grandioso o fato de ele ter aberto e aguçado o olhar para o aspecto regional e histórico da mitologia grega. Mas a "circulação de incontáveis mitos de um lugar para outro" como totalidades dotadas de sentido é um fato que a ciência confirmou desde então. No entanto, até agora a maneira científica de ver as coisas não consistiu em diferenciar aspectos de um fenômeno geral, mas desintegrar um fenômeno geral em suas partes componentes: a circulação foi atribuída ao elemento "fantástico" da mitologia, ao "conto de fadas". Foi preciso atribuí-la a esse elemento porque, de fato, as narrações que aparecem na mitologia grega também podem ser encontradas em outras partes do mundo. Já não se fala mais de "Oriente", como na época de Buttmann, mas desta ou daquela "área cultural" que abarca partes do mundo. A constatação dos mesmos "motivos" nas mitologias mais díspares torna impossível o refúgio à "fantasia". Há muito, essa palavra ociosa já não deveria constar em nenhum trabalho científico. A "circulação de um lado para outro" levanta as mais difíceis questões, mas constitui um aspecto da mitologia para o qual não podemos mais fechar os olhos.

Algo semelhante se aplica ao complexo de sentido que torna os mitologemas individuais totalidades. No caso de um verdadeiro mitologema, esse sentido não é algo que possa ser também expresso igualmente bem e de maneira igualmente plena num nível não mitológico. Não se pode falar aqui de algum tipo de interpretação alegórica, nem mesmo no sentido de um "modo de expressão" próprio da época. Porque a mitologia pode ser tão própria da época, ou tão anacrônica, quanto a música. Pode haver épocas que conseguem expressar apenas na música as coisas mais sublimes que "pensaram", mas essas coisas sublimes são, nesse caso, justamente algo que só pode ser expresso na música. O sentido dos mitologemas autênticos é do mesmo tipo: assim como a música tem um aspecto pleno de sentido que satisfaz da mesma maneira que uma totalidade plena de sentido pode satisfazer, o mesmo ocorre com a mitologia. No entanto, é natural que os estudos clássicos de um passado próximo limitassem o sentido dos mitos àquilo para o que esses próprios estudos tinham sensibilidade: a explicação, a etiologia; como também é natural que, por sua vez, eles atribuíssem tal explicação a um componente especial da mitologia, as narrativas etiológicas. Eles as separam da mitologia genuína tanto quanto os "contos de fadas"; e, como logo temos de acrescentar, fazem-no igualmente sem nenhuma razão.

A história da vida dos deuses, que é a única coisa a ser reconhecida como aquilo a ser denominado mitologia no sentido próprio, não pode, enquanto matéria, ser separada dos relatos sobre os atos e sofrimentos dos deuses, que manifestam seu poder e sua natureza ou explicam e fundamentam realidades do culto, e até mesmo da própria ordem do mundo. O nascimento e o casamento dos deuses desempenham um papel enorme na cosmogonia, na qual – segundo a visão científica citada – "a etiologia culmina". Grandes mitologias e cosmogonias não são meramente configurações do mesmo material básico, mas são em grandíssima parte as *mesmas* configurações. O maior erro foi não considerar que essa "culminação" é o primeiro fato e pressuposto para todas as narrativas etiológicas individuais, que pesquisas recentes quiseram pôr no início.

Uma narrativa etiológica, que também pode então ingressar na mitologia, só é possível numa situação em que a mitologia já existe. Obviamente, imagina-se que, para a criação de uma história explicativa, como são os mitos etiológicos, basta a situação da pessoa que busca explicação. Mas sob que condições pode ser dada como *explicação* uma narrativa *deste* tipo: "Naquela época, em que deuses e homens mortais contendiam em Mekone, Prometeu fez o seguinte"? É assim que começa o mais importante *aition* de culto da religião grega, a fundamentação do sacrifício do boi. Uma situação em que semelhante história é "explicação" implica incondicionalmente a existência prévia do material mitológico, que mostra nela sua própria plenitude de sentido em seu aspecto etiológico, isto é, seu aspecto doador de sentido. Para esclarecer isso com um "*aition* da natureza" particularmente puro e gracioso, veremos uma história australiana sobre a origem do sol.

> Nos tempos antigos, não havia sol; somente a lua e as estrelas brilhavam no céu. Naquela época, não viviam pessoas na terra, apenas pássaros e animais muito maiores do que hoje. Um dia, a ema Dinewan e o grou Bräglah foram passear na grande planície de Murrumbidjee. Eles começaram a discutir e acabaram brigando feio. Furioso, Bräglah correu até o ninho de Dinewan, pegou um dos grandes ovos que estavam ali e jogou-o para o céu com toda a força. Ele caiu sobre uma pilha de lenha e quebrou. A gema amarela correu sobre a madeira e incendiou-a, de modo que o mundo inteiro se iluminou para admiração de todos. Até então, todos estavam acostumados a um crepúsculo suave; agora havia um grande brilho quase ofuscante. Um bom espírito habitava no céu; ele viu como o mundo era esplêndido e maravilhoso quando iluminado pela claridade radiante. Ele pensou que seria bom acender esse fogo todos os dias. E desde então nunca mais parou de fazer isso.[4]

O pré-requisito para esta explicação é dado na introdução da própria história: "Naquela época, não viviam pessoas na terra, apenas pássaros e animais muito maiores do que hoje". Trata-se justamente daquele tempo primevo que apenas a mitologia é capaz de relatar. No entanto, o portador da mitologia em questão não precisa de mais fundamentação para ver o conteúdo do relatório mitológico como convincente, isto é, como pleno de sentido, e como explicativo, isto é, como doador de sentido. A mitologia explica a si mesma e a tudo no mundo. Não porque foi inventada para "explicação", mas porque também tem a propriedade de ser explicativa. Assim como a poesia ou a música, às vezes, torna o próprio mundo mais transparente para o intelecto do que uma explicação científica.

Na época de Buttmann, no início do século XIX, a postura científica em relação à mitologia era a interpretação. Esta foi substituída pela explicação no sentido de K. O. Müller. O desejo de conferir ao ponto de vista da explicação caráter de exclusividade provou, no decurso seguinte, que tal ponto de vista levava mais à dissolução do que à compreensão. Essa postura só pode ser

---

4. Segundo HAMBRUCH, P., *Südseemärchen*, Jena, 1916, 4.

superada pela mera apresentação da configuração etológica em sua pureza material, até mesmo em sua crueza material. Se a ciência encontrar o método de deixar os mitologemas falarem por si mesmos, ela também poderá permanecer, mesmo com a explicação, na mesma linha que lida com uma obra de arte poética ou musical. Em termos lógicos, a questão da origem só pode ser feita depois e certamente só pode ser respondida não no contexto de uma única cultura, mas em nível planetário.

5

A questão da origem pode permanecer aberta. Mas o que chamamos de aspecto "etiológico" levanta uma questão que diz respeito à natureza da mitologia. Como uma história como a das duas aves Dinewan e Bräglah – para não falar de "explicar" e "dar sentido" – pode ser vista como convincente e significativa? A falta de qualquer justificativa "psicológica" para a discórdia entre as duas aves certamente chama a atenção de qualquer leitor europeu. Mas a disputa entre deuses e homens, entre Zeus e Prometeu em Mekone é igualmente infundada. É desse mesmo tipo o ardil num *aition* africano da natureza, para citar apenas um dos inúmeros exemplos. Ele nos faz lembrar a natureza titanicamente bruta de Cronos, que também faz seus filhos desaparecerem de uma maneira astuta.

> A lua e o sol são verdadeiros irmãos. Juntos tramaram um ardil. A lua diz ao sol: "Vamos jogar nossos filhos na água". O sol concordou. Quando chegou a hora combinada, a lua escondeu seus filhos, procurou seixos brancos e os enfiou num saco. Mas o sol não sabia nada disso e realmente pegou todos os filhos e os colocou num saco. Então eles se puseram a caminho e chegaram à margem do rio. A lua jogou no rio o saco com pedras. Com isso o sol foi enganado e também despejou seus filhos no rio. Então ambos retornaram para casa. Quando chegou o dia, o sol saiu sozinho para o deleite de todos. A noite chegou, e a lua saiu com seus filhos. O sol ficou furioso e atacou a lua porque ele havia atirado seus filhos na água. Mas a lua disse ao sol que sua força era colossal, seria muito melhor para o mundo que os filhos dele ficassem na água, pois agora as pessoas podiam capturá-los e cozinhá-los, para que

pudessem comer algo, encher a barriga e viver na cidade. Por isso, até hoje o sol e a lua não fizeram as pazes[5].

Aqui, discordância e ardil não são meras manifestações da vida da psique humana: aparecem tal como existem no mundo, repentinamente e sem necessidade de justificativa especial. Pensemos nas muitas divergências e ardis incompreensíveis de todas as lendas heroicas. Elas são obviedades cósmicas e, portanto, constituem também motivos para tudo, como a "Guerra, pai de todas as coisas", de Heráclito. Isso reflete a falta de sentido do mundo? Enquanto aceitamos sem reflexão essa falta de sentido – e assim que a aceitamos após o desvio da reflexão –, é o próprio mundo que se reflete no mitologema e lhe confere sentido.

Os mitologemas são explicativos na medida em que contêm aspectos do mundo e neles se fundamentam[6], como os dois mitologemas mencionados se fundamentam nos aspectos da discórdia e astúcia do mundo. Mas com isso, na verdade, se diz muito pouco. Pois todos os aspectos do mundo, antes de serem "explicativos" e "explicados" no mitologema, se dissolvem em outro aspecto do mundo, um aspecto que tudo abarca, assim como o mundo "explicado" pela música se dissolve num mundo sonoro: ao mesmo tempo, eles são "transfigurados". É a um aspecto particularmente festivo do mundo, o mundo mitológico, que esse tipo de transfiguração pertence, aparentada com a transfiguração pela música ou pela poesia, embora não seja idêntica a ela. Assim como nas festas de certos povos primitivos os participantes são deuses, todos os envolvidos nessa transfiguração se tornam divinos.

Desacordo e astúcia não são divindades nos pequenos mitologemas mencionados. Como aspectos do mundo, vistos com olhos gregos, eles representam características do cosmos que são mais titânicas do que divinas. Mas, em seu caráter absoluto, eles aparecem justamente como se mostram, mitologicamente, isto, divinamente. Porque tudo é divino aqui. Deuses são as aves em conflito, e os corpos celestes ardilosos. Na mitologia, deuses também são os seres humanos – as pessoas dos tempos primevos, como aquelas que

---

5. MEINHOF, C., *Afrikanische Märchen*, Jena, 1921, 200.
6. Cf. *Werkausg*. I, p. 52ss.

contenderam com os deuses em Mekone –, caso não estejam ali apenas para tornar a divindade dos deuses ainda mais aparente. Pois, de resto, entre todas as obviedades da mitologia, a coisa mais óbvia é a divina: a divindade de tudo o que se revela à humanidade por meio da mitologia. Assim como o mundo musical é o mundo sonoro – o mundo dissolvido num mundo de sons –, o mundo mitológico é o mundo dissolvido nas formas de expressão do divino.

O divino, ainda que cientificamente não se quisesse admitir outra coisa, seria um fato da história da religião. Os cultos de todos os povos só podem ser entendidos como uma reação humana ao divino. E as ações cultuais aparecem como representações dos mitologemas com a mesma frequência que os mitologemas se apresentam como "explicações" das ações cultuais.

O culto e a mitologia são baseados no mesmo aspecto do mundo. Ambos são igualmente distantes do homem moderno. Também nesse ponto, a comparação com poesia e música pode ajudar a entender melhor. Ninguém que tenha qualquer relação com poesia e música em geral negará que o divino também possa encontrar expressão nessas artes. E sobre esse plano de fundo, talvez também se torne mais compreensível o que é mitologia.

A resposta certa para essa pergunta só pode ser obtida quando realmente nos familiarizamos com grandes e autênticos mitologemas. Mas pelo menos um conceito preparatório e um guia para a compreensão também podem ser extraídos da ideia de que o divino amiúde escolhe poesia ou música como forma de expressão, mas tem preferência pela mitologia – como testemunha toda a história da humanidade.

1939

O TRAÇO MITOLÓGICO DA RELIGIÃO GREGA

1

Se tivéssemos a chance de entrar num recinto sagrado da religião antiga antes que ele se transformasse em ruínas, descobriríamos ali e a partir dali, pela mediação da arte e da mitologia, o que um espirituoso intérprete dos mitos de Platão nos apresenta como a imagem de mundo da religião grega mais antiga[7]: "um *temenos* com uma floresta de estátuas de imagens primevas, modelos e companheiros para o presente". Já era assim no tempo arcaico. Por certo, as coisas ficam realmente suaves, idílicas e físico-sensuais no período helenístico – "A criança ali! A criança nua! Se eu a belisco, o local permanece visível no corpo", exclama uma visitante do santuário de Asclépio, em Cós, no *Mimus* de Herondas (IV 59). Mas uma mitologia em que a forma humana está em primeiro plano é tão característica da religião grega quanto poucos outros fatos no transcurso de sua história.

Os artistas que adornaram os templos e cujas obras foram colocadas nos recintos sagrados também podem ser chamados de "mitólogos", pelo conteúdo de suas criações, antes que a imitação do humano pelo humano ali adentrasse. No entanto, essa novidade só pôde adentrar, porque a mitologia grega dava preferência à expressão humana para o divino. A mitologia era *antes* arte na palavra do que arte na imagem – *mythos* significa o conteúdo, a *coisa na palavra*[8] e o segundo componente do termo contém *legein*, o dizer –, mas quando um dia a história da escultura e da pintura gregas for escrita não apenas do ponto de vista formal, mas também temático, da perspectiva do con-

---

[7]. REINHARDT, KARL, Platons Mythen, in: Id., *Vermächtnis der Antike*, Göttingen, 1960, 226.
[8]. OTTO, WALTER F., *Die Gestalt und das Sein*, Darmstadt, 1955, 68.

teúdo que não pode ser separado da forma, ela será a história da penetração da mitologia antropomórfica até o ponto em que o antropomorfismo se distancia da mitologia e se torna um "humanismo" puro. E ainda assim nos sentiremos compelidos a buscar o *divino*. O divino pode – como certamente nas terracotas tarentinas, e muito provavelmente nas figuras de Tanagra – estar presente numa atmosfera festiva e ser aquilo que primeiramente dá sentido à eternização do ser humano.

O traço mitológico da religião grega está associado a um antropomorfismo, a uma preferência pela forma humana. Mas não é esse o caso de toda mitologia, não apenas da grega? Não apenas a religião grega – e depois a romana – teve ou assumiu um aspecto mitológico, o qual sempre e em toda parte foi antropomórfico. Um grande representante da religiosidade bíblica em nossos dias, Martin Buber, explica o motivo[9]: "Todo antropomorfismo está relacionado à necessidade de preservar a concretude do encontro". Trata-se, segundo Buber, do encontro com deus, com o divino, com *theion*, se quisermos usar a expressão mais geral da reflexão grega. A figura humana aproxima o divino do homem e é mais adequada para uma narrativa crível do encontro. Entre as histórias gregas dos deuses (sejam elas relatos de epifanias divinas ou narrativas puramente mitológicas nas quais aparecem apenas divindades) e as correspondentes descrições e representações do Oriente antigo não parece haver diferença no que tange ao mero fato do antropomorfismo, ao fato de que tanto aquelas quanto estas se servem da forma humana dos deuses. A peculiaridade do grego não reside nisso, mas na forma especial do antropomorfismo.

2

Antes que a escrita cretense fosse decifrada na forma em que se difundiu no continente, a mitologia grega dos heróis indicava que, na segunda metade do segundo milênio, reis gregos estavam assentados em Micenas e nas outras residências senhoriais de sua vizinhança. A língua grega dos textos lidos con-

---

9. *Werke* I, 512.

firmava a presença dos gregos e de seus deuses até mesmo em Creta, desde 1500 a.C. Do castelo de Micenas e do período entre 1400 e 1100, surge um grupo de marfim, cujo estilo ainda não havia se separado do cretense, mas cujo tema é peculiar. O grupo representa um par de deusas com uma criança que se esforça em passar de uma deusa para a outra (fig. 1). Antropomorfismo seria aqui apenas a descrição mínima, autoevidente. O tema também vai além e se mostra humano. Não podemos recorrer a nenhum exemplo para apoiar a representação de uma cena puramente humana do aposento feminino nesta época e nesta arte. Qualquer um que quisesse interpretar o grupo dessa maneira teria de fornecer prova. Por outro lado, uma humanidade como essa não é estranha à mitologia grega; algo que nos é familiar da representação de filhos divinos nos hinos homéricos aparece aqui num testemunho cerca de 500 anos mais antigo.

Esse caráter essencial, que é comum mais tarde, mas não é atestado para épocas anteriores – pelo menos até hoje –, fica claro para o espectador quando ele coloca, ao lado do grupo micênico, as figuras de marfim e faiança de Creta. Ainda que na religião cretense os animais, como manifestações do divino, estivessem mais a serviço deste do que no mundo grego antigo, em Creta também não havia teriomorfismo, nem mesmo na forma egípcia. Essas figuras elegantes, em atitude estritamente hierática, atestam a crença na epifania divina com seus gestos cultuais – os braços estendidos ou erguidos, mas também com as serpentes que carregam nas mãos. Os mestres de Creta as gravaram em anéis. O gesto é o gesto de epifania, ou porque as sacerdotisas recebem, com ele, a deusa que aparece, ou porque a deusa vai ao encontro delas com esse gesto, como se dissesse: "É assim que eu apareço" (fig. 2). Na arte cretense, o gesto é predominante, mas sempre aponta para um evento festivo ou pertence a um ato cultual, um jogo festivo. Isso revela uma diferença clara e consistente de estilo que separa a religião cretense daquela que expressa sua idiossincrasia mediante uma situação como a que há entre seres humanos – como o grupo de marfim micênico.

Par de deusas e criança. Grupo de marfim de Micenas. Atenas, Museu Nacional.

Aparição de deusa. Estatueta de faiança de Cnossos. Iraklion, Museu Arqueológico.

Em Creta, divindade e ser humano se encontravam na maneira de um culto que, mesmo na forma antropomórfica (para não mencionar as possibilidades de expressão teriomórficas e outras), enfatizava a distinção divina. Por outro lado, a nova maneira soube transformar em fundamento de um encontro, como é o modo próprio grego, a natureza humana dos deuses, que também eram adorados no continente desde muito em imagens de culto severas e meramente antropomórficas, como se o encontro ocorresse de pessoa para pessoa, como se os deuses permitissem às pessoas vê-los completamente em forma humana. Como característica da visão dos deuses na religião grega, a palavra "humano" deve ser usada num sentido em que não se entenda com ele nem o "humanitário" – geralmente os deuses da Grécia, especialmente nos tempos arcaicos, se mostravam terríveis – nem o meramente antropomórfico. Foi o ponto de vista grego especial que finalmente desembocou naquela forma tardia de uma mitologia meramente humana, que se tornou conhecida na posteridade principalmente por meio de Ovídio e de zombadores e oponentes como Luciano e os Padres da Igreja.

O grupo das duas deusas e do filho divino de Micenas não apenas pressupõe, mas também apresenta uma mitologia autêntica, original, a arte de contar sobre os deuses e, assim, presentificá-los. Esse entalhador de marfim foi *mythologos* à sua maneira. Ele fixou uma história dos deuses sem precisar dizer os nomes, que são conhecidos na narrativa. Uma deusa abraça a outra, que segura a mão que a abraça e observa o acontecimento com interesse: que a criança se esforça em sair do seu colo em direção à companheira.

3

A mitologia grega é apenas um caso especial do fenômeno "mitologia" em geral, dessa atividade espiritual e gênero literário cujo florescimento é atestado nos textos sumérios da Mesopotâmia no terceiro milênio, e nos mitos hurritas e hititas no segundo milênio na Ásia Menor, para não falar de outras áreas e culturas que também tiveram suas mitologias. A designação "literário" está correta para esse gênero de criações do espírito apenas na medida em que os mitos já eram escritos naquela época, mas certamente não porque também tinham o caráter de entretenimento. O que era meramente entretenimento permanecia, antes, em forma não escrita. A mitologia detém na *bios*, na existência de um povo no qual ela *vive*, uma posição superior à da poesia, da narração ou de qualquer outra arte.

O etnólogo Bronislaw Malinowski descreve essa posição com grande precisão, baseando-se em suas experiências numa cultura melanésia nas ilhas Trobriand, onde entrou em contato com uma mitologia ainda viva[10]:

> O mito numa sociedade primitiva, isto é, em sua forma viva, original não é uma história meramente narrada, mas uma realidade vivida. Não é do tipo de invenção que lemos num romance hoje, mas uma realidade viva que se acredita ter acontecido nos tempos primevos e que vem influenciando o mundo e o destino humano desde então. Para os primitivos, esse mito é o que a história bíblica da criação, da queda e da redenção pelo sacrifício de Cristo na cruz é para um cristão que crê rigorosamente. Assim como nossa história sagrada vive em nosso ritual, em nossa moral, como governa nossa fé e vigia nosso comportamento, o mesmo faz o mito para o homem primitivo.

"Essas histórias", como sua descrição detalhada continua, "não são mantidas vivas por uma curiosidade vã" (isso se volta contra a crença de que os mitos eram uma ciência primitiva, criada apenas por necessidades intelectuais)

> não como narrativas inventadas, mas também não como narrativas verdadeiras. Pelo contrário, são para os nativos a declaração de uma realidade originária, maior e mais importante, que determina a vida atual, o destino e o agir da humanidade e cujo conhecimento fornece às pessoas motivos para atos rituais e morais, como também instruções para sua execução.

Essa determinação da relação do mito com a *bios*, dos mitos com a existência configurada por eles, caracteriza-se por extrema clareza e sutileza. Dela emergem linhas que, em face dos respectivos fatos históricos, onde quer que possam ser alcançados, parecem bastante esquemáticas, mas podem, justamente por isso, servir de guia. Do lado do mito, não se encontra a verdade habitual, mas uma verdade superior, que permite aproximações do lado da *bios*: jogos sagrados nos quais o homem se eleva aos deuses, mas também

---

10. *Myth in primitive psychology*, Londres, 1926, 21 e 39.

jogos que trazem os deuses para baixo. A mitologia, especialmente a grega, poderia ser vista como se fosse o jogo dos deuses em que eles se aproximam de nós. Uma especial humanidade do mundo divino surgiu, entre os gregos, a partir desse tipo de relacionamento com toda a existência humana.

Na linguagem platônica, a linha do mito seria a arquetípica, a da *bios*, a linha ectípica, a relação do mundo *arquetípico* com a *ectípica*. Filósofos dogmáticos, mas também os homens primitivos ligados aos seus sistemas sociais, tenderam a petrificar essa relação, enquanto povos capazes de desenvolvimentos, poetas e artistas preferiram fazer valer as possíveis transições. Por exemplo, Thomas Mann compreendeu maravilhosamente esse relacionamento a partir das sugestões de suas fontes mitológicas em seu *José e seus irmãos* e representou de modo insuperável no romance o jogo da transição de uma linha para a outra. Ele falou teoricamente sobre isso no discurso *Freud e o futuro*:

> O eu antigo e sua consciência de si era diferente do nosso, menos exclusivo, menos claramente delimitado. Ele, por assim dizer, era aberto para trás e absorvia muitas coisas do passado, que ele repetia no presente e que estavam "novamente ali" com ele. O filósofo cultural espanhol Ortega y Gasset expressa isso dizendo que o homem antigo, antes de fazer algo, recua um passo, tal como o toureiro que se arroja para o golpe da morte. E que ele busca no passado um modelo no qual se enfiava como em um sino de mergulho para assim, a um só tempo protegido e desfigurado, mergulhar no problema atual. É por isso que sua vida é, de certa forma, um avivar, um comportamento arcaizante. – Mas essa vida como avivar é a vida no mito. Alexandre seguiu os passos de Miltíades, e quanto a César, seus antigos biógrafos estavam, com ou sem razão, convencidos de que ele queria imitar Alexandre. Mas essa "imitação" é muito mais do que o que a palavra implica hoje; é a identificação mítica, que era particularmente familiar ao mundo antigo, mas que está presente nos tempos modernos e que ainda é psicologicamente possível em qualquer período. O caráter antigo da figura de Napoleão tem sido frequentemente enfatizado. Ele lamentava o fato de que o estado moderno de consciência não lhe permitia fingir ser filho de Júpiter-Amon, como Alexandre. Mas não há dúvida de que, na época de seu empreendimento no Oriente, ele ao menos se confundiu miticamente com Alexandre; e, mais tarde, quando

se decidiu pelo Ocidente, declarou: "Eu *sou* Carlos Magno". Entenda-se bem, não algo como: "Eu faço lembrar a ele"; nem: "Minha posição é semelhante à dele". Tampouco: "Eu sou como ele"; mas simplesmente: "Eu o *sou*". Essa é a fórmula do mito[11].

O caso de Napoleão, descrito por Thomas Mann, pertence mais à Antiguidade tardia e tem seus antecessores no culto oriental e romano dos governantes, o qual, de fato, só pode ser entendido a partir dessa possibilidade do "viver no mito". Na Antiguidade tardia, muitas coisas eram grosseiramente simplificadas, tanto na arte quanto na religião. A religião antiga provavelmente inclui a possibilidade do "viver no mito", mas de certas maneiras que devem ser consideradas isoladamente. Uma maneira era certamente a "citação", a que Thomas Mann se refere com a expressão "vida citacional". O caso de Sir George Grey foi apresentado[12].

Na existência antiga, a citação mitológica certamente não se fazia presente apenas como uma citação verbal, mas como uma imitação. No entanto, a identificação mítica não foi tão longe quanto descrita por Thomas Mann e como acontecia com frequência na Antiguidade tardia. Mesmo onde a identificação era mais forte, ela deveria ser uma *imitatio per ludum*, uma imitação lúdica. Essa descrição exata pode ser encontrada num autor tardio, Juvenal, satírico romano, que critica o oposto disso, tal como acontecia num culto secreto de mulheres (VI 324):

nil ibi per ludum simulabitur, omnia fient ad verum...

("Nada ali é imitado como no jogo, tudo acontece a sério".) Tal como no jogo, o mito podia ser citado na vida; isso mantinha a *bios* no relacionamento correto com o mito, tanto entre os romanos quanto entre os gregos.

Até mesmo o maior e mais comum sacrifício dos gregos, o sacrifício do boi, pode ser visto como uma "citação mitológica"[13]. Supostamente, imitava-se nele o logro de Prometeu, que havia distribuído os prazeres da refeição sacrificial de maneira tão desigual entre deuses e humanos que estes saíram

---

11. *Gesammelte Werke* IX, Frankfurt, 1960, 495s.
12. Cf. acima p. 18s.
13. Cf. meu "Prometheus", *Rowohlts deutsche Enzyklopädie* 95, Hamburg, 1959.

ganhando. Idades inteiras se configuravam como "citações". As garotas atenienses imitavam a deusa Ártemis como pequenas "ursinhas" em Brauron desde os nove anos de idade até o casamento – como num jogo[14]. A imitação de Apolo pelos adolescentes é atestada pelas estátuas de *kouros* e pela tragédia Íon, de Eurípides[15]. É sempre "viver no mito" *por um tempo determinado*. As festas, acima de tudo, existiam para isso. A festa, além da mitologia, exige uma consideração especial.

---

14. Cf. abaixo p. 225ss.
15. Cf. *Werkausg.* II, p. 239ss.

DA NATUREZA DA FESTA

1

O homem antigo, que aparece diante da divindade, encontra-se perante um mundo de deuses. No entanto, não é outro mundo, mas aquele em que ele vive e que lhe mostra seu aspecto mitológico nos deuses. O senso de realidade[16] também poderia acompanhar figuras de um mundo de deuses projetado a partir do ser humano e que não teria base fora do humano. A certeza de que determinadas figuras reaparecerão em determinados momentos é sempre nutrida pelos movimentos cósmicos percebidos. A religião antiga não se baseia na crença de que as narrativas da mitologia são verdadeiras em suas variações contraditórias (a questão da verdade nem sequer é levantada), mas principalmente na certeza de que o cosmos *está aí* como fundamento e plano de fundo coerente – inconsútil e permanente – daquilo que mostra sua face humana na mitologia.

É preciso compreender a palavra "cosmos" em seu sentido grego: como a realidade do mundo em determinado estado, que inclui em si a validez de certa ordem espiritual[17]. Essa ordem é uma possibilidade do conteúdo do mundo, que pode se expressar de maneira mitológica, em figuras de deuses, bem como de qualquer maneira artística ou científica em ideias artísticas e científicas. Aqui temos de entender o termo "ideia" num sentido tão amplo que também conceba em si os deuses como *ideias mitológicas*. A correspondência entre um mundo divino *arquetípico* e um mundo humano *ectípico*, que pode ser vista em toda mitologia viva, já pôde encontrar sua melhor ex-

---

16. Cf. *Werkausg.* IV, p. 26s.
17. Pode-se tomar um estado de coisas diferente e também chamá-lo de cosmos, cf. REINHARDT, K., *Parmenides*, Frankfurt a. M., 1959, 174.

pressão na linguagem dos platônicos. A ordem espiritual, que na natureza se mostrava aos gregos como ordem do mundo, pode ser chamada de aspecto ideativo do mundo, ao passo que o divino, contudo, poderia designar a suprema revelação festiva desse aspecto.

O mundo não era compreendido em toda parte segundo a maneira grega, em figuras de deuses que, mesmo em sua natureza contraditória, atuam como ideias puras. Mas todas as ordens do mundo – incluindo a oriental antiga, a americana antiga e os restantes *cosmoi* – são espirituais, na medida em que nelas uma possibilidade do mundo é realizada pela atividade cognoscente e ordenadora do espírito, e o mundo é transformado numa imagem do mundo. Fala-se dos diferentes modos dessa atividade como formas diferentes de pensar. A estrutura de tal forma de pensar e de sua correspondente imagem de mundo pode ser descrita como descrevemos a estrutura de uma língua.

No entanto, uma religião nunca se baseia unicamente numa ordem vazia, sem conteúdo, mas ao mesmo tempo no que é ordenado: ela nunca se baseia apenas numa imagem de mundo, mas sempre na realidade do mundo, ou seja, naquilo que é a realidade do mundo para o homem. Se a imagem de mundo muda com o tempo, acreditamos estar cada vez mais próximos do "mundo real". Essa confiança gera aqueles abalos da certeza imediata pelos quais religiões vêm abaixo. A realidade de uma ideia religiosa – muito especialmente a de uma figura divina – nunca se baseia no modo de pensar, mas no fato de que esse modo é percebido como *válido*, ou no caso das figuras de deuses, de que essa visão é percebida como *válida*. Em outras palavras: baseia-se na certeza de que, dessa maneira, a *realidade verdadeira* do mundo é vista e expressa. Nós agora nos voltamos para uma fonte dessa certeza, ao considerar a essência da festa.

2

"Quem conhece apenas uma religião não conhece nenhuma" – esse é o axioma que deve ser o lema no princípio de qualquer estudo sobre religião[18].

---

18. Müller, Max, *Introduction to the Science of Religion*, 1897, p. 13, "He who knows one, knows none", parafraseando Goethe, cf. a edição alemã, Straßburg, 1874, 14.

Nós o combinamos com outro, que já seguimos desde o início: "O que é vivo só pode ser conhecido em estado vivo". A religião antiga é tão espiritualmente próxima de nós ocidentais como fenômeno histórico que podemos apreender sua estrutura diretamente: é uma religião que não se volta para o além, seus deuses são os deuses deste mundo e da existência humana. Tais divindades são transcendentes apenas na medida em que nossa existência não as abarca; mas elas a abarcam. Elas são mais do que deuses da vida, são também os da morte e daquilo que nos rodeia. Mas, por outro lado, esta religião está tão distante de nós no tempo, e suas formas, onde podem ser alcançadas, mostram-se tão perfeitas e acabadas, que nos é impossível apanhá-la *in flagranti*, por assim dizer, como ser vivo, como um ser que se cria continuamente como manifestação viva. O pesquisador da religião antiga precisa olhar em volta: o que aconteceu na observação de outras religiões que pode contribuir para a compreensão das religiões grega e romana?

A religião dos povos que permaneceram em estado arcaico, por outro lado, nos parece muito estranha, sim, a coisa mais estranha de todas. Contudo, onde ainda era acessível, os etnólogos a encontravam literalmente em vida, como se fosse um ser vivo, que se recria continuamente. Tal "recriação" raramente é mais que pura repetição. Os primitivos sabem disso. Eles repetem consciente e precisamente os atos religiosos de seus antepassados; um princípio de sua religião consiste nisso. Pela repetição a vida perde força, e os vivos perdem justamente a vida. Apesar disso, em cada repetição de um ato religioso resta um elemento do criativo que não pode ser recuperado quando o ato deixa de ser repetido. Esperamos que a pesquisa etnológica sobre religião nos aproxime desse elemento criativo e com calor de vida.

O que é esse elemento é algo que só ficará claro se nós, por nossa vez, não enfatizarmos a vida da religião, mas seu conteúdo espiritual. Para uma consideração científica, o espiritual é mais óbvio e mais fácil de entender do que o vivo. Na realidade, os dois não são mutuamente exclusivos. Se quiséssemos de antemão separar o vivo do espiritual, o repleto de vida do repleto de significado, isso seria um passo para o qual teríamos de oferecer motivos especiais. Nem o material antigo nem o etnológico exigem essa separação como algo autoevidente. Pelo contrário!

Até a religião mais primitiva tem um conteúdo espiritual; ela também contém uma ideia. Não importa se a explicação de uma religião parte da fé ou da certeza imediata do indivíduo religioso: em todo caso, deve-se assumir um estado em que a fé ainda não era fé, mas sim evidência que cativa de modo imediato; e o costume religioso ainda não costume, mas um ato fresco, pelo qual a evidência continuava e se exprimia, talvez sem palavras, com a exclusividade de um ato emocional. Tanto o historiador quanto o etnólogo devem admitir que nunca podem encontrar esse estado da *gestação*. Mas a ideia é atemporal. E onde quer que apareça, onde quer que seja novamente evocada, ela traz consigo esse aspecto imediato e cativantes que transforma o tempo comum num momento criativo.

Apreendemos apenas a ideia, o conteúdo espiritual. O etnólogo encontra esses tempos transformados – "tempos altos" – que ainda têm em si algo do calor, do frescor e da originalidade do momento criativo. Eles são permeados de vida, imbuídos de ideias cativantes. Será mostrado que nem mesmo o elemento criativo falta neles. Esses tempos são chamados de festas. Se existe algo do qual possa partir a compreensão da religião antiga, e no qual a investigação religiosa a cargo dos estudos clássicos e aquela a cargo da etnologia podem ajudar-se mutuamente, é o entendimento da essência da festa.

Esta questão não se refere apenas à religião antiga. Se alguém quisesse classificar as religiões – o que seria um princípio de divisão perfeitamente possível – conforme sejam mais ou menos propensas a festas, a religião antiga teria de ser contada entre aquelas que decididamente são *religiões festivas*. Até certo ponto, o cristianismo católico ainda pertence a esse grupo, enquanto o protestantismo deve, antes, ser incluído no campo oposto. Mas o que confere à festa seu caráter festivo continua sendo, em todas as gradações possíveis, um fenômeno religioso de tão notável importância que devemos enfrentá-lo com a maior e mais atenta receptividade.

Não vamos abordá-lo do lado do tempo. Já se falou de um "sentimento de fases"[19] próprio, mítico-religioso, "que, para os povos primitivos, está ligado a todas as mudanças e transições decisivas. Já nos estágios mais inferiores,

---

19. Cassirer, E., *Philosophie der symbolische Formen* II, 138.

essas transições, os cortes mais importantes na vida da espécie, como na do indivíduo, costumam ser distinguidos de alguma forma cultural e retirados da sequência uniforme dos eventos". Segundo essa análise, ocorreria com os cortes no tempo cósmico algo semelhante ao que ocorre com o tempo biológico. Eles também são acompanhados por um sentimento de fases. Em ambos os casos, o fatual, o que acontece no pequeno cosmos dos seres humanos e no grande cosmos circundante é "sentido", é até mesmo agudamente observado e registrado. Uma fase é aquilo que *phainetai*, aquilo que se mostra. Um sentimento de fases é um sentimento de realidade baseado no próprio cosmos. O conceito de "sagrado" também foi introduzido aqui[20], e verificou-se que um ponto no tempo ou um período de tempo, na verdade o próprio tempo, pode ser tão "sagrado" quanto um lugar ou espaço em geral. Isso obscureceu e desconsiderou aquela peculiaridade pela qual pontos e períodos temporais se distinguem especificamente e se tornam "obra" da religião. Mas é exatamente com isso que o pesquisador da religião se ocupa.

Para sermos breves, chamamos isso de *sentimento de festividade*. Enquanto experiência, ele é tão real para a pessoa que a vive quanto o sentimento de certeza da existência do mundo. A festividade que distingue certos cortes do tempo é inerente a todas as coisas na esfera da festa, e para as pessoas incluídas nesta esfera e nesta atmosfera – as próprias pessoas festivas – ela é uma realidade psíquica totalmente válida. Entre as realidades psíquicas, a festividade é algo em si, que não deve ser confundido com nenhuma outra coisa no mundo. Ela é claramente diferenciável de todo o restante e é, ela própria, uma característica absolutamente diferenciadora.

Justamente o fato de que ela é algo absolutamente diferenciador pode, de início, ser considerado como uma definição mínima da festividade. Ela foi tão ignorada na ciência da religião e na etnologia – para não falar dos estudos clássicos – como se nem mesmo existisse. Que sirva aqui de exemplo um caso a partir do qual a interpretação etnológica de toda a religião grega quis outrora começar. Jane Ellen Harrison[21] viu nele uma prova de sua visão bio-

---

20. VAN DER LEEUW, G., *Phänomenologie der Religion*, Tübingen, 1933, 360.
21. *Epilegomena to the Study of Greek Religion*, Cambridge, 1921.

lógica segundo a qual os ritos eram originalmente destinados a promover a vida. Ela ignorou o fato de que um testemunho tardio não é, de modo algum, indicativo de originalidade. Em vista das grandes celebrações festivas dos tempos arcaico e clássico, é muito mais lógico pensar em atrofia e simplificação. Contudo, nesse ato bastante simples veremos que o fato da festividade como uma característica diferenciadora pode ser pressuposto mesmo quando ele, como fato autoevidente, não é mencionado de maneira especial. Em toda ação festiva, a festividade está necessariamente presente, mesmo que apenas na forma morta como uma aparência pretendida. E, de igual modo, qualquer explicação que *não* a pressupõe está necessariamente equivocada.

3

Em suas conversas à mesa[22], Plutarco relata um ato festivo celebrado em Queroneia, no primeiro século d.C. Uma vez ao ano, o chefe de família o realizava para sua própria casa, e o arconte, para a comunidade. Plutarco designa o ritual com a mesma palavra – *thysía* – que pertence aos grandes atos festivos de sacrifício, embora todo o ato consista apenas em expulsar a golpes um escravo. O arbusto com cujos ramos ele é expulso, o vítex casto (*Vitex agnus castus*), também é conhecido por causa de certos mitos e os correspondentes ritos: é usado para amarrar e coroar, que no caso de Prometeu e desde então entre os homens substituiu o agrilhoamento. Nenhum modelo mítico é mencionado aqui; o que acontece é o *bulímu exélasis*, a expulsão da fome voraz, de acordo com o significado da primeira palavra: "fome de boi". Para entender isso é primeiramente necessária uma narrativa mitológica. As palavras que acompanham essa ação eram: "Que saia a fome voraz, que entrem a riqueza e a saúde".

O próprio Plutarco menciona um ritual muito mais imponente, a queima de um touro inteiro – como são os sacrifícios para as divindades do submundo –, que os esmirneus oferecem para a fome voraz. Ali, a grande fome era chamada *búbrostis*, "comer boi", e Plutarco não pretende reconhecer que

---

22. *Quaest. conv.* IV, 8.

isso é o mesmo que *búlimos*, tão escasso é seu entendimento dessa palavra, embora ela obviamente indique uma fome que obrigava alguém a comer um boi. Ambas as designações exigem uma narrativa. Segundo o informante de Plutarco, Metrodoro de Quíos, o sacrifício dos esmirneus era oferecido para a própria *búbrostis*, como se esta fosse uma entidade divina. No entanto, no caso de um sacrifício a seres subterrâneos, é possível que a divindade pretendida fosse mantida em segredo e um apelido para ela fosse introduzido. Isso é bem provável aqui. Uma narrativa sobre a *búbrostis* encontra-se no hino a Deméter de Calímaco (66): A deusa a enviou como punição a Erisícton, que havia derrubado árvores em seu bosque sagrado. Ela era, por assim dizer, a forma de manifestação negativa de Deméter, que, com Iasião, gerou Pluto, a "riqueza". É bem possível que, na época de Plutarco, o costume de Queroneia fosse apenas o remanescente atrofiado de um ato de sacrifício mais antigo e detalhado, que por sua vez correspondia a uma narrativa mitológica do círculo de Deméter.

Mas no ato mínimo descrito por Plutarco há tanta festividade que ela pode bastar para sua definição mínima. A ação era realizada num nível de existência humana completamente diferente do nível habitual ao que Plutarco se retira com seus amigos após a realização, para discutir o nome e a natureza do sofrimento "*búlimos*". Estas pessoas eram as mesmas que juntas consumaram o ato tradicional (*nenomisména*), mas fora da esfera do festivo elas não poderiam ter agido como agiram. Não porque a ação não fazia sentido! O sentido aqui é óbvio, e a crença não é necessária para realizar algo tradicional. Quer se tenha crença ou não, tal ato só é executado de maneira festiva: apenas num nível da existência humana diferente do cotidiano. A tradição substituía a necessidade própria, interna de ascender a esse nível. Mas, se ela substituísse também o festivo, toda a festa se tornaria algo morto, até mesmo grotesco, como o movimento dos dançarinos para alguém que de repente ficou surdo e não consegue mais ouvir a música. E quem não ouve a música não dança: não há festa sem um sentimento de festividade.

O festivo não é idêntico ao alegre. O exemplo dado mostra isso diretamente. A comparação com a música ainda pode ser usada aqui. Há um sentimento de festa alegre e um sombrio, assim como há música alegre e triste.

• 49

Mas há algo, na base mais profunda do festivo, que está mais relacionado ao alegre do que ao sombrio. No próprio sombrio, quando é festivo, encontramos algo que Hölderlin sentia na tragédia grega no mais alto grau quando escreveu o epigrama de *Antígona*:

> Alguns tentaram em vão dizer alegremente o mais alegre
> Aqui finalmente ele para mim se exprime, na tristeza.

E a seriedade, por sua vez, também está presente na base do mais alegre e jovial sentimento de festa; é a seriedade que eleva o ato alegre mais habitual, como o de tirar e beber vinho por parte dos atenienses num dia consagrado a Dionísio[23], ao nível de um ato festivo. No entanto, não se trata de seriedade no sentido de que poderia ser contraposto ao lúdico, por exemplo. Como o festivo permite o jogo, toda ação de festa é, em certa medida, um jogo. É claro que ela não é lúdica no sentido próprio da palavra, não é o jogo pelo jogo!

Esse elemento difícil de captar, próximo ao alegre, ao sério, ao lúdico, mas também compatível com o mais sombrio, mais turbulento e mais austero; em suma: o *festivo* foi preservado naquelas obras em que a literatura e as artes plásticas salvaram as grandes festas dos gregos e romanos ao transplantá-las do passado para o mundo atemporal da arte. Exemplos clássicos são as odes de Píndaro e o *Carmen saeculare*, de Horácio, o friso do Partenon e cenas sacras da pintura em vasos, da arte em relevo grega e romana. Mas precisamente a alta qualidade artística dessas obras nos adverte a ter cautela. Talvez elas estejam nos afastando demais do vivo, que não é atemporal nem mesmo em seu auge, mas no máximo apenas o tempo transformado! Temos de capturar a festa não onde ela já parece elevada ao cume atemporal da arte, mas onde ela ainda não deixou o tempo totalmente para trás de si e saiu dele, por assim dizer; e onde o próprio tempo, marcado pela festividade, é ainda tangível, juntamente com seu conteúdo experiencial.

---

23. Fanodemos de Atenas, 456 A; cf. minha "Parva realia", *Symbolae Osloenses* 36, 1960, 5ss.

4

Aqui se encontra seguramente o ponto em que a pesquisa etnológica sobre a religião deve assumir a liderança. Mas inicialmente sofremos uma decepção. O fenômeno do festivo parece ter escapado completamente aos etnólogos. O máximo que se fazia era notar aquele traço do festival onde ele se aproxima do alegre. Um conhecido representante da etnologia, R. R. Marett, usou o modo de expressão da religião cristã para falar em "esperança na religião primitiva"[24]. Ele viu na esperança um "sentimento primordial" da religião em geral e justificou sua visão biologicamente: "A coisa realmente urgente no processo da vida, como revelada pelo menos subconscientemente na experiência humana, consiste em alguma esperança, em uma antecipação". As ordens festivas das religiões primitivas, de fato, tendem a seguir a linha ascendente dos fenômenos naturais. Seus terríveis costumes de luto, em particular, podem testemunhar a natureza irredutível da vida. Até certo ponto, isso parece justificar o princípio explicativo biológico.

A inadequação desse princípio só vem à tona quando se tenta explicar um fenômeno religioso – em nosso caso, uma festa – exclusivamente do ponto de vista de um ser vivo faminto ou possuído de algum outro desejo. Marett também age nesse sentido quando nos fornece uma descrição não totalmente precisa de uma festa dos Arunta (habitantes primitivos do deserto do centro da Austrália) e pretende explicá la de acordo com sua própria maneira biológica e psicológica[25]. Trata-se de um exemplo instrutivo de uma cerimônia muito primitiva, cuja festividade ainda podemos captar imediatamente.

Os Arunta realizam as cerimônias para a multiplicação de seus animais totêmicos, como enfatiza o próprio Marett, não na estação seca do ano, quando devem estar particularmente repletos de desejos, mas justamente quando encontram comida em abundância. E posso ainda acrescentar que eles fazem isso no momento em que o animal totêmico em questão está realmen-

---

24. Tradução alemã, Stuttgart, 1936.
25. P. 39. A cerimônia é retratada com precisão em SPENCER, B., *The Arunta* I 1927, p. 194, cf. p. 150 e 161. Meus acréscimos e correções aos dados factuais e linguísticos se devem à instrução amigável de um profundo conhecedor dos Arunta, Géza Róheim.

te se multiplicando. Então eles dançam suas danças festivas. E não dizem simplesmente, como Marett afirma: "Nós desfrutamos de muita comida!" O comportamento deles é bem mais complexo. Com uma pedra que, enquanto *churinga unchima*, tem uma relação especial com o animal totêmico a ser multiplicado, o chefe bate na barriga das demais pessoas e diz: "Você desfrutou de muita comida!" Ou seja, todos deveriam estar satisfeitos.

Segundo Marett, esta é uma "dança da nutrição". As pessoas a dançam com a barriga cheia "como exclamando: que seja duradouro esse estado de felicidade!" Essa é uma reconfiguração arbitrária dos fatos. Segundo Marett, o indicativo perfeito, contido nas citadas palavras que acompanham a cerimônia – a batida na barriga – deve representar o presente optativo. A língua dos Arunta não permite essa visão. Não quero falar sobre o fato de que tais cerimônias devem causar no espectador atual mais impressão de desgaste do que de originalidade. Se são infantis, são ao mesmo tempo senis. A "ideia", que também não falta aí, refere-se provavelmente à conexão entre a tribo e o animal totêmico. Caso contrário, estamos lidando com um arcaísmo congelado, como o encontramos no solo clássico, por exemplo, nos jogos dos fliacas barrigudos no sul da Itália[26]. Estes eram dançarinos cultuais, atestados em vasos arcaicos, antes de criarem seu palco para si. Suas danças seriam as mais apropriadas para explicar a "dança da nutrição": eram provocadas pelo inebriamento da barriga cheia tanto quanto pelo inebriamento da "glutonaria" em geral. O inebriamento devido à comida atravessa a antiga farsa atelana da antiga Itália chegando até a atual devoração de macarronada e risoto como conteúdo festivo do carnaval.

Da cerimônia de Arunta se depreendem, sem dúvida, duas características: a festividade de toda a celebração e sua conexão com o tempo, que é realçado ali. Eu descrevi a festividade como um nível especial no qual são possíveis ações que nunca seriam feitas fora dele, e também usei a comparação com a música, que cria uma possibilidade para movimentos que em

---

26. Cf. Jung, C. G.; Kerényi, K.; Radin, P., *Der göttliche Schelm*, Zurique, 1954, 163, figuras relacionadas em imagens arcaicas de vasos do Peloponeso em Loeschke, G., *Ath. Mitt.* 19, 1954, 523; cf. Buschor, E., *Ath. Mitt.* 53, 1928, 105; Kerényi, K., "Satire und satura", *Studi e materiali di storia delle religioni* 9, 1933, 144.

outras ocasiões seriam ridículos e sem sentido. Esse nível ou essa música também estão presentes aqui: a cerimônia cuidadosamente executada consiste em canto e em movimentos estilizados, que podem ser chamados de "dança" no sentido mais amplo. A dança nesse sentido amplo é, por assim dizer, a matéria-prima de todas as cerimônias primitivas e requer, portanto, pelo menos uma breve consideração.

A dança é algo muito mais comum e, ao mesmo tempo, muito mais sagrado entre os povos primitivos em todo o mundo do que entre os civilizados. Leo Frobenius cita uma frase antiga sobre o assunto: "Quando a lua está cheia, toda a África dança"[27]. E a dança permanece festiva em sua essência. Às vezes, ela é usada para entretenimento pelos primitivos, mas não se reduziu ao mero entretenimento como ocorreu entre nós. Pode ser vista como algo absolutamente diferenciador: como uma manifestação direta do festivo – ainda que não absolutamente necessária. Nenhum nativo australiano gostaria de recorrer à dança para fazer um ato comum, não festivo e diretamente prático. No nível da dança, no entanto, ele empreenderá o que nunca começaria no nível da ação prática: por exemplo, inebriado de gula, tomar parte na multiplicação dos animais totêmicos. A dança não é um meio de adquirir um objeto desejado, mas a representação de algo, uma reprodução daquilo que o dançarino considera um dado objetivo. Marett relata uma "festa dançante" profana, uma "corroboria" dos "narrinyeri" no baixo Murray, à qual ele próprio compareceu: Os australianos representavam por meio da dança um barco a vapor no rio Murray.

Passemos agora ao segundo traço marcante da festa da multiplicação. A cerimônia ocorre na época em que o animal totêmico está se multiplicando por si só. Se o desejo faz parte da celebração, a realidade do que se deseja se mantém ao lado e acima dele: uma realidade natural e, ao mesmo tempo, um mito dessa religião, que coage à participação. A realidade cósmica e a psíquica não podem ser separadas uma da outra. A coação que elas exercem juntas manifesta-se como a possibilidade do que em outras ocasiões seria incomum, de fato, como a possibilidade do impossível; manifesta-se como

---

27. *Das sterbende Afrika*, Frankfurt, 1928, 259.

plenitude de poder e liberdade de uma existência superior, como uma festa. Não precisamos especificar a base psicológico-biológica de tal coação e de tal liberdade se tivermos compreendido apenas a *estrutura* do fenômeno em questão. Aqui também a festa é "viver no mito": o mito de uma base vital em comum com o animal totêmico e da glutonaria que brota dela.

5

Nos casos observados, tal coação e tal liberdade da festa não derivaram de uma necessidade imediata. A coação da tradição também estava presente, e o hábito colaborou. O etnólogo K. Th. Preuss mostrou com muitos exemplos como as festas dos primitivos são acompanhadas por mitos que contavam sobre a instituição delas, e pela consciência de uma tradição remota. Esses exemplos mostram como, paradoxalmente, a consciência dessa tradição parece estar ligada à ênfase na originariedade. Extraio semelhante caso de seu estudo *O conteúdo religioso dos mitos*[28].

"Entre os índios Cora na cordilheira da costa do Pacífico no México", assim narra Preuss com base na experiência de sua expedição[29],

> o deus do milho Sáutari na forma de espigas, durante as festas das espigas tenras e da torrefação do milho, é recolhido do altar pela representante da deusa da terra e da lua, sua mãe, exibido aos deuses de todas as direções e (depois do canto que acompanha todas as cenas e danças) é explicado a eles o destino que aguarda Sáutari. Segue-se uma grande dança da deusa com a cabaça na qual seu filho descansa. Finalmente, ele é entregue à deusa Kuxkoama, que o está esperando junto ao fogo. "Agora ela mata o filho de nossa mãe... Nossa mãe chora pelo filho porque ela o matou. Ela está triste..." No entanto, o canto seguinte narra que Sáutari não morreu, mas foi para o céu. "Nossa mãe no céu (a deusa da terra e da lua) já sabe disso". Então sua mãe lhe diz: "Você realmente não morreu?" – "Eu não morri. Eu sei (como arranjar): Vou enganá-los (aos homens). Eles aparecem apenas uma vez, meus irmãos mais novos (os homens). Não é verdade que eles morrem para sempre? Eu, ao contrário, nunca morro, sempre aparecerei (na terra)..."

---

28. Tübingen, 1933, 7.
29. *Die Nayarit-Expedition I*, Leipzig, 1912, 106.

A conclusão que Preuss tirou disso coincide com a que Malinowski alcançou com base em sua experiência:

> O canto prova que essa celebração, que se repete todos os anos, é apresentada aqui como se fosse a cerimônia de instituição originária, pois as figuras divinas participantes, cujo destino natural é parcialmente mostrado na forma humana, aproximam-se inconscientemente de seu destino e, somente no final, a recorrência permanente do processo lhes é revelada. Os índios também diziam que não apenas as pessoas divinas que apareciam na festa, mas todos os participantes eram deuses, ou seja, ancestrais que haviam se tornado deuses. Mas o canto realmente substitui o mito, pois o objetivo dele é certificar as condições atuais e os fenômenos sempre recorrentes mediante um processo único ocorrido nos tempos primevos.

Preuss acrescenta que essa explicação poderia ser dada a todas as cenas das inúmeras festas dos Cora, já que os executantes sempre representavam deuses ou ancestrais divinizados. Ainda de acordo com Preuss, a execução deve sempre ser vista como o processo primeiro. A participação dos deuses nas cerimônias não é concebida apenas como algo voluntário; elas são designadas como "jogo" deles, como jogo da divindade suprema, o deus do sol, "nosso pai": um jogo que os Cora temem arruinar por causa de seus erros e fraquezas. Eles dizem que as cerimônias foram ensinadas pelo deus da estrela da manhã, quando inutilmente se esforçavam em iniciá-las.

Esta última afirmação dos índios realça o elemento crucial que possibilita esses encontros. Trata-se do festivo. Esse elemento especial escapou a Preuss tanto quanto aos outros etnólogos. Ele nota e enfatiza apenas o que possibilita explicar o elemento festivo a pessoas não festivas – em qualquer lugar do mundo e em qualquer época: que ele é nenomisménon, tradição sagrada, agradável aos deuses, comando e instrução deles. Mas também foi importante que depois de Malinowski – e provavelmente independentemente dele – esse etnólogo também tenha demonstrado o grande papel dos mitos na religião de um povo arcaico. Ele fez isso ao primeiramente salientar que os mitologemas contêm as ideias que são realizadas no culto, incluindo as ideias da instituição divina do culto, e, em segundo lugar, ao mostrar que a história de um mitologema já é, frequentemente, uma ação cultural. De fato, há entre narrativa e representação apenas uma diferença de grau, não de essência.

Ambos, tanto a ação cultural quanto o mitologema, correspondem às mesmas realidades – realidades psicológicas e também cósmicas –, que podem ser diretamente representadas como também ser vistas em figuras e encerradas em narrativas.

Não é de surpreender que Preuss, cuja atenção se volta para o caráter tradicional das ações cultuais, não perceba o imediatismo destas. Para ele, como com quase todos os etnólogos, a ação cultural é, no fundo, uma ação mágica para alcançar um efeito. De fato, seria uma distinção muito sutil para a maioria das religiões primitivas dizer o seguinte: o evento mitológico *causou* a imitação na ação cultural, mas não *aconteceu* para obtê-la, e apenas gradualmente as pessoas, em suas imitações cultuais, deixaram que o pensamento da finalidade fosse cada vez mais predominante. No entanto, como Preuss explica, tal ação é, "graças ao mito, santificada pelos tempos primitivos, pelo comportamento dos antepassados, não sendo, portanto, de modo algum, um mero ato de vontade das pessoas, mas um dever pesado, pois a prosperidade e adversidade do povo dependem da execução correspondente à primeira prática". É assim que o exame de Preuss ilumina as festas das religiões primitivas por *um* dos lados. Mas seu exame parece contradizer todo tipo de imediatismo e liberdade do sentimento festivo. De acordo com a visão apresentada, as ações cultuais teriam nascido de um senso de dever e seriam por ele acompanhadas.

Essa contradição é resolvida pela afirmação dos índios de que eles tentaram em vão iniciar suas cerimônias antes de serem instruídos pelo deus Hatsikan. Um esforço puramente humano, um cumprimento ordinário do dever não é uma festa, e não será possível comemorar nem compreender uma festa a partir do que não é festivo. Algo divino deve ser adicionado, o que torna possível o impossível. O indivíduo é elevado a um nível em que tudo é "como no primeiro dia", brilhante, novo e "inicial"; onde alguém está com deuses, onde se torna, ele próprio, divino; onde sopra o hálito da criação, e os humanos participam da criação. Essa é a essência da festa. E isso não descarta a repetição. Pelo contrário. Enquanto as pessoas são lembradas disso por sinais da natureza, pela tradição e pelo hábito, elas sempre podem participar de novo de um existir e um criar incomuns. O tempo e as pessoas se tornam festivas. *Et renovabitur facies terrae.*

A condição de "ser lembrado" não é secundária. Ela nos leva, a partir de um dos lados, à essência da festa, onde não apenas a reconhecemos com base em nossa experiência de vida, mas realmente a compreendemos. Este é o lado espiritual, pelo qual o outro lado, o lado da vida, é completado. Nem mesmo as ações cultuais mais primitivas carecem de um lado espiritual. Na festa descrita acima, os arunta se comportam como se a multiplicação factual do animal totêmico naquela época lhes tivesse dado a irresistível *ideia*, *também* correspondente a seus desejos, de participar da multiplicação. Nesse caso, a ideia é a realidade objetiva que se tornou uma realidade psíquica e um tanto distorcida na substância humana – nesse material turvado pelo medo e pelo desejo. Não faz nenhuma diferença significativa se tal ideia motriz foi provocada pela realidade cósmica pela primeira vez ou se é apenas lembrada por meio desta.

A festa do milho dos índios Cora mostra de maneira especialmente clara a estrutura de uma ideia esclarecedora – também se poderia dizer "*insight*" – com as, e nas, próprias figuras divinas nomeadas e representadas. No plano de fundo da festa do milho encontra-se a realidade cósmica do destino do milho – independentemente de ser esta aquilo que suscita a ideia pela primeira vez ou apenas provoca sua lembrança. Por que dessa realidade nas pessoas, que existem numa unidade de vida factual com milho, nasce a ideia do destino como destino de uma realidade divina, e por que especialmente nos "tempos altos" do milho? Há pergunta mais ociosa? De algo presente emergiu algo ainda mais presente; de uma realidade, uma realidade superior. Dessa maneira, essa realidade superior está *mais* presente para o homem por nenhuma outra razão senão pelo que é visivelmente representado: porque no mitologema a realidade cósmica foi reproduzida na substância humana. O homem é o que está mais próximo do homem. A visão espontânea ou o drama espontâneo em forma humana – porque a espontaneidade deve ser suposta em tudo o que é originário – estão mais próximos dos seres humanos do que a epifania animal e a imitação de animais na dança. Mas isso não torna menos verdadeira a realidade superior; e é precisamente na imitação humana que o distintivo, o divino, aparece ainda mais terrivelmente frente ao humano: "Eles aparecem apenas uma vez, meus irmãos mais novos. Não é verdade que eles morrem para sempre? Eu, ao contrário, nunca morro, sempre aparecerei" – é assim que o deus do milho morto canta.

É uma ideia de total clareza e convincente verdade. Embora seja sempre evocada da mesma forma pelo período de maturação do milho, ela é imediata e originária, porque aparece para as pessoas a partir desse período de maturação. Ela faz que o costumeiro no destino do milho continue aparecendo como algo novo e divino. Para os homens trata-se de uma ideia indescritivelmente triste, mas ao mesmo tempo ela lhes mostra o esplendor das coisas eternas. Sua execução consciente em palavras e ações é um dever sério, para o qual coagem o poder convincente da ideia e a tradição sagrada. Mas quem se entrega a essa coação encontra-se repentinamente no meio do jogo livre dos deuses, torna-se divino pela participação nele, eleva-se a um nível de conhecimento e criação ao qual o homem sempre foi alçado por uma ideia poderosa e convincente.

6

Assim como o festivo devia ser reconhecido como uma experiência entre as experiências de nossa vida, agora ele é imediatamente compreensível como uma experiência *espiritual*. Não se trata aqui de modo algum de um fenômeno que pertence exclusivamente ao campo da psicologia religiosa. "A ciência tem em comum com a arte" – assim relata Nietzsche a respeito dessa experiência[30] – "o fato de que o mais cotidiano lhe aparece como algo inteiramente novo e atraente, recém-nascido como por obra de encantamento, e vivenciado agora pela primeira vez". Quando ele prossegue: "A vida merece ser vivida, diz a arte... a vida merece ser conhecida, diz a ciência", ele apenas está extraindo as consequências peculiares da arte e da ciência a partir de uma experiência espiritual que está na base não apenas destas duas, mas também da religião e da magia: a partir de uma realidade psíquica complexa, porém muito simples e primária, que ele chama de uma espécie de encanta-

---

30. *Homer und die klassische Philologie*, Werke III, München, 159.

mento. Vista em seu cerne, ela é a experiência de uma ideia; vista de seu lado atmosférico, é a experiência do festivo. A tarefa agora é nos abrirmos para a *atmosférico*.

Há muito tempo se percebe que essas quatro – arte e ciência, religião e magia – mantêm entre si, em parte, relação de parentesco e, em parte, relação de oposição. Tentou-se acomodá-las como tronco e galhos numa genealogia. Para Frazer, o tronco era apenas magia, da qual a religião e a arte se ramificavam, enquanto a magia tinha continuidade na ciência. Segundo Preuss, magia e religião ainda formavam o tronco inseparadas, e todas as quatro separadamente os ramos. Não se considerou que o tronco primevo, que se separa para quatro lados nessas quatro formas de manifestação independentes, devesse conter todas as quatro em sua própria substância nuclear. Quando vivemos a experiência da festa, estamos num lugar de onde podem partir todas as quatro. E como essa experiência é uma experiência de nossa vida e, em particular, uma experiência espiritual, pode-se falar aqui de uma compreensão.

Agora é importante compreender o paradoxo do festivo pelo qual ele revela ser compatível ao mesmo tempo com arte e ciência, religião e magia, até mesmo como uma atmosfera comum e originária. Esse paradoxo foi descrito anteriormente de tal maneira que quem se entrega à coação da festa – uma coação séria em todos os aspectos – participa, assim, do jogo livre dos deuses. Tal jogo parece ser compatível apenas com a arte, mas não com a ciência ou a magia. Está ligado à religião, pelo menos a dos povos primitivos e antigos, e ainda ao cristianismo medieval. Consideremos o fenômeno do jogo em si[31].

O jogo em si já significa, a um só tempo, a maior coerção e a maior liberdade. Maior coerção porque o jogador está completamente vinculado a um aspecto do mundo ao qual se entrega como a uma realidade espiritual. Ele vive encantado ali, num mundo especial. Meninos que brincam de soldados vivem no mundo soldadesco, meninas que brincam com bonecas vivem na maternidade. Em troca, eles estão livres de qualquer pensamento de finali-

---

31. Cf. HUIZINGA, J., *Homo ludens, Versuch einer Bestimmung des Spielelementes der Kultur*, Amsterdam, 1939.

dade que existe fora deste mundo: o jogo não tem finalidade. E, neste ponto, pode ser comparado à ciência. O estudioso também joga quando se entrega a um aspecto do mundo que ele próprio escolheu e não leva em consideração nenhum pensamento de finalidade que possa limitar sua pesquisa livre. A liberdade do jogo é ainda maior. É aquilo que a liberdade da ciência nunca pode ser: arbitrariedade. O jogador remodela o mundo inteiro convertendo-o em seu próprio mundo e, assim, se torna seu criador e deus: o jogo é poderoso. E nisso é igual à magia. O que torna o jogo diferente da magia é o fato de ser livre do pensamento de finalidade. É por isso que a liberdade do jogo é tão etereamente livre, a despeito do vínculo autoescolhido; por isso, a existência lúdica é mais leve, mais feliz e mais insubstancial do que a festiva.

Entre o sério e o lúdico, o estritamente vinculado e o arbitrariamente livre, paira a atmosfera festiva. No entanto, esse paradoxo se dissolve quando o contemplamos desde seu cerne, desde a ideia. Uma realidade do mundo torna-se, para nós, uma realidade psíquica e resplandece em nós como uma ideia completamente convincente. De algo presente, ela se tornou algo ainda mais presente. O que é o agora, esse mais presente? Ignoremos as formas humanas que pertencem a esse "mais" e consideremos apenas a ideia que também transluz através da forma humana. O que é esse mais presente? Algo estranho, que existe independente de nós e atua sobre nós ou é nossa criação, na qual continuamos a intervir? Esse é o paradoxo da ideia como experiência espiritual, o paradoxo da criação em geral. Não é só que o caráter da criação *não* exclui o caráter da realidade! Não é só que seria inconcebível uma criação artística que não exprimisse o que é considerado real em nosso cosmos! Trata-se também, inversamente, de que o artista tem e desperta a consciência de um *criar* real precisamente quando surge de suas mãos algo real, algo com autonomia própria e captado com respeitosa entrega. O nascimento de uma realidade assim captada, de uma ideia, é vinculado como ciência e jogo, é poderoso e arbitrário como magia – é festivo. A arte não faz senão fixar a festividade desse nascimento, a atmosfera desse momento festivo testemunha da presença divina na própria realidade captada, e conferir duração ao momento festivo e àquilo que ali aparece plasticamente ou aflui como a música: elevar o tempo festivo a uma festa atemporal.

Ao contrário do fazer cotidiano, o criar é uma questão festiva. Desde que seja uma festa real, a festa sempre conserva algo do criativo; conserva pelo menos o paradoxo natural da criação, que acabamos de expor. Sem uma séria entrega à realidade, representada na festa por palavras e ações *como no jogo*, essa representação não seria criadora nem festiva. Realidade *e* representação constituem juntas o criar, constituem a festa. Se a sólida realidade fica mais em segundo plano e o pensamento de finalidade se torna predominante, então já existe uma ação mágica no lugar da ação festiva. Existem muitas transições e gradações. O caráter do jogo pode se expandir, e jogos festivos especiais podem preencher o tempo festivo, ao lado do "jogo" das cerimônias: distinções são necessárias assim que nos voltamos para festas individuais[32].

Em sua essência, a festa é criadora, não mágica; eficaz e boa, mas não de espírito prático. Às vezes, as festas exigem um tremendo dispêndio de forças, e parece que, no caso de festas especialmente grandes, as pessoas reuniam as forças ao longo de vários anos. Não obstante, em contraste com a inquietação do cotidiano movimentado, o repouso faz parte da essência da festa: um repouso que reúne em si a intensidade da vida e a contemplação, conseguindo reuni-las até mesmo quando a intensidade da vida atinge a exuberância. Um exemplo disso é a comédia ática. O cotidiano, visto a partir desse repouso, mostra-se trivial e grotesco, em sua pomposidade e laboriosidade, mas o que era o mais cotidiano e normal no dia a dia aparece na festa sob uma luz nova e maravilhosa, como algo digno de uma celebração especial. Na festa, artesãos e consumidores de vinho, mulheres e cidadãos veem aquilo que constitui sua vida cotidiana como algo elevado e eterno, que eles acreditavam ser apenas coisa e tarefa suas. Porque é independente deles, e eles dependem dele. A festa revela o sentido da existência cotidiana, a essência das coisas que cercam o homem e das forças que atuam em sua vida. A festa como uma realidade do mundo humano – como podemos chamá-la, reunindo o subjetivo e objetivo nela em uma coisa só – significa que a humanidade é capaz

---

32. Cf. SCHMIDT, PATER W., "Spiele, Feste, Festspiele", *Paideuma* 4, 1950, 11. Não dou menos valor às diferenciações do que Pater Schmidt e do que JENSEN, AD. E., *Mythos und Kult bei Naturvölkern*, Wiesbaden 1951, 61ss.

de se tornar contemplativa em períodos ritmicamente recorrentes e, nesse estado, encontrar diretamente realidades superiores, em que repousa toda a sua existência. Esse encontro também pode ser entendido no sentido de que o mundo se torna transparente ao espírito e revela um de seus aspectos plenos de significado, mas também de que o mundo no espírito se organiza para formar esse aspecto. A distinção entre subjetivo e objetivo nessa experiência é completamente irrelevante[33].

Isso não deve constituir uma regra absoluta que deva ser generalizada, ou mesmo invertida, no sentido, por exemplo, de que tais encontros *só* seriam possíveis em períodos ritmicamente recorrentes ou que *sempre* teriam sido também ocasiões para festas recorrentes. Nada disso é afirmado aqui. Só creio poder dizer o seguinte: se não encontramos mais a religião dos gregos e dos romanos no estado em que se originaram, como *in flagranti*, todas as suas ações cultuais e seus mitologemas são, sim, acompanhados pela festividade que aflui de ideias poderosamente iluminadoras. Ela é por si só uma prova e uma garantia de que a religião antiga se baseia em tais ideias e que elas, como o próprio festivo, ainda podem ser compreendidas por nós hoje.

7

O caráter festivo da religião grega, que formou a romana a esse respeito, mantém o equilíbrio com seu caráter de religião mitológica: os dois aspectos estão inter-relacionados. Ver uma mera "religião cultual" em vez de uma religião festiva mitológica seria reduzir os achados históricos, o que equivaleria a uma falsificação. Uma das razões pelas quais essa visão pseudo-histórica pôde prevalecer reside no estado das tradições sobre as festas gregas. Trata-se de um deserto com poucas ruínas admiráveis, em comparação com o qual a tradição mitológica extremamente incompleta parece ser a mais exuberante vegetação. Essa é a imagem histórica – nos tempos modernos. Não se deixar influenciar por essa imagem, nem consciente nem inconscientemente, é o começo da sabedoria aqui, é a famosa *sapientia prima*, inicialmente apenas negativa, de Horácio.

---

33. De acordo com uma conversa com Walter F. Otto.

Neste livro, como na realidade ao nosso alcance hoje, os monumentos, as obras dos artistas falam em favor do lado positivo. Eles são inesgotáveis e nos fazem intuir mais do que mostram. Ideias gerais também transluzem por aqui, como aquela de que belos admiradores e admiradoras, belos animais e objetos agradam aos deuses e deusas. Embora não seja algo frequente, as palavras "belo!" "bela" – *kalós* e *kalé* – encontram-se escritas nos vasos áticos ao lado das imagens neles[34]. Pode-se supor que essa aclamação a inúmeros seres queridos nos vasos tenha começado na atmosfera das festas e se destinasse, originalmente, aos deuses presentes em suas estátuas. Embelezar-se para a festa e ser belo na festa tanto quanto é possível aos mortais, que, assim, se assemelham aos deuses: esse é um traço básico da festividade, que é criado como que para a arte, um parentesco original do festivo com o belo, que, entretanto, em nenhum outro povo se manifestou dessa maneira e dominou o culto como entre os gregos.

Não chegaram até nós calendários festivos completos dos muitos Estados gregos e das inúmeras comunidades. Se, no entanto, olharmos os nomes de festas e cerimônias casualmente preservados – existem cerca de trezentos deles – e tentarmos entendê-los linguisticamente, perceberemos uma considerável riqueza de ideias, naquele sentido da palavra "ideia" em que vem sendo empregada no presente estudo. De qualquer forma, o pesquisador crítico deve duvidar bastante de que todos eles podem ser remetidos a "exigências da vida" tão simples como a necessidade de proteção e defesa. Por outro lado, seria um exagero histórico da crítica se, no caso de festas associadas ao nome de uma divindade, não se quisesse inicialmente crer nos próprios gregos que ofereciam sua veneração precisamente a quem nomeavam: Hera nas *Heraia*, Atena nas *Athenaia* ou *Panathenaia* e assim por diante. Somente quando o conteúdo da veneração, sua ideia, aponta em direção diferente daquela conscientemente seguida, é preciso perguntar por outro mito que não sejam os mitos da divindade nomeada. Estes são os requerem atenção principal, mas raramente foram transmitidos todos em detalhes.

---

34. Cf. Robinson, D. M.; Fluck, E. J., *A Study of the Greek Love-names*, Baltimore 1937. Além das divindades e heróis mencionados aí, deve ser adicionada a cratera de Polignoto do vale de Trebbia com o par de deuses, recebidos em Atenas como divindades recém-introduzidas, cf. Alfieri, N.; Arias, P. E., *Spina, Hirmer*, Munique, 1958, Taf. 74-81; Nike: ibid., Taf. 95, e outros.

Além de nomes de festas como os mencionados, que são derivados do nome da divindade festejada, também existem outros que colocam a cerimônia em primeiro plano. Por exemplo, a festa de Hera, as *Daídala*, "festa das bonecas artísticas", celebrada no Monte Citéron, na Beócia[35]. A arte e o cuidado não se limitavam, de modo algum, à fabricação das servas da rainha dos deuses feitas de madeira– estas eram as bonecas. O cortejo nupcial de Hera era o modelo mítico. Devido a uma longa tradição, procurava-se estabelecer uma correspondência entre culto e mito, até mesmo uma coincidência com a imagem celestial, o plano de fundo cósmico. A celebração originária exigia até mesmo um conhecimento astronômico refinado. A forma mais solene da festa eram as "Grandes *Daídala*", comemoradas a cada sessenta anos. Sessenta anos constituem um ciclo de Júpiter, o "ano" do planeta de Zeus, o noivo deste casamento divino. Continua existindo aqui uma maneira oriental antiga de celebrar festas no mundo grego. A nós, dá a impressão de uma rocha irregular e solitária, mas certamente apenas porque sabemos muito pouco sobre as festas gregas. A força da tradição, que, além da espontaneidade, é a fonte da celebração, também mostra seu poder inabalável em outra festa. A cerimônia começava todos os anos na Acrópole de Atenas com um sacrifício de um touro, continuava com um processo no Pritaneu da cidade e terminava no mar. A festa se chamava *Dipoléia*, "Festa do deus da cidade, Zeus", de Zeus Polieus, mas a cerimônia tinha um nome especial: *Buphónia*, "assassinato do touro", embora touros também fossem mortos em inúmeras outras festas. O lado espiritual do que acontecia ali é enfaticamente posto em primeiro plano pelo nome e pela execução do rito. Mais de uma ideia, a cerimônia exprimia duas ideias conflitantes. Segundo uma delas, o sacrifício do touro era sagrado; segundo a outra, não era: era um assassinato. O pecador era submetido a um processo. Cada participante envolvido na matança do touro empurrava a culpa sobre o outro, até que se chegava finalmente ao machado com o qual o animal havia sido morto, o qual também era absolvido[36]. A faca com a qual se cortava sua carne para a refeição de sacrifício

---

35. Cf. meu ensaio "Zeus und Hera", *Saeculum* I, 1950, 253; para o ciclo de Júpiter: *Klio* 29, 1936, 16.
36. *Paus.* 1. 28. 10.

era a culpada: era afundada no mar como o verdadeiro malfeitor[37]. Em vão, procura-se nos mitos de Zeus uma correspondência com essa ambiguidade e com esse estranho julgamento. Mas *havia* o mito do assassinato de um deus e seu esquartejamento com uma faca[38]. Era o mito do "filho do touro"[39] e de Dionísio aparecendo em forma de touro. Mais uma vez, é uma rocha que se levanta de um período mais antigo de religião na Grécia. A particularidade de a punição recair não, por exemplo, sobre o machado, mas sobre a faca prova isso. As lembranças da ação sagrada/não sagrada, em que a vítima era o deus, representada por um animal, chegaram até nós mais por meio dos mitos[40] do que por tais ritos[41].

Vai até aqui a tradição de certas festas na Grécia. Mas o nome *Buphónia*, tal como *Daídala*, é um plural neutro, e essa é a forma dos nomes de festas pela qual a língua grega expressa algo a respeito da festa em geral. Em grego, nomes de festas são plurais na condição de nomes coletivos dos eventos e celebrações do período da festa. Eles pertencem gramaticalmente a um adjetivo que resume tudo o que aparece festivamente nesse período e o relaciona a uma fonte comum: na maioria das vezes à própria divindade, mas frequentemente também aos atos cultuais, ao local do culto ou aos instrumentos do culto. Nas festas chamadas *Dionysia* havia "coisas dionisíacas". O radical da palavra indica a fonte do estado festivo; enquanto o plural neutro indica o resultado em que todos os detalhes estão incluídos. Se a forma gramatical não permitir indicação precisa da fonte, então essa precisão também será certamente supérflua, como no caso das *Lénaia*, uma festa de inverno de Dionísio na Ática. O radical pode ser *lenós*, o lagar, e o *Lenaion*,

---

37. Porfírio, *De abst.* 2. 30; as duas análises minuciosas deste rito, DEUBNER, L., *Attische Feste*, Berlim, 1932, 158 e OTTO, W. F., *Das Wort der Antike*, Stuttgart, 1962, 140ss., não dão atenção especial a este detalhe importante.

38. Cf. minha exposição "Dramatische Gottesgegenwart in der griechischen Religion", *Eranos Jahrbuch* 29, 1950, 25 e *Werkausg.* VIII.

39. Plutarco, *D. Is. et Os* 35; *Aetia Graeca* 36.

40. Dionísio em minha *Mythologie der Griechen*, Zurique, 1951, 247 (dtv 392, p. 200); Pélope em meu *Heroen der Griechen*, Zurique, 1958, 70 (dtv 397, p. 54), Esão, Jasão, Pélias: p. 293s. (dtv: p. 216s.), Orfeu, fig. 67; Itis: p. 310 (dtv p. 227); os filhos de Tiestes: p. 327 (dtv: 239).

41. Cf. *Werkausg.* VIII, p. 48ss.

o lagar sagrado e o pátio do lagar de Dionísio em Atenas: as participantes na fonte da qual brotava o estado festivo após a fermentação e a primeira clarificação do vinho eram mulheres dionisíacas. Tudo isso constituía com o tempo da festa – o plano de fundo cósmico – certa atmosfera "leneana", que não deve ser confundida com mais nada, e exigia dos atenienses a comédia, que se tornou outro elemento "leneano"[42]. O próximo período dionisíaco, o ciclo festivo das *Anthestéria* – o nome retém a qualidade florescente do deus, doador de flores– incluía o dia da *Pithoígia*, no qual se abriam os *píthoi*, os grandes vasos que serviam para armazenar o vinho agora pronto. O evento determinava a atmosfera do dia, e então tudo era "pithoígico". O surgimento do substantivo feminino *Pithoigía* para o dia inteiro significava uma redução à ação em si, um empobrecimento e uma paralisia. O plural adjetival-atmosférico é originário e verdadeiramente festivo.

Isso tem uma correspondência exata na formação dos nomes romanos para festas como plurais adjetivais com a desinência *-alia, ilia*, como *Matronalia, Parilia*. Em seu poema de calendário, os *Fasti*, Ovídio não é um mau intérprete ao preencher esses nomes com conteúdo atmosférico e mítico. Ele compilou muitas coisas de várias fontes e épocas, mas os próprios nomes exigem tal preenchimento. Enquanto não soubermos mais nada sobre os nomes de festas etruscos, não poderemos julgar até que ponto o modo de expressão grego contribuiu para sua cunhagem. A cultura do século VI a.C. se distinguia, tanto na Grécia como na Etrúria, por uma alegria festiva particular e provavelmente também por uma arte especial de organizar as festas. E esta arte provavelmente estava tão relacionada à arte grega correspondente quanto a arte dos etruscos em geral. Em Roma, encontramos ao mesmo tempo elementos tardios e iniciais, coisas altamente desenvolvidas e atrasadas. É preciso proceder a uma distinção entre traços romanos e pelo menos traços gregos. Essa tarefa pode ter menos êxito com as estruturas complexas das festas do que com a experiência religiosa mais simples.

1938

---

42. Cf. *Werkausg*. VIII, p. 202ss.

Dois estilos de experiência religiosa

1

Nada no mundo nos autoriza a supor, de antemão, que a experiência religiosa dos gregos era idêntica em tudo à de qualquer outro povo, nem mesmo a dos romanos, e não tinha seus traços característicos. Quem se dedica ao estudo das religiões e, o que é mais provável, provém de uma única religião, a religião de sua infância ou seu entorno mais inicial, descobre surpreso, a princípio, tudo o que já foi religião na história da humanidade. Se ele, como pesquisador e estudioso, se aprofunda nos fenômenos religiosos, parece-lhe então que a religião forma um mundo próprio. Essa visão pode se basear na analogia com outro fenômeno da história humana: a arte também forma um mundo próprio.

No entanto, a pluralidade de formas que tais "mundos" especiais mostram não atesta apenas a riqueza de formas na arte ou na religião, mas também uma fundamental riqueza de formas: a do mundo humano. Existe o tipo da religião e o da arte em que essa riqueza de formas se mostra. É um avanço na abstração, que exige a maior cautela, quando dizemos: a arte revela o artístico. O talento artístico dos humanos é revelado dessa maneira, e a existência humana – em contraste com a vida animal – tem a propriedade de ser uma existência artística. Nem todas as pessoas participam igualmente da possibilidade artística inerente à condição humana. O artístico é uma qualidade irredutível, diferenciável de todas as outras qualidades, que possibilita, além da arte, a ciência da arte, mas não é uma qualidade adicional que já não estivesse presente na existência humana.

O religioso também é uma qualidade desse tipo. Há pessoas e houve povos com talento religioso em algumas gradações. No curso da história humana, o talento religioso e a experiência religiosa parecem ter mantido a mesma

• 67

inter-relação que o talento artístico e a experiência artística. Esta pressupõe um grau mínimo de talento artístico. De igual modo, sem um mínimo de talento religioso, não se pode esperar experiência religiosa alguma: uma pertence à outra e ambas são baseadas naquela possibilidade inerente ao ser do homem para a qual não temos palavra melhor do que religiosidade. Mas na história da humanidade nenhum talento ainda foi confirmado fora do estilo de uma determinada existência, como uso a palavra neste livro. Nossa tarefa aqui se limita a entender a religião grega e a romana como os tipos de experiência religiosa peculiares para gregos e romanos, que correspondem a diferentes talentos religiosos.

Por mais importante que seja o festivo quando se trata de julgar essas duas religiões antigas, é preciso levar em conta duas circunstâncias desde o início: em primeiro lugar, são possíveis diferentes gradações de festividade das religiões e, em segundo, a influência da religião grega foi capaz de se afirmar de modo especial na configuração das festas romanas – diretamente ou por mediação etrusca. Por outro lado, as expressões linguísticas da religião romana – em contraste com os nomes de festas – mostram, em designações elementares, tal originariedade em relação aos gregos que uma consideração comparativa deve colocá-*las* em primeiro plano, ainda que também se trate aí continuamente do especificamente grego.

2

Os próprios romanos estavam cientes da diferença de sua experiência religiosa em relação à das demais nações e consideravam estar entre os povos que se distinguiam por um talento religioso especial. De fato, essa *consciência religiosa* os distingue dos gregos, que, em geral, tinham a capacidade de se tornar os mais conscientes em tudo entre todos. Sim, é possível que tenham sido seus mestres gregos que despertaram nos romanos a consciência de sua religiosidade especial. Políbio descreveu com admiração, mas com palavras bastante depreciativas, a piedade dos romanos[43]. Poseidônio, grande filósofo

---

43. 6.56.6; Políbio chama a *religio* dos romanos de *deisidaimonia* e fala dela com o verbo *ektragodein*, que é depreciativo para ele.

grego da cidade síria de Apameia pensa diferente. Em sua grande obra histórica, ele elogiou essa religiosidade como algo peculiarmente romano[44]. Se ele foi o despertador, ele despertou, contudo, a consciência de algo que estava lá. Seu discípulo Cícero faz uma distinção que só pode ser feita na posse tanto desse algo existente como daquela consciência.

Com base nessa consciência, ele até separa o romano do itálico: "Quam volumus licet", assim diz a célebre passagem da resposta dos harúspices[45],

> ipsi nos amemus, tamen nec numero Hispanos, nec robore Gallos, nec calliditate Poenos, nec artibus Graecos, nec denique hoc ipso huius gentis et terrae domestico nativoque sensu Italos ipso et Latinos, sed pietate ac religione atque hac una sapientia, quod deorum numine omnia regi gubernarique perspeximus, omnis gentes nationesque superavimus – [Por melhor que seja nossa opinião sobre nós mesmos, não superamos os hispânicos em número, os gauleses em força, os fenícios em astúcia, os gregos em artes, os italianos e os latinos no sentido nato de pátria e solo, mas a todos os povos na religiosidade e por essa sabedoria única de que chegamos à percepção de que tudo está sujeito ao domínio, ao governo e à direção dos deuses.]

O encontro com a força esclarecedora e despertadora do espírito grego ajudou o romano a alcançar essa clareza e determinação da consciência religiosa. Contudo, nada mais além disso pode ser atribuído à influência grega. Seria possível comparar esse grau de consciência religiosa como pretensão de uma posição especial frente ao divino com a conhecida pretensão dos israelitas de ser o povo escolhido de Deus, mas de nenhuma maneira com a experiência religiosa grega. No entanto, tão logo queremos traçar paralelos com a religiosidade judaica, percebemos que a consciência religiosa dos romanos pertence ao estilo romano de experiência religiosa, que não é idêntico a nenhum outro, nem mesmo ao israelita. A religião de Yahvé é uma experiência de demandas inconfundíveis que os eleitos devem cumprir. Essa condição de eleitos e o cumprimento dessas demandas, "o conhecimento e o temor de Yahvé" – como a religião é chamada na linguagem do Antigo Testamento[46] –,

---

44. *Athen.* 274 a.
45. *De har. resp.* 19.
46. Isaías 11,2; vgl. SMITH, W. ROBERTSON, *Die Religion der Semiten*, Freiburg i. Br, 1899, 17.

formam com tanta exclusividade o conteúdo de vida dos escolhidos que não se pode, no caso deles, falar de uma capacidade especial de se adaptar conscientemente ao divino – de que fala Cícero –, assim como não se pode falar de uma arte da interpretação onde tudo é inequívoco.

A experiência religiosa grega forma o polo oposto à israelita: polo oposto, é claro, apenas no que diz respeito às características especificamente gregas, por um lado, e às especificamente israelitas, por outro. Se inicialmente as ignorarmos, veremos que tanto a experiência grega quanto a israelita têm em comum, frente à romana, o fato de que não permanecem em estado de suspensão entre possibilidades que às vezes se oferecem para uma compreensão ora mais clara e ora mais obscura do divino, mas repousam diretamente em realidades uniformemente claras. Tais realidades são para os israelitas os mandamentos de Yahvé. Para os gregos, o mundo, como base de sua experiência religiosa peculiar, oferece uma clareza tão uniforme que se destaca de maneira tanto mais impressionante contra um plano de fundo escuro.

3

É característico do estilo da religião grega sobretudo o fato de que não há termo grego para a experiência religiosa como uma experiência especial e para a atitude daí resultante como uma atitude especial. A palavra latina *religio* designa essa atitude. Originalmente, o significado dessa palavra também não se limitava ao que, para nós hoje, pertence ao domínio da religião. *Religio* simplesmente significava "cautela seletiva" – como podemos reproduzir o conteúdo da palavra – "sem uma referência necessária a coisas 'religiosas'"[47]. Apenas gradualmente, ela foi preenchida com o conteúdo de uma experiência especial, precisamente como aquilo para o qual não há outro termo na maioria das línguas europeias além do latim: "religioso". Em grego, o substantivo *eulábeia*, "cautela", e os correspondentes verbo e adjetivo *eulabûmai* e *eulabés*,

---

47. Otto, W. F., *Arch. Rel.-Wiss.* 14, 1911, 104, cf. seu primeiro tratado a respeito, ibid. 12, 1909, 532, e os capítulos abaixo "Pontos altos da experiência religiosa grega e romana" e "Homem e deus segundo a concepção romana".

sofreram mudança semelhante[48]. Em nossos textos, a mudança só começa na época do velho Platão e Demóstenes[49]. Ela foi então promovida pelo fato de que os gregos precisavam de uma palavra apropriada para o conceito romano de *religio*. A mudança de significado foi finalmente completada no cristianismo: *evlávia* é uma palavra usada pelos gregos de hoje para religião.

Eulábeia não pressupõe, em seu significado original, uma experiência especial. Expressa uma atitude geral que se observa não apenas em relação ao divino; sim, uma atitude que *não* se deve observar em relação ao divino *de maneira diferente* daquela em relação a todas as outras realidades da vida. A *eulábeia* pressupõe tão somente a *realidade* do divino, mas nenhum perigo especial que estaria conectado *apenas* ao divino; também não exprime o perigo de que este *talvez* exista e que, portanto, *por via das dúvidas*, deve ser levado em consideração. Pelo menos, nenhum lugar conhecido onde a palavra *eulábeia* ocorre permite a visão de que se é cauteloso não em relação ao divino, mas sim de que se é cauteloso porque se teme a possibilidade da existência divina. A realidade do divino não está em dúvida, e não se teme essa realidade de maneira particular. A *eulábeia* como atitude é determinada pela regra geral da vida, de que se deve tomar cautela em *qualquer* relação da vida, mesmo frente ao divino, contra exageros positivos e negativos, contra o excesso e a escassez demasiada.

Não apenas o conceito de *thrásos*, a audácia, é oposto à *eulábeia*, mas também a crença demasiadamente grande, que resulta na *deisidaimonía* – da qual falaremos em breve – e no luxo cultual[50], um fenômeno arcaico que os gregos do período pós-clássico viam como uma recaída bárbara. A justificativa interna dessa atitude não é necessariamente religiosa. Mas justamente em Plutarco, nossa principal fonte para essas distinções[51], é difícil dizer se elas correspondem mais ao sentimento grego profano e filosoficamente refinado ou à *religio* dos romanos: pois ambos concordam muito nesse ponto.

---

48. Cf. meu ensaio "Εὐλάβεια" em *Byzantinisch-Neugriechischen Jahrbüchern* 1931, p. 306ss., bem como van Herten, J. C. A., *Threskeia, Eulabeia, Hiketes*, Diss., Amsterdam, 1934, p. 28ss.
49. *Leis* 879e; *Demosth.* 21. 61; 59. 74.
50. τὸ πιστεύειν σφόδρα e τῦφος.
51. *Camillus* 6.

Teremos de voltar a essa concordância quando tivermos de lidar com a *religio* mais detalhadamente.

O conceito de *eulábeia*, cujo uso religioso pertence a tempos bastante tardios, não nos permite aprofundar muito na essência da experiência religiosa grega. Com ele, apenas chegamos longe o suficiente para poder determinar que, para os gregos, o divino é um dado indubitável do mundo, frente ao qual não se levanta a questão da existência – por exemplo, na forma de um cálculo de probabilidade, como a famosa aposta de Pascal –, mas a questão do comportamento *humanamente digno*. Diferenças nesse comportamento em épocas diferentes – diferenças, por exemplo, entre o comportamento pré-clássico e o pós-clássico – são notáveis. Mas se alguém fala de uma "religiosidade popular dos gregos", isso carece de fundamento histórico. O homem grego simples, tal como o filosoficamente instruído, guarda cautela contra o excessivo e o demasiadamente escasso. Quem não fazia isso era um fenômeno especial. Em vista da indubitabilidade quanto ao divino, o conceito de crença é insignificante no âmbito grego. O paralelo com a religião israelita também permanece instrutivo aqui. O israelita estava tão naturalmente associado à sua divindade que a crença nela "não precisava ser especialmente preceituada no Antigo Testamento"[52]; havia ali a promessa de Yahvé e a confiança nele – os gregos não tinham semelhante promessa. Não é de admirar que a fé, a *pistis*, venha a se tornar um conceito religioso fundamental apenas com o advento do cristianismo. No sentido da religião grega, ela só podia descrever a confiança na realidade do mundo. Era o que ocorria com o filósofo pitagórico Filolau[53]. No estado irrefletido da religião, não se fala de maneira especial dessa confiança autoevidente. Pode-se enfatizar, talvez, a credibilidade de uma declaração divina, um oráculo, e pedir fé em tal caso, mas apenas em casos especiais.

Audácia e excessiva incredulidade[54] são, por um lado, os opostos da *eulábeia*, mas, por outro lado, a fé excessiva também o é. Além desses,

---

52. Seeger, R., in *Die Religion in Geschichte und Gegenwart*, II, p. 1200.
53. Segundo *Theologumena arithmeticae ed. Ast*, p. 60.25; Diels 32 A 13.
54. τὸ λίαν ἀπιστεῖν.

existem outras oposições do comportamento correto frente ao divino, de acordo com a visão grega. Uma atitude determinada pelo temor é a *deisidaimonía*, outra é a *threskeía*, o tipo de serviço divino caracterizado pela estrita observância dos ritos, aparentemente uma concentração muito grande nos próprios ritos. A história dessa palavra nos reteria ainda mais resolutamente do que a da *eulábeia* no período posterior da religião grega. A evidência mais antiga se relaciona caracteristicamente ao culto egípcio[55]; e *thrêskos*, não menos do que *deisidaímon*, também designa o "supersticioso". O verbo subjacente, *thréomai*, significa o grito agudo das mulheres, que, vale dizer, também ocorria no culto grego, mas era mais característico das religiões orientais.

A tradução latina da palavra *deisidaimonía* por *superstitio*, que corresponde ao grego *ékstasis*[56], expressa uma experiência que foi vivida num período relativamente tardio: a experiência de que superstição e êxtase estão relacionados. Dever-se-ia falar aqui de nervosismo religioso. Aquela forma de *deisidaimonía* que Teofrasto descreve na sua figura do "supersticioso", do "*deisidaímon*"[57], provavelmente é atemporal como fenômeno, mas é mais característica dos períodos posteriores das religiões. Não seria lícito generalizá-la, sem evidências, e fazer dela um estado originário da religião grega. Nem podemos fazer isso porque *deisidaímon*, pouco antes de Teofrasto, descrevia, em seu mestre, um aspecto da religiosidade que é bem compatível com a *eulábeia*. Segundo Aristóteles[58], o tirano deve tentar parecer *deisidaímon*, ou seja, deve mostrar o sentimento de sua dependência dos deuses, mas sem exagero. A palavra *deisidaimonía* significa "temor do *daímon*", e *daímon*, com base no uso mais antigo da língua[59], nada mais é do que o aspecto do divino em que este aparece ao homem como seu destino.

---

55. Hdt. 2, 18; 37; 64; van Herten, op. cit. (nota 48 acima), p. 2ss.
56. Cf. o tratado sobre *religio* e *superstitio* de W. F. Otto, citado acima (nota 47).
57. *Charakt.* 16; cf. Bolkestein, H., *Theophrastos' Charakter der Deisidaimonia als religionsgesch. Urkunde*, Gießen, 1929.
58. *Polit.* 1315 a; para a história da palavra Koets, P. J., *Deisidaimonia*, Purmerend, 1929.
59. Cf. Wilamowitz, U. v., *Der Glaube der Hellenen* I, Berlim, 1931, p. 362ss.

4

Existe um termo helênico muito mais importante que nos aproximaria imediatamente da essência da religiosidade grega, se ele próprio não tivesse de ser primeiramente esclarecido pela compreensão adequada da religião grega. Esse conceito básico da existência arcaico-grega que requer explicação é o nomos. Toda a religião grega da época histórica repousa em *nómos, nomízein* – tanto o culto inteiro como o tipo de "lei" cuja definição mais exata também será tentada abaixo. Pensa-se nos deuses e veneram-se os deuses com base no *nomos: nomízei autús*. Ele está no lugar de "fé" e tem um conteúdo muito mais concreto, pois inclui também a execução dos atos de culto, que por sua vez pressupõem o mito. As ações cultuais são *nomizómena, nenomisména, nómima*. Uma tradução exata é quase impossível. Também deve ser assim quando se trata de algo especificamente grego, pertencente ao *estilo* grego. Elas não exprimem apenas a constante observância da tradição *no espírito*, mas algo mais: ter o que foi transmitido "em uso constante e convencional"[60]. O costume e o uso são, em comparação com o *nomos*, mais inconscientes e mecânicos; lei, a ordem legal são muito rígidas, muito reminiscentes de mandamentos expressos, que nunca constituíram a essência da religião grega. Falar de um "legalismo" que teria ocorrido numa fase específica da história da religião grega significa assumir uma mudança de estilo que nunca se deu num grau tal que fizesse jus a essa designação.

Damos um passo decisivo para compreender o conceito grego original de nomos quando reconhecemos que o conceito filosófico de *nómos*, oposto à *physis*, foi o resultado de uma reinterpretação e reavaliação pelos sofistas[61]. O *nómos* dos poetas arcaicos e filósofos mais antigos, Hesíodo, Sólon, Píndaro e Heráclito, até mesmo dos trágicos, pode ser descrito com as palavras de Jacob Burckhardt[62]: "Ele é o objetivo mais elevado, que reina acima de

---

60. Segundo F. Passow em seu *Handwörterbuch der griech. Sprache* II I, Leipzig, 1852, p. 357 ("that which is in habitual practice, use or possession", segundo LIDDEL, H. G.; SCOTT, R., *A Greek-English Lexicon*, Oxford, 1940, p. 1180).

61. Cf. STIER, H. E., *Nomos Basileus*, Diss., Rostock, 1927.

62. *Griechische Kulturgeschichte* I, Berlin-Stuttgart 1898, p. 86s. Ele também menciona as palavras de Demarato para Xerxes, *Hdt*. I. 104, sobre o *despótes nómos*, a "lei regente", e lembra a veneração

toda existência individual, toda vontade individual e não se contenta, como no mundo moderno, em proteger o indivíduo e exortá-lo ao pagamento de impostos e ao serviço militar, mas *deseja ser a alma do todo"*. Enfatizo as últimas palavras porque sua expressão metafórica se aproxima muito da linguagem de Heráclito, que por sua vez não está longe do mito. "Todos os nómoi humanos" – assim diz o filósofo arcaico – "se nutrem do *nómos* divino, único"[63]. Como poeta, Píndaro permanece mais próximo do mito: nele, o *nómos* aparece como o *rei onipotente* acima de deuses e homens. Os famosos versos sobre Héracles e Gérion[64] não deixam dúvidas de que a fonte dessa onipotência da lei não é uma ideia abstrata de justiça ou de legalismo, ou, se é uma ideia, é a ideia de realeza. O *nómos* é *basileús*, que é o fundamento de seu poder. Mas não podemos falar de uma *basileía* abstrata, não podemos falar *meramente* da ideia da realeza como fonte de poder, mas sim do *existente domínio de Zeus sobre o mundo*. Um evento também precedeu esse domínio sobre o mundo, quer seja apenas a ascensão de Zeus ao trono após o destronamento de Cronos quer seja toda a batalha com os titãs. Os próprios gregos compreendiam a validade de todos os *nómoi* a partir desse mito: o mito de um evento que deu as leis à existência humana.

Zeus era o *basileús*, cuja vontade e poder determinavam a ordem do mundo. No nomos, manifesta-se, além da justiça, da *dike* – se é que ela se manifesta –, também a força, *krátos* e *bía*. Sólon já o exprime[65], e isso certamente se depreende dos versos de Hesíodo que atribuem o *nómos* ao poder da soberania de Zeus[66]. O próprio Píndaro vê o prazer e o capricho régios de Zeus no que o rei Nomos provocou no caso de Héracles e Gérion[67]. A justiça está incluída neste conceito de *nómos* apenas na medida em que a natureza de Zeus a permite. Com base nessas passagens textuais, o *nómos* do período

---

dos legisladores das cidades gregas: equivalente cultual do mito da origem divina das leis, ainda que procedam dos seres humanos.

63. *Heraklit*, Fr. 114 Diels.
64. Fr. 152 (Bowra): vgl. Stier, op. cit. (nota 61 acima), p. 5.
65. Fr. 24. 15; cf., Stier, op. cit., 8.
66. *Erga* 276; cf. Stier, op. cit., 10.
67. Fr. 70 Bowra; Stier, op. cit., 6.

arcaico pode ser determinado como uma forma de manifestação do rei do mundo, Zeus. De qualquer forma, por meio do *nómos*, do *nomízein*, o divino é pressuposto como um poder real, existente. A melhor tradução para *nomízein* é "reconhecer". Os pressupostos da religião grega não são *eulábeia* nem *deisidaimonía*, nem *nómos* nem *nomízein*, mas Zeus e os deuses[68]; os pressupostos dos *nómoi* são, sobretudo, as divindades masculinas, enquanto a maioria das femininas forma um coro das imagens primevas determinantes ao redor da grande deusa *Themis*.

5

Nas designações negativas das experiências e atitudes religiosas, logicamente precisamos encontrar um aspecto divino firmemente pressuposto. Na *religio* e na *eulábeia* como "cautela" já havíamos encontrado tal elemento negativo ali contido: elas em si representam apenas uma reação, não uma ação. Se na língua antiga houvesse apenas uma designação para uma reação que ocorresse exclusivamente na esfera religiosa, então poderíamos chamar essa reação de experiência religiosa e, a partir dessa experiência, inferiríamos uma qualidade do divino pela qual ele diferiria de todas as coisas do mundo. Tal qualidade seria específica na medida em que pertenceria apenas ao divino. No entanto, seria geral, pois não pertenceria à estrutura de alguma forma divina determinada, mas seria a base e condição da divindade em todos os lugares e em todos os sentidos. Na religião grega nunca encontramos essa propriedade – nem mesmo pelas designações negativas. Deparamos com a mitologia e a aparição festiva dos aspectos do mundo.

A situação não é diferente com o verbo *házesthai*, que é o que mais poderia ser restrito à esfera religiosa[69]. Seu significado está relacionado a "temer" (*dediénai*) e "envergonhar-se" (*aideîsthai*), sendo também usado como totalmente sinônimo deste último, porém – o que, de antemão, se mostra decisivo – não se limita à esfera religiosa, tendo no máximo o sentido de *religio*

---

68. Em Homero nunca se fala de *nómos* ou *nomízein*.
69. Cf. Willinger, E., "Hagios", Gießen, 1922.

em seu significado originário, não "religioso". Não pressupõe necessariamente algo sagrado diante do qual as pessoas sentem um medo particularmente específico. O círculo ao qual *házesthai* se refere em Homero pode ser ampliado, sem alteração do significado, a ponto de abarcar toda a criadagem da casa de Odisseu[70]. Em relação aos servos, a palavra significa um comportamento cuidadoso, mas certamente não "religioso". Se buscarmos as referências mais originárias, a *Ilíada* oferece pontos de apoio que não devem ser negligenciados. *Házesthai* é o que o próprio Zeus sente em relação à esfera da noite: ele não quer fazer nada que não agrade a essa grande deusa[71]. E *házesthai* refere-se, em duas passagens significativas, a uma divindade à qual, por sua natureza, cabe o epíteto *hagnós*, "puro": Apolo[72]. Isso está em conformidade com o fato de que, na *Odisseia*, um sacerdote de Apolo é o objeto do *házesthai*[73]; mas na *Ilíada* Agamenon teve de pagar porque ele não foi capaz de demonstrar esse comportamento (*aideîsthai*[74] como uma variação do *házesthai* usado anteriormente) frente ao sacerdote de Apolo.

O significado básico de uma palavra importante para a ciência da religião nunca é decidido por possíveis etimologias e comparação linguística, mas por contextos e conexões no próprio idioma em questão. Em grego, também pertence ao verbo *házesthai* o adjetivo *hagnós*, epíteto do puro e purificador deus Apolo[75], que, nessa qualidade também se chama Febo; em Homero, epíteto de Ártemis[76] e Perséfone[77], até mesmo de uma festa de Apolo[78], e em Hesíodo também da deusa Deméter[79]. Pode-se dizer que é "preferencialmente" aplicado aos elementos intocados da natureza[80]. Mas os elementos

---

70. *Od.* 17.401/2.
71. *Il.* 14.261.
72. *Il.* 1.21; 5.434.
73. *Od.* 9.200.
74. *Il.* 1.23.
75. Pind. *Pyth.* 9.64.
76. *Od.* 5.123; 18.202; 20.71.
77. *Od.* 11.386.
78. *Od.* 21.259.
79. *Erga* 465.
80. Otto, W. F., *Die Götter Griechenlands?*, Frankfurt a. M., 1934, 105.

também têm seu aspecto de morte no mundo humano. Como os deuses, eles formam um limite para a existência humana[81], no qual ela deve tomar consciência de sua cessação, da diferença entre mortalidade e eternidade.

Outro adjetivo, *hágios*[82], parece mais relacionado ao culto – templos puros, estátuas de culto intocadas, ações cultuais misteriosas; acredita-se[83] que ele não é muito antigo, podendo ter surgido apenas após a migração jônica na Ásia Menor, à sombra, por assim dizer, de grandes santuários de estilo oriental. A preferência dos tradutores do Antigo Testamento por essa palavra parece falar em favor disso. Contudo, nada nos autoriza aqui a identificar com termos estrangeiros essa coisa totalmente determinada a que todas essas palavras se referem e que aparecia aos gregos, na forma de Apolo e Ártemis, como uma realidade especial e superior, o puro, o inacessível, o inspirador de distância, nem empregar palavras como *tabu* ou *mana* para ilustrar o que já está suficientemente claro em grego. Ou essas designações são termos científicos generalizantes e incolores, que nada sabem do que há de especial e único nessa pureza, desconhecendo, por exemplo, as diferenças de nuança entre *hagnós* e *hágios* nas passagens relevantes; ou são preenchidas com um conteúdo especial que estava presente em certas culturas estrangeiras, mas não necessariamente também entre os gregos.

A conexão entre essas palavras com *ágos*, o "delito contra o divino", é linguisticamente incerta[84]. O delito aqui é visto de um ponto de vista determinado: como mancha, da qual o indivíduo deve se limpar novamente, que ele deve expiar. O problema da conexão da esfera de pureza apolíneo-artemisiana com a impureza do *ágos*, com a esfera do derramamento de sangue pecaminoso, não pode ser resolvido dizendo: o sagrado, um conceito ao qual não se chega com base na tradição grega, é ambivalente, e o mais sagrado pode ao mesmo tempo ser percebido e considerado como o mais impuro[85].

---

81. Cf. a descrição da visão de mundo da mitologia grega em meu "Prometheus", (nota 13 acima), p. 26ss.
82. Weniger, L., *Arch. Rel.-Wiss.* 22, 1923/24, p. 18ss.
83. Wilamowitz, op. cit. (nota 59 acima), p. 22.
84. Weniger, op. cit., p. 18ss.
85. Otto, Rudolf, *Das Heilige*, Gotha, 1917, p. 43; Van der Leeuw, op. cit. (nota 20 acima), p. 29s.

O problema se formula aqui, desde o início, de maneira bastante concreta. O *ágos* se conecta com o subterrâneo, com a esfera da morte. A questão deve ser: com base nas tradições antigas, é possível pensar numa relação de Apolo e Ártemis com essa esfera? A figura da *hagné* Perséfone, que pertence ao reino dos mortos e é internamente aparentada com Ártemis, garante a possibilidade de tal relação, e a qualidade de Deméter como *hagné* confirma isso. Os mitos tanto de Ártemis quanto de Apolo não permitem ignorar as características mortais dessas divindades[86]. Se *ágos* reflete *essa* conexão no vocabulário grego, então nos chocamos aqui brutalmente com um aspecto, mais exatamente com um traço determinado do mundo existente, no qual duas esferas aparentemente opostas se tocam, a esfera da pureza e a da morte. Não apenas as figuras de Apolo e Ártemis, mas também a da deusa Noite já apontam nessa direção.

6

Os conceitos antigos de pureza religiosa, expressões que mais se aproximam da palavra "santo", como esta é usada sem consideração a uma teoria específica, a saber, *sacer* e *sanctus* em latim, nunca pressupõem o divino em geral, mas sempre uma esfera especial do divino que coincide com o âmbito da morte. Com sua pureza própria, o indivíduo confirma continuamente a esfera na qual cairia se perdesse essa qualidade. O *homo sacer* – esse homem que entre os romanos está condenado a ser chamado assim e ser assim[87] – está sujeito à morte; ele pertence já em vida aos *di inferi*, ao submundo. Ele pode ser morto, mas não sacrificado[88]. Oferecer sacrifício, *sacrificium*, em latim, significa uma ação que transforma o sacrificado em *sacer*. Quem é *sacer* já se inclui na posse dos deuses subterrâneos; eles não o tomam como presente, como sacrifício. *Sacer* significa o vínculo mais estreito com eles. A conexão com um aspecto mais amigável do subterrâneo encontra-se na pro-

---

86. Otto, W. F., op. cit. (nota 80) p. 110ss.; e, em especial, *Werkausg*. IV, p. 38s., p. 54s.
87. Fowler, W. W., *Roman Essays and Interpretations*, Oxford, 1920, p. 15ss.
88. Festo s. v. *homo sacer*; Fowler, op. cit., p. 19.

priedade *sanctus*. *Pietas*, como se lê em Cícero, refere-se aos deuses; *sanctitas*, aos manes – os espíritos dos falecidos –, *iustitia*, aos próximos[89].

Um termo semelhante entre os gregos é o *hósion* ou a *hosía*. Em nossos textos, o substantivo *hosía* ocorre antes do epíteto *hósios*[90]. Na *Odisseia*, uma ação é, por duas vezes, designada negativamente como "não *hosía*"[91] e é desaconselhada por motivos religiosos. Na primeira, trata-se de assassinato planejado; na segunda, os assassinados jazem já ali, e não seria *hosía* se alguém quisesse invocar os deuses e expressar sua alegria na presença dos cadáveres. No hino homérico a Apolo, a *hosía*, de maneira muito arcaica, consiste no fato de que no recinto sagrado de Poseidon Hippios, em Onquestos, os cavalos não são usados pelas pessoas: isso mostra, na prática, que eles são animais sagrados[92]. É *hosía* quando Deméter recebe a poção mista que foi preparada de acordo com suas instruções[93], e é *hosía* quando os deuses desfrutam da carne de sacrifício[94]. O morto que não recebe o que o honra e o que lhe é devido permanece *anósios*[95], sem a ocorrência da *hosía*, que também é simplesmente definida como veneração dos mortos[96]. Não é, de modo algum, originário que ela então seja entendida muito concretamente como sacrifício, e não apenas como sacrifício para os mortos[97].

Versões negativas, como aquelas mais gerais, de que não é *hosía* causar a morte uns dos outros, aparecem já cedo em nossos textos[98]. No entanto, isso não significa que o conceito de *hósion* recebe conteúdo positivo única e

---

89. *Topica* 90, cf. FOWLER, W. W., *The Religious Experience of the Roman People*, Londres, 1922, p. 470, segundo NETTELSHIP, H.: *Contributions to Latin Lexicography*, s. v. *sanctus*.

90. Para a história da palavra até Teofrasto, cf. BOLKESTEIN, H.: *Hosios en Eusebes*, Amsterdam, 1936.

91. *Od.* 16.423; 22.412.

92. 229-238; cf. meu ensaio "Miti sul concepimento di Dioniso", in *Zeitschrift Maia*, Roma, 4, 1950, p. 10s.

93. Homero, *Hymn. Cer.* 211.

94. Homero, *Hymn. Merc.* 130, 172s., 469s.

95. Sófocles, *Ant* 1071 cf. 74.

96. "Suidas" s. v. ὁσία.

97. Teofrasto em Porfírio, *De abst*.

98. *Od.* 16.423.

exclusivamente de seu oposto, o *anósion*[99]. Muitas coisas tinham de *acontecer* continuamente no mundo grego – os deuses e os mortos tinham de gozar de seus direitos – para que *hosía* pudesse ocorrer e ser satisfeita. Como uma grande deusa com asas de ouro, ela paira sobre a terra nas *Bacantes*, de Eurípides[100] e, como uma segunda Nêmesis, cuida para que se faça tudo cuja negligência despertaria a vingança de um poder divino: para que todo o mundo dos deuses receba dos homens a adoração que lhe é devida em atos sagrados, na observância do que deve ser observado, tanto os olímpicos quanto os subterrâneos, aos quais os mortos também pertencem.

Esta é a imagem da *hosía* no período clássico. Mas quase sempre se pensa na esfera subterrânea quando alguém acredita ter ofendido os deuses por um delito contra a *hosía*. O diálogo de Platão *Eutífron* trata os *hosiótes* num sentido que equivale à piedade e à pureza religiosa em geral. Mas ele também parte de um caso de um assassinato, do âmbito mais próprio dos infraterrenos. Por meio de *hosiûn* e *aphosiûsthai*, alguém se defende principalmente contra o desejo de vingança dessa esfera. *Hósios* como adjetivo cabe especialmente ao deus purificador que teve de purificar a si mesmo após seus assassinatos: Apolo[101]. Um grupo especial de *hósioi* era composto por cinco homens, ajudantes dos sacerdotes oraculares em Delfos[102], que deviam sua qualidade especial de serem os *hósioi* dentre todas as pessoas à oferenda do *hosiotêr*, um animal abatido. Em geral, para ser *hósios*, bastava viver a vida helênica, tal como esta transcorria segundo os *nomizómena* dos diferentes Estados. O plano de fundo escuro era afirmado e só ressaltado de modo especial naquele grupo seleto, os cinco de Delfos, dos quais se dizia que eram os verdadeiros descendentes de Deucalião na linhagem de seu neto ou bisneto Delfos[103], como se fosse o núcleo exemplar da humanidade. Mas o sacrifício também devia ser oferecido em favor desta.

---

99. De acordo com WILAMOWITZ, U. v., *Platon* I, Berlim, 1920, p. 61.
100. Eurípides, *Bacch.* 370ss.
101. Eurípides, *Alc.* 10.
102. Plutarco, *Quaest. Gr.* 292 d, *Def. or.* 437a; *Is. et Os.* 365a.
103. Cf. ROSCHER, *Lex.* s. v. *Delphos*; HALLIDAY, W. R., *The Greek Questions of Plutarc*, Oxford, 1928, p. 57.

A comparação da *hosiótes* com o termo romano *sanctitas* é óbvia e muito instrutiva. A seu respeito, já ouvimos que ela significava, acima de tudo, uma boa relação com os falecidos. Se Eneias invoca o espírito de seu pai com *Salve sancte parens*[104], então Anquises certamente possuía essa qualidade primeiramente entre os vivos e somente depois entre os mortos. A forma participial *sanctus*, que poderia ser traduzida com mais precisão como "santificado" ou "purificado" em vez de "santo" e "puro", pressupõe santificação ou purificação, um ato de iniciar aquela boa relação que Cícero tinha em mente[105]. Isso deve ter sido válido para a aplicação original da palavra. Quando diz respeito a pessoas vivas em nossos textos, ela designa a pureza da vida, não sem uma coloração religiosa, mas principalmente em sentido moral – como também é o caso do *hosiótes*[106].

Como *hósios* não é qualificado apenas o indivíduo que leva uma "vida pura", mas também tudo o mais do ponto de vista da pureza, por exemplo, um lugar onde acontece algo que ainda é permitido de acordo com as leis não escritas da vida, mas seria proibido de acordo com as leis de uma necessidade religiosa mais rigorosa de pureza[107]. Todo edifício estatal que não era especialmente consagrado como santuário, como *hierón*, pertencia aos *hósia*[108]. De acordo com isso, o *hósion* assume claramente uma posição intermediária entre o *hierón* e o completamente profano. Uma divisão da vida antiga – aqui o sagrado, ali o profano – é totalmente impossível. O termo *profanum* – o que tem seu lugar frente ao santuário, ao *fanum* – é tardio e surgiu por eliminação. O que não atingia aquele nível de santificação em que se encontravam, por exemplo, os iniciados nos mistérios era *profanum*. O *sanctum* corresponde ao *hósion*, sem ser *sacrum*: "*Proprie dicimus sancta*", assim reza a definição legal de Ulpiano[109], "*quae neque sacra neque pro-*

---

104. Virgílio, *Aen.* 5.80.
105. *Topica* 90.
106. W<small>ILAMOWITZ</small>, op. cit. (nota 59 acima), p. 15s.
107. Como o parto segundo Aristófanes, *Lys.* 743.
108. Cf. *Thuk.* 2.52.4; B<small>OLKESTEIN</small>, op. cit. (nota 90 acima), p. 168ss.
109. Justiniano, *Dig.*, 1.8.9.3.

fana sunt, sed sanctione quadam confirmata ... quod enim sanctione quadam submixum est, id sanctum est, etsi deo non sit consecratum".

Esse paralelismo também revela a diferença entre a religiosidade grega e a romana. Para os romanos, a relação com os infraterrenos é mais enfatizada; a esfera mais escura do divino encontra-se inequivocamente em primeiro plano. O *sanctum*, por meio do *sacrum*, é exacerbado na direção da esfera mortal: *sacrum* significa ter caído completamente presa dos infraterrenos; *sacrosanctum* é o que está protegido pela ameaça desse "cair presa". Em sua relação com o *hósion*, o *hierón* encontrava-se, por certo, originariamente na mesma direção. Abater os animais sacrificiais chama-se, em Homero, *hierà rhézein*, o que corresponde exatamente ao *sacrificium*. O sacerdote já é chamado nos textos cretense-micênicos de *hiereús*, e a pessoa que executa o sacrifício é *hieroworgos*. Parece que as expressões *hierûrgos, hierurgeîn, hierurgía* sempre mantiveram um tom bastante sério, quase sombrio[110]. Mas em Homero o sacrifício carece de toda qualidade sombria, e já se produziu uma mudança na aura e na atmosfera do *hierón*. Se vinculamos tanto *sacrum* quanto *hierón* ao conceito estrangeiro de tabu, passamos ao largo do que é característico. *Hierós*, o adjetivo de tudo o que pertence aos deuses[111], já tem em Homero aquela cor brilhante – às vezes também tingida de escuro – que é próprio do mundo dos deuses olímpicos enquanto *sacer* permanece sempre e decididamente escuro.

O *sanctum*, em comparação com *hósion*, também contém uma referência crucial a algo sombrio e ameaçador, na medida em que também linguisticamente alude à *sanctio*[112], uma cerimônia ritual, o que o *hósion* não é. A *distância* do âmbito infraterreno é característica da religião grega, e essa distância – embora de tamanhos diferentes em épocas diferentes – também mantém o pensamento da sanção mais em segundo plano. Faz parte da *hosiótes* que esse âmbito em segundo plano seja conhecido e ao mesmo tempo mantido afastado: por meio dessa propriedade, que a pessoa preserva em

---

110. Cf. Plutarco, *Alex*. 31, em forma aumentada: ἱερουργίας ἱερουργούμενος.
111. Wilamowitz, op. cit. (nota 59 acima), p. 21s.
112. Cf. Link, G., *De vocis "sanctus" usu pagano*, Diss., Königsberg, 1910, p. 17ss.

todos os relacionamentos, ela se afasta dessa ameaça. O mundo se encontra brilhante e claro diante do *hósios*, e este presta atenção a todos os aspectos do mundo, como é devido a cada um, ao fazer o seu para que a *hosía* possa ocorrer continuamente.

7

A vida do *hósios* é uma vida normal, agradável aos deuses no estilo helênico. É característico dela não um comportamento negativo, mas sim um deixar acontecer, uma *piedade despreocupada*. Os gregos chamam de *eusébeia* um modo de vida que se distingue por uma atenção especial ao divino[113]. Em sua base reside o verbo grego para a suprema veneração: *sébein*, *sébesthai*. Se em algum lugar, é aqui que se pode esperar que um caminho através do fenômeno dessa veneração – chamada *sébas*, na forma do substantivo – conduza a uma plena compreensão da experiência religiosa especificamente grega. Para isso não basta a etimologia do grupo de palavras *sébein*, *sébas*, *semnós* (este é o atributo dos seres dignos de veneração *dessa maneira*). O significado etimológico básico é, em si, bastante claro e seguro[114]: *sébein*, *sébesthai* significa originariamente "recuar respeitosamente perante alguma coisa". A tradução mais simples para *sébas* é "respeito temeroso". Isso também é confirmado pelo significado do verbo *sobéo*, derivado da mesma raiz, "eu afugento". A etimologia não requer que se recorra à concepção de *mana* e *tabu*. Em *sébas* ou *sébesthai* não se exprime a causa do respeito temeroso, assim como em *sobeîn* não se exprime aquilo que é afugentado. Nenhuma palavra, nenhuma expressão na literatura grega mais antiga justifica falar de um poder mágico e seus perigos, de *mana* ou *orenda* – para mencionar também essa moda grotesca que chegou a penetrar na literatura científica; *dýnamis* ou *enérgeia* só são usadas nesse sentido em

---

113. Para a história do conceito: WILAMOWITZ, op. cit. (nota 59); BOLKESTEIN, J. C., op. cit. (nota 90 acima); KERN, O., *Die Religion der Griechen* I, Berlim, 1926. Nenhum desses três estudos é exaustivo.

114. Cf. OTTO, W. F., *Arch Rel-Wiss.* 12, 1909, p. 537; ERFFA, C. E. v., *Aidós*, Philologus Suppl. 30, 2, 1937, 27.

escritos bastante tardios, em obras que ainda estão escritas em grego, mas desde muito não são mais pensadas helenicamente[115].

Não a etimologia isoladamente, mas apenas o fenômeno inteiro, a descrição da experiência onde a causa é dada, pode servir como ponto de partida para uma compreensão real. Os poemas homéricos nos oferecem a oportunidade para isso. Na *Odisseia*, ocorre em quatro contextos diferentes a seguinte frase: "o respeito me mantém cativo ante tal visão"[116]. Em nenhum lugar uma força secreta pode sequer ser considerada. Em toda a parte, o *sébas* vem do fato de que algo se tornou evidente e presente numa forma existente, algo que foi capaz de despertar tal respeito temeroso precisamente por sua aparição visível. Assim, o *sébas* foi despertado em Telêmaco pelo esplendor do palácio real de Esparta; foi despertado pela adorável presença do próprio Telêmaco nos velhos amigos de seu pai e em Helena, que descobre a imagem de Odisseu na forma do filho; finalmente, despertou-se *sébas* em Odisseu pela beleza divina de Nausícaa, que aparece diante de seus olhos. Deuses e homens sentem, de igual modo, *sébas* à vista de uma aparição como a de narciso, a maravilhosa flor que a deusa da Terra, por astúcia, a fim de seduzir Perséfone, deixa crescer para comprazer ao deus dos infernos: "Ver era, então, *sébas* para todos, tanto para os deuses imortais quanto para os homens mortais"[117].

Não apenas a beleza de uma aparição, mas também uma imagem medonha pode despertar *sébas* se a pessoa a presentifica como se a estivesse vendo. É assim que Aquiles deve presentificar para si o terrível estado do corpo de Pátroclo: "Que o respeito penetre em tua alma..."[118]. Se alguém presentifica para si o terrível estado do morto ou do cadáver vandalizado, pode ocorrer também que tal atrocidade não aconteça: a pessoa a afugenta na alma[119]. É a situação atual que deve despertar *sébas* nos gregos: "Não temeis?"[120] *Sébas*

---

115. Cf. a coletânea de passagens de Röhr, J., *Der okkulte Kraftbegriff im Altertum*, Philologus Suppl. 17, 1, 1923.
Hino a Deméter 10: σέβας τότε πάσι ἰδέσθαι ἀθανάτοις τε θεοῖς ἠδὲ θνητοῖς ἀνθρώποις.

116. σέβας μ' ἔχει εἰσορόωντα *Od.* 3. 123; 4.75; 142; 6.161.

117. Hino a Deméter 10: σέβας τότε πάσι ἰδέσθαι ἀθανάτοις τε θεοῖς ἠδὲ θνητοῖς ἀνθρώποις.

118. σέβας δὲ σε θυμὸν ἱκέσθω, *Il.* 18.178ss.

119. σεβάσσατο γὰρ τό γε θυμῶι, *Il.* 6.167; 417.

120. οὔ νυ σέβεσθε, *Il.* 4.242s.

procede do que é presente, da presentificação, do ser revelado, da visão física e espiritual.

Sim, na verdade, de uma maneira realmente grega, ele procede de ambos ao mesmo tempo: no brilho visível do Palácio de Menelau, os olhos espirituais de Telêmaco veem o nunca antes visto brilho do Palácio de Zeus; em Nausícaa, Odisseu contempla a beleza nunca contemplada de Ártemis; em Telêmaco, a presença do pai ausente é reconhecida; na flor, o maravilhoso esplendor[121] da arte divina da sedução é experimentado; nas imagens horrendas e terríveis, o vergonhoso, aquilo que é insuportável do ponto de vista de uma norma invisível, é visto com olhos espirituais.

A seguinte consideração mostrará que tipo de norma é essa. Dedicamos a ela um fenômeno que servirá para compreender o *comportamento* religioso especificamente grego, assim como o fenômeno *sébesthai-sebázesthai-sébas* nos levou à *experiência* religiosa especificamente grega. Trata-se do fenômeno da *aidós*, ou expresso mediante o verbo, do *aideîsthai*. Está em acordo com o estilo grego que *sébas*, como reação religiosa, formasse um componente da experiência de uma *visão*, um olhar físico e espiritual, no qual quem via e venerava desempenhava um papel ativo apenas na medida em que ele era o sujeito e não o objeto da visão. O *sébas* poderia ser designado principalmente como uma reação religiosa, uma vez que não apenas a direção do recuo, do respeito temeroso faz parte de seu significado – é por isso que "respeito temeroso" é apenas uma tradução provisória, incompleta – mas também a direção da veneração. *Theôn sébas* para "veneração dos deuses" é uma expressão natural[122], enquanto *thâuma* ou *thâmbos*, palavras de admiração e espanto que, em Homero, ocorrem em expressões semelhantes àquelas em que aparece *sébas*[123], não têm essa direção e produziriam um sentido completamente diferente em tal contexto[124]. Em grego, além de *sébas*, a direção

---

121. Hino a Deméter 10: θαυμαστόν γανόωντα.

122. Ésquilo, *Suppl.* 755; *Cho.* 644.

123. θαῦμα ἰδέσθαι, *Il.* 5.725 e passim; θάμβος δ' ἔχεν εἰσορόωντας, *Il.* 4.79, diante da visão de um sinal em que Palas Atena se oculta, mas um sinal que permanece opaco, não simbólico; similarmente, *Od.* 3.373.

124. Isso contra A.-J. Festugière.

do recuo e da veneração também inclui a *aidós* e o *aideîsthai*, para os quais "envergonhar-se" também é apenas uma tradução provisória. A direção da veneração é evidente, por exemplo, num contexto tão significativo quanto o da designação dos deuses pré-olímpicos, mais antigos, em Hesíodo, como *theôn génos aidoîon*, "a geração de deuses que desperta *aidós*"[125].

A essa conexão corresponde a relação complementar entre Aidos e Têmis, da qual ainda falaremos: Têmis pertence, como divindade, à geração mais antiga de deuses. A expressão hesiódica refuta as visões generalizadas da *aidós*[126]. Vê-se nela o conceito ético central da sociedade homérica sem perguntar o que é especificamente grego no fenômeno, como nos é descrito. A tradução apenas como "sentimento de honra" é tão insuficiente quanto "sentimento de pudor", mas este se aproxima da realidade. Está em concordância com o estilo grego o fato de que *aidós*, como *sébas*, baseia-se na experiência de um respeito temeroso. Somente quem sofre o sentimento de pudor é mais passivo do que quem experimenta *sébas* e, consequentemente, também *venera*. Se alguém também venera aquele diante do qual sente pudor – esse elemento pertence ao fenômeno –, então o objeto de tal visão é ele próprio, ou seja, aquele que se envergonha. Sentir que se oferece uma visão que não se encaixa numa determinada imagem do mundo é *aidêisthai*.

É para essa imagem muito específica que usei, como expressão provisória, a designação "norma invisível". Porque essa imagem é invisível e visível ao mesmo tempo; é norma e, não obstante, natureza, uma visão para olhos espirituais e físicos de uma só vez. Não há conflito aqui entre o visível e o invisível, o moral e o natural, o espiritual e o físico. Outra coisa não foi equacionada nessa visão de mundo: a imagem total do mundo. O mundo real tem vários aspectos, apresenta imagens diferentes. A visão de uma discrepância em qualquer uma dessas imagens é *aidós* para quem se tornou portador passivo dessa visão. Não é a ética de uma posição que explica a natureza da Aidos, mas a discordância manifesta, que se tornou visão e que é possível em toda posição e todo âmbito do mundo. Assim como esses âmbitos entram em

---

125. Hesíodo, *Theog.* 44
126. Schulz, R., *Aidós*. Diss., Rostock, 1910; Jäger, W., *Paideia* I, Berlim, 1934, p. 28s.; Erffa, op. cit. (nota 114 acima); Verdenius, W. J., *Mnemosyne* 3, 12, 1945, p. 47ss.

conflito uns com os outros, *aidós* também se pode pôr contra *aidós*. A poesia homérica fala disso com grande clareza.

Quando Heitor espera Aquiles para o combate final, os dois idosos, Príamo e Hécuba, tentam chamar o filho de volta para o interior dos muros protetores da cidade. A mãe expõe e mostra o seio e roga com lágrimas: "Heitor, meu filho, sente *aidós* diante disso" – ela se refere ao seio – "e tem piedade de mim também se um dia te ofereci o peito para amamentar! Lembra-te disso, querido filho, e afasta o inimigo desde aqui dentro dos muros..."[127] Assim como Príamo anteriormente desejava abrandar o filho com a imagem do pai morto, escandalosamente dilacerado por seus próprios cães[128], o gesto de Hécuba evoca outra visão: opor Heitor a tudo o que é o seio materno e o que este significa. Isso deve despertar *aidós* nele.

A situação é *plena de vida e de significado* ao mesmo tempo: ela faz com que o mais vivo seja, ao mesmo tempo, exemplarmente compreensível. A exibição do peito materno, o desnudamento de uma velha senhora e rainha é aqui contrário à posição régia e ao pudor próprio da nobreza, mas é *vida*. É um exemplo da *arte de Homero* que lhe granjeou veneração especial. É supérfluo dar uma explicação para a ação de Hécuba. O gesto é completamente natural. Mas com ele irrompe, atravessando toda ética e etiqueta de uma posição, um aspecto do mundo, um âmbito do mundo que tem sua própria ordem. O peito materno é um pedaço da realidade corpórea. Mas em sua corporeidade, e quanto ele mais desperta as reações físicas de ternura e vergonha, tanto mais será dotado de sentido. É um símbolo no sentido de Goethe, que chama de "simbólico" aquilo que "concorda completamente com a natureza" e "expressa imediatamente o significado"[129], símbolo também na maneira em que a arte antiga usa símbolos: como abreviações[130]. Na condição de símbolo, o seio materno indica certa ordem do mundo, a ordem da maternidade e, portanto, também oferece uma visão convincente aos olhos espirituais. Por isso, uma coisa também pode despertar *aidós*, como o leito

---

127. *Il.* 22.82-85.
128. *Il.*, 22.66ss.
129. *Farbenlehre* § 916/7.
130. Cf. *Werkausg.* II, p. 213-220.

conjugal do marido em Penélope[131]. É um sinal visível de uma ordem invisível, é transparente, por assim dizer. É um símbolo não como elemento de simbolismo, mas como parte transparente do mundo.

8

Com isso, ainda não se disse tudo sobre a experiência da *aidós*. Que a fisicalidade e a espiritualidade das ordens mais elevadas da existência humana podem caminhar inseparavelmente juntas é um fato importante e não reconhecido na história das ideias: temos de nos deter nele brevemente. Já é uma prova disso o fato de que *aidós* propriamente significa "sentimento de pudor" em sentido puramente físico, embora ao mesmo tempo algo mais. Em Homero, significa também órgãos genitais – *aidós* ou *aidoîa* – ou seja, precisamente aquilo cuja aparição, exceto no caso de uma esfera do mundo particularmente poderosa, poderia ser perturbadora e até destrutiva em todos os outros aspectos do mundo. Mas o sentimento de pudor sexual não deixa de ter um lado espiritual, que não se deve ignorar ao lado da grande realidade psíquica dos paradoxos mais físicos da sexualidade. Enquanto se fala de *aidós*, mesmo nos casos em que significa "sentimento de honra" no sentido nobre ou "veneração" no sentido religioso, o corpo sempre se faz presente. E da vida corpórea também emana uma ordem espiritual, que, juntamente com a ordem dos *nómoi* e a ela mesclada, domina a existência grega. *Aidós* em sua forma sumamente natural como sentimento de pudor sexual não significa uma ordem. A ordem que lhe pertence, que lhe confere direção e limites, é a *ordem de Têmis*.

Em seu significado originário, *thémis* não é um nome próprio, mas o nome de um conceito cujo conteúdo só pode ser compreendido com a descrição adicional de seu âmbito e que possui uma relação complementar tanto com *aidós* quanto com *nomos*. Como isso deve ser entendido já foi dito em termos gerais. A estreitíssima conexão com *aidós* é evidenciada por textos, alguns dos quais aparecerão aqui. Na Grécia, era *nomos* ou *thémis* tudo o que,

---

131. *Od.* 16.75, 19.527.

de acordo com nosso modo de expressão, são lei, costume e uso, religiosos ou menos religiosos – nenhum destes se encontrava totalmente fora da religião. Se o peito desnudado da mãe chamava à memória todo o aspecto materno do mundo, uma ordem materna com suas exigências, essas eram as exigências da *thémis*. Esta versão linguística também é precisa no sentido grego e nos aproxima muito da mitologia. Porque também poderíamos dizer: eram exigências de Têmis, uma grande deusa.

A ordem particular de Têmis, que corresponde ao campo de domínio de Têmis mais claramente definido para os gregos do que para nós, é uma ordem ainda menos apenas teórica ou apenas jurídica, uma ordem ainda menos registrada em leis escritas do que a dos *nomói*; no entanto, é uma ordem poderosa e, neste caso, pode-se dizer: uma ordem repleta de poder. Sua potência obviamente provém de seu fundamento corpóreo. Ela é espiritual apenas na medida em que a ênfase é colocada no elemento da ordem. Temos de nos habituar cada vez mais com o fato paradoxal de que, mesmo no enfaticamente corporal, também pode mostrar-se algo que aparece ao espírito como uma ideia ou como uma figura divina que faz exigências éticas. O exemplo de Hécuba demonstrou esse paradoxo inerente. Ele falou por meio de um gesto físico nu, embora isso não se referisse no sentido mais estrito às *aidoîa*, às "coisas que provocam pudor".

Esse significado de *aidoîa* e *aidós* mostra diretamente que o fenômeno do pudor, o cerne do termo grego *aidós*, é originariamente o comportamento em relação à nudez, não em relação a uma nudez neutra ou, como no seio da mãe, uma nudez inequivocamente positiva, mas em relação à nudez contraditória, ao mesmo tempo atraente e repelente, dos órgãos genitais. Um estreitamento do sentido nessa direção não é concebível no desenvolvimento grego. A nudez tornou-se cada vez menos pudor precisamente naquele mundo masculino em que *aidós* se tornava cada vez mais predominante no sentido mais amplo como respeito e autorrespeito. O fato de que povos que andam nus sentem pudor não da nudez em si, mas de normas invisíveis – de normas, porém, que regulam a vida sexual –, não depõe contra a existência de dois componentes: a ambivalência natural da nudez e a ordem invisível insinuada por ela e que, com nome grego, seria a de *thémis*.

A relação do termo *thémis* com a nudez é muito clara no uso linguístico grego[132]. Segundo a narrativa de Calímaco em seu poema *O banho de Palas*, Tirésias, conhecido como vidente cego, é culpado de um delito imperdoável contra a *aidós*. Ele vê Atena nua e – como diz o poema – "viu o que não é *thémis* ver"[133]. Como punição, Tirésias perdeu a visão. Ver a nudez completa de uma deusa não era um delito contra a *thémis* apenas no caso da virgem Palas Atena. Também o era no caso da própria deusa do amor. Anquises, amante de Afrodite, compartilhou o destino de Tirésias: ele também foi punido com cegueira. Segundo uma história a que Teócrito faz alusão[134], as abelhas, testemunhas da união amorosa, arrancaram-lhe os olhos. A outra narrativa, segundo a qual Anquises ficou coxo porque se gabou do amor de Afrodite e, por isso, foi atingido pelos raios de Zeus, parece menos arcaica.

Das duas estátuas da deusa do amor que, de acordo com a tradição, Praxíteles havia feito a pedido dos habitantes de Cós, estes escolheram a vestida[135]. As ponderações religiosas que eles podem ter tido estavam no reino da *thémis*. Os cnídios provavelmente só puderam erguer a estátua nua porque antes já adoravam uma Afrodite oriental nua[136]. Num epigrama que leva o nome de Platão, Praxíteles é desculpado: ele próprio não teria visto o que não é *thémis*[137]. A Afrodite Anadiomene, pintada por Apeles, mostrava apenas o peito, o que também é *thémis*[138], as ondas escondiam o restante, "o que não é *thémis* ver"[139]. E mesmo que estes sejam testemunhos relativamente tardios, eles são confirmados e complementados por um testemunho relativa-

---

132. Cf. meu ensadio "Aidos und Themis", in *Pro regno, pro sanctuario. Festschrift für G. Van der Leeuw*, Nijkerk, 1950, p. 273-284.

133. εἶδε τὰ μὴ θεμιτά, *Call. Hymn.* 5.78.

134. Theocr. 1.106/7 com a explicação em WILAMOWITZ, U. v., *Textgeschichte der griechischen Bukoliker*, Berlim, 1906, p. 233s.

135. Plínio, *Nat. hist.* 36.20.

136. BLINKENBERG, CHR., *Knidia*, Copenhague, 1933, p. 36s.

137. οὐκ εἶδεν ἃ μὴ θέμις, *Anth.* 16.160.5.

138. τὰ καὶ θέμις, *Anth. Gr.* 16.180.5.

139. ὅσα μὴ θέμις ὁρᾶσθαι, Anacreontea 55,10. Hiller.

mente antigo na *Ilíada*, que diz o seguinte a respeito da união amorosa: "... que é a *thémis* dos seres humanos, tanto dos homens como das mulheres"[140].

Não é apenas de maneira negativa que Têmis prevalece nesse âmbito – ou como podemos dizer agora: no cerne de todo o seu âmbito. Como deusa, ela o regula; como conceito, ela é a regra que deve ser observada aqui e em outro campo das relações naturais entre deuses e homens. Em Homero, Têmis convoca os deuses para suas reuniões, como também o faz com as pessoas quando se trata de outros *thémistes*, regulamentos da vida[141]. Ela é a primeira a cumprimentar Hera, a esposa zangada de Zeus, e sente simpatia por ela, sendo ela própria uma das primeiras esposas de Zeus. A *hybris*, a arrogância que o hino homérico a Apolo chama de "*thémis* dos homens mortais", é contraposta por essa formulação de uma *thémis* divina[142]. A *hybris* está em acentuada oposição a *aidós*[143]. Ela é a Têmis não divina, da qual a verdadeira Têmis se destaca como norma e regra divinas, primeiramente no mundo mais restrito do sexo, determinado pela estrita legalidade da vida feminina – o estupro é chamado de *athemitomixía*[144] em grego – mas depois também no mundo de todas as comunidades humanas e divinas, como a presença de uma ordem cujo poder é diretamente atestado por um comportamento espontâneo, chamado *aidós*, por um fenômeno primevo da humanidade.

9

Pudor aparece em latim quase como sinônimo de *religio*[145]. Mas a *pietas* romana, um fenômeno aparentado à *aidós* grega, também aponta uma conexão entre corporeidade e espiritualidade nas mais elevadas relações[146].

---

140. *Il*. 9.134.
141. *Il*. 20.4; *Od*. 2.64.
142. Homero, *Hymn. Ap* 541.
143. Erffa, op. cit. (nota 114 acima) p. 19, 49 entre outras.
144. "União sem Têmis": *schol. Lycophr.* 1141, sobre Ájax e Cassandra.
145. Otto, W. F., *Arch. Rel.-Wiss.* 14, 1911, p. 413,1.
146. Para a história posterior do termo, cf. Ulrich, Th., *Pietas (pius) als polischer Begriff im römischen Staate bis zum Tode des Kaisers Commodus*, Diss., Breslau, 1930.

Ela é muito próxima da religião e às vezes é traduzida pelos escritores gregos com *eusébeia*, outras vezes com *eulábeia*[147]. Cícero e escritores cristãos usam a palavra como sinônimo ao lado de *religio*[148]. Na literatura sobre a religião romana, a *pietas* era frequentemente abordada como um conceito romano peculiar, mas sua peculiaridade não era compreendida. Ficava-se satisfeito com a afirmação de que *pietas* designa a disposição expressa na mútua relação de pais e filhos, e enfatizava-se nela o predomínio do zelo para com o dever[149]. Também se ressaltou que *pietas* é a palavra de Virgílio para *religio*[150]. Com isso, no entanto, as características especiais da *pietas* não foram levadas em consideração.

A lenda do templo construído em Roma para a deusa Pietas mostra como os romanos imaginavam esse fenômeno. Dizia-se que, no local do templo, uma filha teria usado o leite do próprio peito para dar sustento à sua mãe, que definhava na prisão[151]. Essa história pode ter se baseado numa narrativa grega[152], mas isso não está absolutamente confirmado. Mas ela teria sido desprovida de sentido se não tivesse representado a *pietas* na forma ideal como parecia aos romanos. O que há de especial aqui é algo físico e espiritual ao mesmo tempo. A *pietas* se mostra como o círculo fechado de uma reciprocidade completamente natural em sua forma absoluta. Nas variantes dessa história, o pai também aparece no lugar da mãe[153]. É sempre o mesmo círculo corpóreo de reciprocidade que é admirado como exemplo. Enquanto a *aidós* pressupõe que alguém também possa ficar do lado de fora, a *pietas* conecta, com total naturalidade, os sustentadores àqueles que retribuem o sustento

---

147. Dio Cassius fr. 95, 1 (Ulrich S. 2, 3). Plutarco, *Cam.* 24: *Agis* 20; van Herten, op. cit. (nota 48), p. 41.
148. Cícero, *Har. resp.* 19; *Lact.* 4, 3; Fowler, op. cit. (nota 89), p. 462.
149. Wissowa, G., *Religion und Kultus der Römer*, Munique, 1912, p. 331.
150. Por motivos de uma prosódia mais estrita: Fowler, *op. cit.*, 412.
151. Plínio, *Nat. hist.* 7.121; *Val. Max.* 5.4.7.
152. *Val. Max.* 5.4 ext I; Higino, *fab.* 242, a história de Mykon e Pero, uma narrativa que também pode ter se originado por causa da lenda romana; as duas direções da caminhada são em si possíveis mesmas.
153. Festo, p. 209.

em gratidão ininterrupta; ela conecta as fontes de vida a suas criações, das quais recebem vida. Os *pii* e os *piae* são perfeitos dentro deste círculo.

A comparação com esse fenômeno especificamente romano também torna mais claro o que há de especificamente grego na cena de Hécuba. Se quiséssemos explicar o gesto e a fala de Hécuba com conceitos romanos, teríamos de dizer que a mãe apela à *pietas* do filho. De uma maneira grega, ela apela à sua *aidós*. A visão do seio da mãe, em cuja visibilidade transluz a ordem invisível de todo um aspecto do mundo, pretende despertar a intolerabilidade de outra visão no filho: a hostilidade a essa ordem do mundo. *Aidós* é a veneração baseada numa visão convincente, mas também pressupõe a possibilidade de uma rebelião, uma rebelião contra o mundo visível, bem como contra a ordem invisível, uma vez que a impiedade e a desatenção à *thémis* também pertencem às possibilidades do mundo humano.

Se a *aidós* perante o mundo materno não se desperta em Heitor, não é porque ele se rebela contra essa ordem do mundo. Na frente dele encontra-se uma visão mais poderosa, que desperta nele outra *aidós*. Recuar agora: isso seria a destruição de um mundo cuja ordem o tornou o primeiro entre os troianos, do mundo de virilidade e responsabilidade cujo símbolo é o próprio herói vivo. É a visão de si mesmo em situação não heroica que o retém: "Eu me *envergonharia* perante troianos e troianas" – é assim que devemos traduzir suas palavras. Mas o que ele diz é mais precisamente isto: "Eu *me envergonho* perante troianos e troianas" – e ele disse isso mesmo antes, ao se despedir de sua esposa[154]. A vivência de uma visão tão passiva como a pressuposta pela *aidós* também inclui o espectador, um olhar de fora, um olhar cujo portador ativo e realizador são, nessa passagem, as pessoas que observam.

As pessoas ou coisas diante das quais se sente *aidós* aparecem como símbolos, indicam ordens que apenas os olhos do espírito veem. Não apenas o seio da mãe e o leito conjugal, mas também o herói que se envergonha, por assim dizer, de sua própria figura ideal, e os troianos e troianas, que representam fisicamente a ordem liderada pelo herói, fazem isso. Um mundo simbolicamente transparente, correlacionado com a *aidós*, é característico da

---

154. αἰδέομαι Τρῶας καὶ Τρωάδας, *Il.* 22.106, 6.442.

religiosidade especificamente grega. Hesíodo chamava apenas a geração mais antiga de deuses de "geração de deuses que despertam aidós", aparentemente porque – na medida em que não foram lançados no Tártaro – eles estavam ainda mais conectados ao reino da Têmis do que os deuses olímpicos, que se agrupavam em torno de Zeus e seus *nomos*. Além de Têmis, a noite também era uma das divindades primevas perante as quais o próprio Zeus sentia respeito, cuja expressão grega é *házesthai*. Entre as divindades primevas, Hesíodo menciona uma que parece estar intimamente associada a Aidos e coopera com ela. Trata-se da Nêmesis. Ela nos ajudará a entender a situação que conhecêramos como a situação da Aidos e que pode ser considerada a situação básica da experiência religiosa grega.

Para Heitor, os troianos e troianas não apenas representam a ordem mundial imperturbada que o torna herói; neles se oculta, por assim dizer, mas com olhos atentos, uma vingança pela destruição dessa ordem. Porque toda ordem que é destruída apenas dá espaço a outra: a ordem da vingança. A forma desta última ordem indestrutível é a Nêmesis. Aparece na manifestação das pessoas: "*Nêmesis* me vem dos homens" – diz certa vez Telêmaco[155]. Mas seres humanos e deuses também não podem fazer nada além disto: converter a realidade atemporal da Nêmesis, com nada mais confundível, em realidade psíquica, consumá-la e expressá-la – *nemesân, nemesâsthai, nemesízesthai*[156]. Todos esses verbos são linguística e logicamente posteriores à *némesis*[157]. A questão de saber se essa forma linguística e espiritual, que está na base de tudo, era uma divindade ou um conceito é tão irrelevante quanto a mesma questão a respeito de Têmis. Sem nenhuma contradição interna, Hesíodo diz tudo sobre a deusa[158]. Nêmesis se chama uma filha da noite, que significa muito sofrimento para as pessoas. Mas se essa figura primeva não se torna uma realidade psíquica nos seres humanos, se não pode se expressar, então ela já deixou a terra, juntamente com a Aidos; não está mais aí. No entanto, ela permanece uma deusa, uma possibilidade atemporal do cosmos,

---

155. νέμεσις δέ μοι ἐξ ἀνθρώπων ἔσσεται, *Od.* 2.136/7.
156. Erffa, op. cit. (nota 114), p. 30ss., 50s., e 54ss.
157. Cf. Kretzschmer, P., *Glotta*, 13. 1924, p. 106.
158. 158 *Theog.* 223 f., *Erga* 197ss.

por meio da qual as ordens se vingam, e continua sendo, ela própria, um aspecto do mundo rico em possibilidades mitológicas[159].

O pudor diante das ordens espirituais, uma visão de figuras mitológicas que transluzem em toda parte, coage o homem da *aidós* – assim chamamos aquele que se encontra na situação descrita – ao comportamento correto, e a nêmesis o obriga. Num fragmento épico, o temor é precisamente mencionado como a fonte da Aidos[160]. Mas onde eles aparecem inter-relacionados em Homero[161], o *dediénai*, o "temer", é sempre um tipo especial de temor, um aspecto do *aideîsthai*, na medida em que também é apoiado pela nêmesis. Esta também ameaça o homem da Aidos desde o mundo das ordens espirituais, embora seja sustentada pelos espectadores. A *aidós* própria encontra a *némesis*, que "vem dos homens". Mas, assim como esses homens não são, eles mesmos, os verdadeiros vingadores, tampouco são eles os verdadeiros espectadores num mundo em que o homem da *aidós* é confrontado com figuras primevas ou aspectos do mundo. Psicologicamente, a Aidos pressupõe apenas espectadores, não importa se seres humanos ou deuses. Se, no entanto, ela está correlacionada com um mundo simbolicamente transparente, então perguntamos pelo olho que olha para aquele homem, quando ele se encontra sozinho frente a esse mundo. A poesia homérica menciona o sol como aquele que tudo vê e ouve[162]: ele também é uma grande divindade, duplamente presente em Homero, em sua aparência visível como Hélio e em sua imagem espiritual como Apolo[163]. Mas há também um conceito mais geral e abrangente, também mencionado em Homero, para esse olhar direcionado continuamente para os homens. Esse conceito se encontra em acentuada correlação com a aidós: é o *theôn opis*, o olho dos deuses. É o que diz a *Ilíada*[164]; na *Odisseia*, diz-se a respeito de Héracles: "Nem diante dos olhos dos deuses

---

159. Cf. *Werkausg.* I, p. 52-67.
160. *Kypria* fr. XXIII Allen.
161. ERFFA, op. cit. (nota 114 acima), p. 29s.
162. *Il.* 3.227, *Od.* 9.109.
163. OTTO, W. F., Apollon, *Paideuma*, 7, 1959, p. 20 ss. Id., Das Wort der Antike, Stuttgart, 1962, p. 53ss.
164. *Il.* 16.388.

nem diante da mesa ele sentiu *aidós*..."[165] A mesa representa hospitalidade, é seu símbolo. O olhar dos espectadores divinos repousa sobre o homem, um olhar puro do qual também pode cintilar a nêmesis, o qual em sua essência permanece apenas um *olhar*. *Opis* não significa nada mais nada menos do que a atividade que corresponde, por analogia, à passividade do que é visto. E, no fundo, ela é passiva porque é pura recepção.

Desse modo, no fenômeno da Aidos, a visão ativa e a passiva, o homem que olha e é olhado, o mundo que é olhado e olha – onde "olhar" também significa "olhar através", "corpóreo" também significa "espiritual", "natureza" também significa "norma" – se unem reciprocamente criando uma situação básica da experiência religiosa grega. O estilo dessa experiência está contido aqui na *unidade*. As palavras de Linceu de Goethe não são suficientes para caracterizar o especificamente grego: o heleno não só "nasceu para ver", não só foi "chamado a contemplar", *ele está aí para ser olhado*. Ele reflete um mundo que o contempla com olhos abertos e cheios de espírito: com os olhos de Zeus e Têmis, todos os deuses e deusas, os antigos e os novos dos quais fala a mitologia.

1940

---

165. οὐδὲ θεῶν ὄπιν αἰδέσατ' οὐδὲ τραπέζαν, *Od.* 21 28.

Pontos altos da experiência religiosa grega e romana

1. *Theoría*

Não é a teoria como é entendida no uso linguístico atual que abordaremos agora. A atenção dedicada a *sébas* e *aidós* confirmou a concepção que via nesses dois os conceitos gregos que correspondiam aproximadamente ao latino da *religio*[166]. Seu significado religioso já é indubitável nas passagens da poesia homérica que não se referem a deuses que se mostram, ou a acontecimentos na adoração dos deuses, no culto. O hino homérico a Deméter também oferece exemplos de casos puramente religiosos.

A aparição da deusa em sua forma indisfarçada causa na rainha Metaneira um efeito que é descrito com estas palavras: "Foi tomada por *aidós* e *sébas* e pálido temor"[167]. O poeta designa os atos sagrados que a deusa introduziu em Elêusis com a palavra *semnós* – um adjetivo também aplicado às terríveis deusas do submundo, as Eríneas, que não devem ser vistas – cuja raiz é comum à de *sébas*. Ele não fala de tais atos e justifica seu silêncio – essa é a leitura mais provável – com seu grande *sébas* perante os deuses, que quase o deixa sem voz[168]. A esse grande *sébas* correspondia em Elêusis uma visão, a respeito da qual, quando era insinuada – pois é apenas insinuada, nunca descrita –, se afirmava por todos os meios da linguagem justamente o seguinte: que era real e não apenas uma visão no sentido figurado[169].

---

166. Otto, W. F., *Arch. Rel -Wiss* 14, 1911, p. 421.
167. 190 τήν δ' αἰδώς τε σέβας τε ἰδὲ χλωρὸν δέος εἷλεν.
168. 479 μέγα γάρ τι θεῶν σέβας ἰσχάνει αὐδήν.
169. 480, Píndaro, fr. 121 Bowra. Sófocles fr. 837 Pearson; cf. meu *Mysterien von Eleusis*, Zurique, 1962, p. 29ss., e mais detalhadamente *Eleusis*, Nova York/Londres, 1967, p. 14ss.

Com essa experiência visual que os mistérios de Elêusis ofereciam a seus iniciados e que em sua concretude superava qualquer visão espiritual, esses mistérios ocupavam na religião antiga um lugar especial, que ia além da atmosfera festiva normal dos outros cultos. Em relação a eles, essa atmosfera pode até ser chamada de "normal", enquanto a grande festa de Elêusis – chamada *Mysteria* – pretendia ser a coisa mais extraordinária. Essa atmosfera mostra a direção da religiosidade grega, mas não pertence a esta consideração geral[170]. O hino a Deméter – permanecendo no estilo épico – leva a ela, enquanto as próprias epopeias homéricas permanecem naquela atmosfera em que a essência da religiosidade grega é revelada em sua normalidade clássica; sim, provavelmente foram essas epopeias as que mais ajudaram a criar essa atmosfera. Essa atmosfera é um fenômeno muito específico da existência grega: uma manifestação especificamente grega do festivo. Mostra-nos imediatamente como, para os gregos, visão e festividade estavam interconectadas em sua essência e eram, *de uma só vez*, a suprema revelação religiosa e espiritual.

Portanto, não se trata, neste livro, da visão extraordinária da qual os iniciados de Elêusis participaram, mas, ainda, sim, de um tipo especial de visão. É preciso agora compreendê-la como um fenômeno grego em sua estrutura, e extrair claramente suas máximas possibilidades. Se tal consideração nos leva à história da filosofia grega, a abrangente vigência do que chamamos de estilo grego se torna ainda mais aparente. Com isso, a essência da *religio* em sua peculiaridade romana se destacará claramente, o que, por sua vez, tornará mais nítido o modo grego de experiência religiosa.

A aparição dos deuses na *Ilíada* e *Odisseia* não é um elemento do culto. "Torna-se evento" numa atmosfera não menos festiva que a do culto. Pois a poesia é festiva precisamente na medida em que é arte autêntica e verdadeira e realmente possui caráter de criação. A história da poesia grega mostra, no máximo, diferenças e mudanças na amplitude daquela atmosfera festiva que sempre envolve a obra de arte poética antiga, nunca o desaparecimento completo da festividade. Às vezes há, de fato, apenas uma atitude festiva

---

170. Cf. meu ensaio "Über das Geheimnis der eleusinischen Mysterien", *Paideuma* 7, 1959, p. 69, e as obras citadas na nota 169 acima.

temporária que o poeta assume numa ocasião social. Este não é o caso de Homero, que é completamente festivo. A era das grandes composições festivas gregas – a criação e organização artística de ciclos festivos nos tempos arcaico e clássico – assimila a poesia em um fenômeno marcadamente festivo. Exemplos disso incluem a recitação de poemas homéricos nas Panatenaicas, as representações dramáticas nas festas de Dionísio e outros. No período helenístico, essa amplitude se reduz, mas a festividade não muda. A poesia alexandrina se retira para círculos menores – que às vezes ainda são um círculo em torno do governante – e o exercício da arte poética se torna uma festa íntima.

No tempo descrito por Homero, ela já era uma festa com todos os sinais característicos da festa como uma forma especial de existência humana. Na *Ilíada*, Aquiles se refugia com sua dor na atmosfera da poesia como se fosse em outro mundo mais festivo, que lhe permite recuar para a visão de figuras e eventos transfigurados e elevados a uma altura atemporal, enquanto ao seu redor brame a luta cotidiana[171]. Na *Odisseia*, a festividade bastante natural do banquete – festivo em qualquer lugar do mundo, embora não seja uma festa em si – alcança pela arte de rapsodos, de Fêmio e Demódoco, a forma de festas reais, acompanhadas de dança e canto. A relação da poesia homérica com o mundo que ela representa não pode, como um todo, ser interpretada de outra maneira senão como a de um mundo mais festivo com um mundo menos festivo.

A aparição dos deuses é própria de um mundo mais festivo. Ela é privilégio e consequência da festividade poética que, de modo caracteristicamente grego, significa total transparência: uma transparência para figuras de deuses. Aparições de deuses são possíveis para Homero, mas ele não acredita que as aparições são iguais para todas as pessoas. Sua exigência seria a total clareza. Por isso, Hera diz na *Ilíada*[172]: "É difícil ver os deuses em perfeita clareza". Ou a *Odisseia*: "Porque os deuses não aparecem a todos em perfeita clareza"[173]. Para esse propósito, a névoa é totalmente afastada dos

---

171. *Il.* 186-189.
172. 20.131 χαλεποὶ δὲ θεοὶ φαίνεσθαι ἐναργεῖς.
173. 16.161 οὐ γάρ πω πάντεσσι θεοὶ φαίνονται ἐναργεῖς.

olhos de Diomedes[174]. Aquiles e Diomedes também reconhecem os deuses. Esses são o privilégio e a consequência de uma forma especial, semidivina de existência: a heroica. Mas também são privilégio e consequência da arte poética. Onde as vítimas dos acontecimentos percebem ao máximo o *daimon* – a face do divino que se manifesta no destino humano – ou uma atividade divina em geral, ali o poeta, em virtude de sua habilidade especial e sua familiaridade na tradição religiosa, dá nome àquela forma especial do divino que está no plano de fundo. Isso poderia ser estabelecido como uma lei da arte narrativa homérica[175].

Nisto, de acordo com a representação de Homero, tudo o que acontece por intermédio dos deuses é completamente natural[176]. Homero eliminou, em sua poesia, muitas coisas de uma mitologia anterior, menos transparente. Sua religiosidade especial consiste no fato de que ele recorre, para suas invenções, apenas a fontes naturais completamente transparentes, mas em toda a parte reconhece o divino no natural. Todas as suas formas divinas podem ser remontadas à sua última fonte na estrutura do mundo. No entanto, sua religiosidade caracteristicamente grega é que ele sempre vê o divino como uma figura determinada. A diferença entre o saber de que os mortais comuns são capazes e aquele que o poeta realiza é a diferença entre um olhar cotidiano mais sombrio e um claro e festivo. O mundo festivo de Homero é baseado num saber especial do poeta, num saber que, como *estado*, é uma correspondência exata da transparência do mundo. A transparência do mundo permite que as formas divinais naturais brilhem para o poeta, o homem festivo. O saber do homem festivo, que se baseia na tradição mitológica, mas revive o mito a partir de sua própria experiência, é a visão das figuras divinas translúcidas. O primeiro cumprimento historicamente tangível da religião grega e definitivo como conteúdo objetivo foi o mundo homérico dos deuses. Mais tarde, esse conteúdo não aumentou nem mudou significativamente. O cumprimento correspondente da religiosidade grega – considerada como uma

---

174. *Il.* 5.127.
175. Jörgensen, O., *Hermes*, 39, 1904, p. 357ss.; Hedén, E., *Homerische Gotterstudien*, Diss., Uppsala, 1912.
176. Otto, W. F., op. cit. (nota 80 acima), p. 217-293.

experiência subjetiva – pode ser descrita como um tipo especial de visão: como um saber que vê pertencente ao homem festivo.

Havíamos reconhecido o estilo da experiência religiosa grega pelo fato de que ela pressupõe, como sua situação básica, a reciprocidade da visão ativa e da passiva, pessoas que veem e são vistas. Enfatizamos que aqui "ver" também significa "ver através", "corpóreo" também significa "espiritual". Se acrescentarmos agora que o poeta tem o "saber que vê do homem festivo", estaremos simplificando. Certamente não estamos construindo, mas apreendendo a estrutura de um fenômeno que os próprios gregos expressavam em *uma* palavra. Do lado subjetivo, eles a chamavam de "saber" (*eidénai*) e do lado objetivo, "forma" (eîdos), usando palavra da mesma raiz[177]. O radical é o de ver e distinguir. Mas não se trata aqui apenas de uma etimologia, da verdade da derivação das duas palavras que por si sós expressam o mesmo fenômeno. *Eidénai*, embora signifique saber, ainda expressa em sua forma sonora o ver: ela o "faz soar"[178]. *Eîdos* faz o mesmo com o saber. É uma confirmação secundária do mesmo fenômeno o fato de que Homero, embora use um verbo diferente para "saber", gosta de associá-lo a verbos de visão[179]. Ou o fato de que para Sócrates e Platão, quando definem o saber puro como *phronesis*, algo "visto" sempre se contrapõe como um objeto a esse conhecimento: a ideia como forma-norma[180].

Para os gregos, o objeto natural tanto do ver quanto do saber é a forma: um objeto tão óbvio que isso é expresso diretamente na linguagem – chega ao "som". Verbo e objeto, *eidénai* e *eîdos*, formam um círculo do qual não se pode sair sem dissolver o *estilo*: uma unidade na qual as duas metades se determinam mutuamente. Este círculo não está limitado a uma única forma de expressão. Para os gregos, qualquer que seja a palavra com que se expresse, o saber se baseia *primordialmente* em ver e inclui em si uma contemplação.

---

177. A história da palavra antes de Platão em Taylor, A. E.: *Varia Socractica*, I. ser., Oxford 1911, p. 178ss.

178. Cf. meu *Griechische Grundbegriffe*, Zurique, 1964, p. 59s.

179. Snell, B., *Die Ausdrücke für den Begriss des Wissens in der vorplatonischen Philosophie*, Philol. Unters. 29, Berlim, 1924, p. 20ss.; Böhme, J., *Die Seele und das Ich im homerischen Epos*, Leipzig, 1929, p. 24.

180. Jaeger, W., *Aristoteles*, Berlim, 1923, p. 83.

Como sinal de estilo, também é suficiente que esse seja primordialmente e não exclusivamente o caso. Uma comparação com outros idiomas mostra isso. A palavra alemã correspondente "wissen" (saber) permanece apenas etimologicamente na mesma esfera. "Sehen" ou "schauen" ("ver" ou "olhar") não ressoam nessa palavra e, no que diz respeito ao conteúdo do "saber", ele pode ser qualquer coisa, menos "contemplação". O termo inglês *know* nem mesmo tem a conexão etimológica com *see*, embora na frase "*I see*" a visão de uma situação diante da qual alguém se confronta se apresente como uma transição para o saber. O *sapere* italiano e o *savoir* francês pressupõem uma experiência físico-sensória completamente diferente: o saborear. O fenômeno grego do *eidénai* deve ser descrito em qualquer língua europeia moderna como "saber que vê", precisamente porque, para os gregos, a visão foi incluída no conhecimento.

Essa qualidade do fenômeno "saber" não representa um estágio inicial primitivo na história do espírito grego, mas algo especificamente grego, que ainda é válido pelo menos para Aristóteles. Pois o modo de expressão linguístico não é a única coisa que importa aqui. Linguisticamente, a forma perfeita *eidénai* deve ser entendida no sentido de que apenas registra o resultado do distinguir e do ver. O resultado não *precisa* ser necessariamente uma visão, de modo a excluir tudo o mais. No entanto, ver e saber permanecem juntos por um longo tempo na história intelectual grega. O lógico e ontologista grego, o homem do "saber" no sentido mais próprio da palavra, segue sendo, ao mesmo tempo, um homem da visão. Nas palavras introdutórias de sua Metafísica, a doutrina do ser, Aristóteles elogia a alegria de ver e olhar (*horân*), que pode carecer completamente de utilidade prática, mas oferece uma melhor base para o saber do que todas as outras percepções[181]. A conexão entre *horân* e *eidénai* não cessa nem na consciência dos filósofos gregos nem no uso linguístico grego[182]. De fato, com Aristóteles a alegria com a visão real, sensível é ainda mais saliente do que com Platão. Este também era um homem da visão não menos do que seu discípulo ou

---

181. 980 a.
182. Snell, op. cit. (nota 179), p. 26s.

do que o próprio Homero[183]. No entanto, ele e seu mestre, Sócrates, falavam mais da visão suprassensível, que tem como objeto a forma suprassensível, do que do olhar sensível.

A conexão inseparável entre saber e visão não tem como consequência apenas o fato de que os gregos veem tudo o que sabem ao mesmo tempo como forma, mas também outra coisa. O sabido lhes era tão presente e também, consequentemente, tão certo e, de fato, eficaz, quanto o que era visto diretamente, com total clareza. Para Platão, um mundo sabido e por isso – apenas *por isso*, certamente – também visto com seu brilho podia superar o mundo *meramente* visto. E assim já era também provavelmente para Sócrates, depois que este mundo podia oferecer escasso fundamento ao verdadeiro saber: depois que havia perdido sua transparência homérica para formas divinas e com isso seu brilho. No lugar de um mundo em que repousava o esplendor do divino, restava apenas um meramente visível para os filósofos do período pós-clássico, cuja série é encabeçada por Sócrates. O mundo *sabido* e radiante – o homérico e também o clássico inicial – tornou-se um mundo meramente *visto*. Por mais pleno de beleza que fosse, também era pleno de transitoriedade.

O "saber" grego significa um olhar que, direcionado ao mundo visível, encontra algo que é atemporal e, portanto, também eterno: figuras invisíveis que, apesar de sua invisibilidade, são objeto de um olhar. Se essas figuras se retiram ainda mais do plano de fundo do mundo visível, elas também retiram consigo o que, para o espectador, é inerente ao completamente claro e presente – nós o chamamos de "esplendor", uma designação sensorial que mais se aproxima do divino no campo da religião grega. Sem esse esplendor festivo, o mundo deixado para trás teve de empalidecer com sua beleza– como se o mundo não fosse mais sabido. Enquanto isso ainda não acontecera, este mundo, *juntamente* com sua beleza e com o esplendor de suas formas eternas, era *sabido* de acordo com a maneira grega. Esse ser-sabido não incluía necessariamente a visibilidade, mas certamente – além do esplendor – também a efetividade. A efetividade se fazia sentir pelo fenômeno descrito do saber grego genuíno, bem como pelo

---

183. Cf. Platão, *Tim.* 47 a.

esplendor de difícil descrição que, distribuído pelo mundo na religião grega, aparece em formas eternas.

Quem quisesse uma vez imaginar a religião grega sem esse esplendor – o esplendor das figuras divinas que eram sabidas mesmo que não aparecessem em carne e osso – teria de explicar de forma especial a efetividade dos deuses (não seus efeitos factuais) e buscar os motivos fora da existência grega e de seu estilo. Uma propriedade dessa existência é que o sabido nela também é efetivo e que a inversão dessa relação também se aplica: o que é efetivo num ser vivo é considerado algo objetivo; constitui um âmbito do mundo que é independente do sabedor e é simplesmente sabido pelo ser em que é efetivo[184]. Este não age como alguém possuído por poderes ou espíritos: ele "sabe". Quando Aquiles na *Ilíada* é selvagem como um leão, "ele sabe coisas selvagens como o leão". O Ciclope na *Odisseia* "sabia coisas contrárias às regras da natureza" quando devorava pessoas. Amigos são "sabedores de coisas amigáveis uns para com os outros". Isso está longe de qualquer filosofia, mas explica uma peculiaridade do pensamento socrático. Com base nessa experiência grega, Sócrates buscou o motivo da decisão moral não na vontade, mas no saber. E Aristóteles também permanece dentro dos limites do estilo grego, quando reconhece plenamente esse saber como um tipo especial de conhecimento em seu valor moral[185]. O saber significa naturalmente: agir de acordo com ele. O que é sabido tem tal poder.

Aqui não estamos diante de uma unilateralidade – um "intelectualismo" –, mas do *fenômeno básico da existência grega*, que é abrangente e não precisa ser suplementado. Figurativamente falando, ele é redondo e inteiro, como o ser para Parmênides. O conhecido e compreendido, o visto-sabido, é um poder efetivo. Este é capaz de formar a base de experiências religiosas genuínas e atos de vontade carregados de calor vital. Por isso, os próprios gregos, quando refletem sobre ela, já a uma certa distância, definem sua piedade como *epistéme*, como ciência[186]. Essa definição – piedade é a ciência da ado-

---

184. Os seguintes exemplos: *Il.* 24. 41, *Od.* 9.189 3.277.
185. *Topika* 8 1246b; OTTO, W. F., op. cit. (nota 80), p. 230s.
186. Sexto Empírico, *c. phys.*, 1.23, p. 242 Mutschmann; cf. Plutarco, *Aem. Paul.* 3, e Cícero, *De nat deor.* 1.116.

ração dos deuses – pressupõe a valoração socrática e platônica da *epistéme*. Não inclui necessariamente a limitação a um formalismo vazio; pode, antes, significar a máxima elevação concebível, o verdadeiro conhecimento, que se relaciona ao eterno e, na verdade, pertence apenas aos próprios deuses. Um ímpio "sabe coisas ímpias"; um piedoso "sabe coisas divinas" – como é preciso dizer neste estilo – e necessariamente age em conformidade com isso, participa do divino. Aquele que possui esse saber no mais alto grau é, ele próprio, divino, é deus, é Zeus. Não apenas Sócrates e Platão viviam nessa experiência religiosa (temos que dizer assim, pois aqui o traço teológico básico da filosofia grega dificulta a distinção entre "religião" e "filosofia"[187]), mas também Aristóteles de acordo com o testemunho de sua metafísica[188]. O que ele expõe ali com muitas palavras corresponde à construção homérica com o verbo *eidénai*, cujos exemplos foram citados.

Com o conceito de um saber divino que pertence, propriamente, a um deus, de fato o deus supremo, os filósofos não se afastam de Homero. Eles não cruzam a fronteira do estilo grego, que já está fixada em Homero. Podemos, do ponto de vista grego, definir da seguinte maneira o saber que vê: É deus quando isso acontece[189]. Um saber divino, que às vezes também se realiza na vida humana ou que o filósofo deseja ter, pertence à estrutura do fenômeno grego "saber" como um complemento ao saber humano. Pois o conhecimento humano é passivo, significa que se está sob uma efetividade, sujeito ao poder do saber e que se age de acordo com ele. O mundo é sabido, por assim dizer, independentemente do ser humano e depende, antes, desse saber superior que ao mesmo tempo produz um efeito, tem poder e – como é preciso acrescentar – vê o sucesso. Esse fenômeno do saber superior que complementa o *eidénai* é o *noeîn*. Aparentemente, ele já se libertou totalmente do ver.

Mas, em Homero, esse verbo também está associado aos olhos como atividade destes e é usado no significado de "notar com os olhos"[190]. Hesíodo

---

187. Cf. JAEGER, W., *Die Theologie der frühen griechischen Denker*, Stuttgart, 1953.
188. 983 a.
189. Cf. meu *Griechische Grundbegriffe*, Zurique, 1964, p. 16.; infra, p. 213ss.
190. *Il.* 15.422; 24.294, cf. FULDA, A., *Unters. üb. d. Sprache der hom. Gedichte I*, Duisburg, 1865; BÖHME, op. cit. (nota 179), p. 24.

cita o olho de Zeus, quando fala de seu ver e seu *noeîn*[191]. Nisto, *noeîn*, tal como *eidénai* – talvez até mais –, pode significar a disposição, a "mentalidade", a direção para a qual alguém é movido como que por um poder superior: nomes mitológicos que terminam em *noos* ou *noe*, como Hipponoos ou Hiponoe, "seres impulsionados pela natureza de um cavalo", provam isso. Desde o início, o significado básico de *noeîn* parece ter abarcado mais do que "conhecer enquanto captar, olhar, ouvir, perceber". Precisamente nessa palavra, a etimologia não pode decidir, pois nela "soa" apenas justamente esse superior e mais poderoso que é, para os gregos, o *nûs*[192]. Por meio do *noeîn*, apreende-se o percebido daquele lado que escapa aos órgãos sensoriais, lado este que, entretanto, pode ser apreendido pelo portador do *noeîn*, o *nûs*[193]. Este se volta no *noeîn* para o mundo exatamente da mesma maneira que fazem os olhos no ver. Mas os olhos apenas recebem, assim como o *eidénai* é apenas contemplar e agir de acordo. O *nûs* é *mais* do que o olho dos deuses e homens; o *noeîn* é mais do que o "saber que vê".

Esse "mais" vem à luz primeiramente no fato de que o *nûs* – embora este pareça estar presente apenas no *noeîn* e não ter outro ponto de apoio no mundo – tem para os gregos uma essencialidade muito proeminente e também, portanto, divindade. É mais fácil para eles atribuir *nûs* e *noeîn* a um deus do que a um ser humano, e preferivelmente ao deus supremo. Além disso, o *noeîn* é móvel; conforme desejar, o *nûs* pode refletir algo remoto, pode estar onde um viajante de longa distância esteve e deseja estar novamente[194]: Como um deus, ele pode superar todas as vastidões e obstáculos. E, finalmente, como já foi dito antes, esse saber divino exerce efetividade sem atividade propriamente dita e sem um ato específico de vontade, tem poder para fazê-lo e vê o sucesso; sim, *noeîn* significa em si mesmo uma percepção que é *imediatamente* realizada em um ato. O fator da vontade pode ser deixado completamente fora de consideração.

---

191. *Erga* 267.
192. Cf. Riezler, K., *Parmenides*, Frankfurt a. M., 1934, p. 64.
193. Böhme, op. cit. (nota 179), p. 24s.
194. *Il.* 15.80; *Od.* 7.36.

A poesia homérica oferece exemplos suficientes disso. Uma frase recorrente é: "A deusa percebeu outra coisa"[195] – não é necessário acrescentar que ela a realizou imediatamente. Isso é autoevidente. No canto XVI da *Ilíada*, Pátroclo talvez pudesse recuar e salvar-se depois de matar Sarpedon. Mas – não ocorre nada disso. A justificativa é: "O *nûs* de Zeus é mais poderoso do que o dos homens"[196]. Também entendemos isso imediatamente, embora estejamos acostumados a dizer em termos cristãos: "Deus quis que fosse diferente". Zeus realmente o quis, pois Pátroclo havia matado seu filho. Tétis fala expressamente da "vontade dos deuses"[197], mas não numa linguagem sábia, mas sim reprovadora. A palavra que ela emprega aí significa algo arbitrário, que também pode vir de paixão ou de obstinação[198]. As pessoas gostam particularmente de lançar a culpa na arbitrariedade dos deuses[199]. Ao fazer isso, elas provam sua ignorância. Na realidade – e isso é expresso na linguagem do poeta, sem ingredientes e explicações adicionais –, o que paira aqui como coisa suprema sobre a humanidade não é uma vontade divina absoluta, mas um *nûs* poderoso. A respeito dele, a linguagem não chega nem a dizer que dele emana um efeito. Ele é como um espelho que reflete as ações humanas juntamente com suas consequências. Nomeá-lo significa nomear uma compreensão mais vasta e superior.

Em vez de *nûs*, também se pode falar do "plano" ou "decisão" de Zeus[200]. Ou o poeta também pode relatar as disposições de Zeus – como no início do canto II da *Ilíada* – que punem uma arrogância humana. O pré-requisito para isso é seu *nûs*. Nada pode escapar a esse *nûs*, porque está "fortemente compactado"[201], nenhum outro deus pode se esquivar do *nûs* de Zeus por astúcia ou torná-lo malsucedido[202]. O *noeîn* de Zeus significa um perfeito

---

195. *Od.* 2.382 etc.
196. Cf. Böhme, op. cit. (nota 179), p. 54.
197. *Il.* 19.9 θεῶν ἰότητι.
198. *Il.* 5.874; 15.41.
199. *Od.* 1.348; 6.188; cf. *Od.* 1.32.
200. *Il.* 1.5; cf. Böhme, op. cit. (nota 179), p. 58.
201. *Il.* 15.461 com a explicação de Philippson, P., *Untersuchungen über den griechischen Mythos*, Zurique, 1944, p. 27,7.
202. *Od.* 5.103/4.

espelhamento espiritual do que existe e deve ocorrer como consequência do existente. Mas Zeus também pode ser contido pelo *noeîn*. Seu *nûs*, tal como os olhos, pode ser desligado por outra realidade poderosa no mundo – como sono e amor no canto XIV da *Ilíada*[203], ou um ofuscamento incompreensível[204]. Porque Zeus não é apenas seu *nûs*. Ele também participa do mundo de outras maneiras além do *noeîn*, sobre o qual nos limitamos a falar aqui.

No sentido grego, a existência é: olhar e ser olhado; é: saber e ser sabido, o ser também é ser sabido. O *noeîn* realiza essa possibilidade passiva do ser: a de que ele pode ser sabido. Dessa maneira, com palavras deliberadamente simplificadas e o menor número possível de traços, podemos descrever o que para os próprios gregos era um fato de sua existência e em sua língua era expresso com completo imediatismo. Em tal existência e tal linguagem, é permitido ao filósofo ir além e dizer: "Pois *noeîn* e ser são uma só e mesma coisa"[205]. É extremamente difícil aqui encontrar uma palavra de outro idioma para *noeîn*. Parmênides não permanece no que Homero sabe do *noeîn* de Zeus, ou seja, que ele é "denso" – isto é, que ele acolhe o ser como um espelho e não é idêntico a ele – e que pode ser desligado. Também fica em suspenso a questão de qual dos dois era o mais sábio: o poeta ou o filósofo. Este último fala do *noeîn* de uma nova maneira: mas ele ainda fala do que Homero falava e ainda desse tipo de saber que era próprio do deus supremo na religião homérica.

Esse saber superior não significa distanciamento da visão – os "olhos dos deuses" – em que Homero põe o homem da *aidós*. Até agora, foi esclarecido apenas aquele aspecto do *noeîn* em que ele encerra em si, de uma maneira que não será mais detalhadamente analisada, o fato de que uma decisão foi tomada e executada. Isso não poderia ser explicado mais profundamente, mas deveria ser simplesmente aceito como uma expressão da forma interna do espírito dos gregos. De igual modo, o *noeîn* também encerra em si o olhar. Poderíamos chamá-lo de pura contemplatividade se ele não estivesse conectado, tal como acabamos de descrever, ao ser, como é mostrado continuamente nos

---

203. 294; cf. Böhme, op. cit. (nota 179), p. 54.
204. *Il.* 19.91-113.
205. Parmênides *fr.* 6 Diels com a explicação de Riezler, op. cit. (nota 192).

eventos humanos. Se não nos esquecemos disso, podemos falar de uma contemplatividade de Zeus na *Ilíada*. A lei do estilo da existência grega exige um espectador. Como Homero o descreve, Zeus é incansável no ato de observar.

O Zeus homérico, cujo *nûs* domina o mundo e que não pode ser tachado de *deus otiosus*, o "deus ocioso" que os etnólogos encontraram ou acreditaram encontrar entre os povos arcaicos de hoje, esse Zeus é o espectador que torna completa a imagem do mundo tal como se apresenta para a experiência religiosa grega. Para os gregos, o ponto de vista do espectador é divino em si mesmo. Adotar esse ponto de vista significa, para eles, o cumprimento divino da existência. Seus filósofos se esforçam por ele[206] e esperam alcançar esse cumprimento. A razão de sua esperança reside na natureza da experiência religiosa grega. Esta era principalmente, e por sua natureza, uma experiência visual. Parece ter apenas dois pontos culminantes. Um seria ver os deuses face a face. Se tal visão ocorresse, a palavra grega *théos* seria pronunciada em seu sentido predicativo próprio da língua, ao qual corresponde em latim *ecce deus*[207]: essa palavra tão completamente em seu sentido *grego*, e impossível de ser transferida para algo que não seja totalmente *théos*. O outro ponto culminante seria: ver como os deuses. A quem ocorresse essa visão poderia exclamar com o mesmo direito: *théos*! Os dois pontos culminantes não seriam, contudo, diferentes. O que são diferentes não são esses pontos culminantes inalcançados, que foram postulados por gregos – um por Homero e o outro pelos filósofos –, mas as condições históricas que foram *factualmente* alcançadas: por um lado, pelo grego religioso; por outro, pelo filósofo grego. A convergência dos dois lados é novamente expressa na língua. Para designar o ponto culminante que se encontra do seu lado, a filosofia tomou de empréstimo uma palavra do outro lado, onde designava algo conhecido e concreto. É a palavra *theorîa*. Assim se chamavam os pontos culminantes conhecidos na vida religiosa dos gregos.

Em todas as línguas modernas, a "teoria" tem um som diferente do que ainda possuía para os filósofos gregos. Esses filósofos são responsáveis pela

---

206. Cf. BOLL, FRANZ, *Kleine Schriften zur Sternkunde des Altertums*, Leipzig, 1950, p. 303ss.; JÄGER, op. cit. (nota 180), p. 99s.

207. Cf. meu *Griechische Grundbegriffe*, p. 17, abaixo p. 213s.

mudança na direção do pensamento abstrato. O olhar soava duplamente para o grego na palavra *theorîa*: como *théa*, "visão, espetáculo" e como *horán*, "ver", os dois elementos que compõem a palavra. É a expressão de um prazer religioso com a visão, que era próprio dos gregos de maneira bastante pronunciada. O olhar mencionado aqui não é "olhar através", não buscava a transparência, mas era direcionado àquela coisa primária digna de ver e que se apresentava imediatamente à visão: as imagens dos deuses. A língua grega de hoje ainda não tem outra palavra para paganismo além de seu nome cristão: *eidololatría*, "serviço aos ídolos". No entanto, com essa designação depreciativamente simplificadora, os cristãos antigos encontraram um traço característico da existência grega em seu trato com o divino. A religião grega é caracterizada pelo culto das aparições visíveis dos deuses, especialmente a manifestação em forma humana. Estavam a seu dispor as imagens dos deuses e uma arte que foi capaz de conferir às imagens uma vivacidade cada vez mais sedutora para a adoração. A palavra "sedutora" está correta aqui; pois certamente a adoração se dirigia não menos ao esplendor irradiado por uma aparição física perfeita do que ao deus que a imagem cultual representava fisicamente.

O verbo *theoreîn*, que corresponde ao substantivo *theoría*, pode ser traduzido, tanto em seu significado básico quanto em seu uso clássico, pelo latim *visitare* (de *video*), que significa um ver e um contemplar intensificados e uma visita realizada por esse motivo. Ele provém de *theorós*[208], o título dos enviados oficiais a uma festa, que uniam em seu cargo dois traços bastante proeminentes da religiosidade grega: a festividade e o ponto de vista do espectador. *Theoría* era o nome da legação a uma festa, enviada pelo Estado para uma visita observadora (é assim que se deve traduzi-lo) a uma divindade cuja aparição era comemorada em outro lugar, para uma festa num ponto distante[209]. O próprio Apolo, que, vindo de longe, visita suas festividades, é chamado de *theorios* e *thearios* nessa qualidade[210]. Se for pelo menos combinado com uma breve adoração, o prazer de ver eleva-se ao nível de uma visita

---

208. Boesch, P. ΘΕΩΡΟΣ *Untersuchungen zur Epangelie griech. Feste*, Berlim, 1908.
209. Cf. Ziehen, L. in Pauly-Wissowa, *Realenc.*, 2. Reihe Bd. 10, Sp. 2228-2233.
210. *Paus.* 2.31.6.

cerimonial à divindade, No início da *República*, de Platão, Sócrates nos conta como isso acontecia. Por pura curiosidade, ele foi até Pireu com seus amigos para contemplar os fogos da deusa trácia. Então ele a adorou e retornou não de uma visita a uma mera ocasião digna de ser vista, mas de uma *theoría*[211].

Ésquilo se referia a uma visão maior e mais solene em sua enormidade, quando dizia *theorós* em vez de *theatés* para os espectadores. O espetáculo no *théatron*, no "lugar de assistir" da festa de Dionísio, não é chamado de *theoría*, pois ocorre em sua própria cidade. Mas quando espectadores, como as filhas de Oceano, vinham de longe para olhar o sofrimento de um Prometeu, eles também são *theoroí*[212]. Foi entre os jônicos mais jovens, como Heródoto e Demócrito, que *theoreîn* e *theoría* primeiramente parecem ter se desvanecido a ponto de não conterem mais nada particularmente festivo[213]. No filósofo pitagórico Filolau, *theoreîn* refere-se a uma coisa sagrada: o número[214]. Seu uso em Platão não é menos festivo. Por essa escolha de palavras, ele também faz sentir a divindade do que é visto[215]. E, por fim, há Aristóteles, que absolutamente não compara a *theoría* do filósofo com uma visão qualquer, mas com a de Olímpia, para a qual *theoríai* eram factualmente enviados; e com aquela das festas de Dionísio.

Independentemente de qualquer relação com o culto, ele encontra ali o divino. Ele vincula a experiência do *theoreîn*, o espetáculo festivamente elevado, ao divino no homem, ao *nûs*. Ele está ciente de que, com o elogio da vida filosófica, do *bíos theoretikós*, ele aponta para as pessoas o caminho rumo à divindade[216]. Elas devem tentar ser como os imortais – *athanatízein*. Nisto se postula o ponto supremo da experiência religiosa grega da perspectiva filosófica. Mas se Aristóteles deseja descrever essa possibilidade da vida filosófica com mais precisão, há apenas duas coisas disponíveis: uma comparação negativa e uma positiva. Uma comparação negativa é quando ele con-

---

211. 327 b.
212. *Prom.* 118, 302.
213. Heródoto 1.29; 3.32; Demócrito fr. 191; 194.
214. Fr. II Diels.
215. Ast, *Index Platonicus*.
216. *Eth. Nic.* 10.7, cf. *Metaph.* 1072 b 14-24.

trapõe o *bíos theoretikós* ao *bíos praktikós*, a forma de vida determinada pela utilidade[217]. Numa ilha feliz, onde não precisaríamos fazer mais nada, restar-nos-ia esta coisa boa: a *theoría*. A *prâxis* é útil, a *theoría* é boa. Qualquer um percebe aí o contraste entre o cotidiano e o festivo. A comparação positiva é com a visão festiva em Olímpia ou no teatro.

Aristóteles não diz que também há algo de divino no espetáculo das grandes festas helênicas e atenienses. Para ele, a possibilidade dessa comparação, que um não grego dificilmente teria reconhecido, era a coisa mais natural. Já reconhecemos a estrutura do mundo festivo homérico pelo fato de ele ser um *théatron*, um lugar de espetáculo para espectadores divinos. E assim compreendemos que numa festa grega se repete essa situação da *théa*, do espetáculo. Os participantes são atletas, sucessores dos heróis homéricos que realizavam suas competições nos jogos fúnebres ou atores que representavam os heróis na tragédia. Deuses e homens vêm festivamente para esse espetáculo tão festivo; eles vêm como *theoroí*.

O espetáculo de competições heroicas, que são determinadas por um lado pela *aidós* das pessoas vistas e, por outro lado, são um *sébas* para os participantes de tal *theoría*: isto também está diante de nós como um ponto culminante da religiosidade grega. Com isso ainda não foi dito tudo o que é essencial na religiosidade grega, mas fatos óbvios da história grega foram postos em primeiro plano ao considerarmos a religião grega. Se queremos caracterizar o estilo da religião grega da perspectiva da experiência reinante nela, podemos chamá-la de *religião do olhar*.

Enquanto o mundo constituir uma unidade corpóreo-espiritual para os gregos, os objetos naturais do olhar grego serão figuras, formas. Formas ideais para as quais o olho do espírito se dirige, figuras coloridas e plásticas em que se deleitam os olhos de todos os gregos. Aristóteles, ao reencontrar o espetáculo festivo helênico deste mundo depois de Sócrates e Platão e não procurá-lo num mundo além, logrou restaurar uma unidade originária para épocas posteriores. Os olhos gregos permanecem religiosos, mesmo quando o mundo se tornou opaco para eles, e a modéstia e a resignação substituíram

---

217. Cf. BOLL, op. cit. (nota 206), Aristóteles, fr. 58 Rose.

a vida arcaica segura de si: "Eu o chamo feliz, Parmeno" – diz um herói de Menandro[218], o poeta de um espetáculo claro e dirigido com sorriso divino à humanidade[219] –

> "Àquele que, sem pesar, *mirou* o que é
> Magnífico neste mundo, e então retorna rápido
> Ao lugar de onde veio. Pois isto:
> O sol, que para todos brilha, as estrelas,
> O mar, a marcha das nuvens, o esplendor do fogo:
> Se viveres cem anos, é o que verás sem cessar,
> E, ainda que vivas pouquíssimos anos,
> Jamais poderás ver algo mais sublime."

2. *Religio*

Uma simplificação como "religião do olhar" só faz sentido se realmente captar a essência de um estilo. Se retornamos agora para a religião romana e pela primeira vez a consideramos, em sua forma de manifestação, como *pietas*, temos ainda mais a impressão de algo cego em contraste com a transparência e a alegria de ver dos gregos. O mundo sob o signo desse tipo de ciclo que expressa a natureza da *pietas* não precisa consistir, por assim dizer, em dois hemisférios transparentes. Ele pode manter sua coesão interna mesmo sem visão espiritual e a observação física. Visão significa distância; *pietas*, proximidade. A imagem de Eneias, em quem Virgílio criou a figura ideal de um homem da *pietas*, corresponde exatamente a essa impressão. Ele carregou o pai no ombro como se este fosse um filho pequeno – o seu próprio – e salvou sua vida como aquela filha, imagem primeva da *pietas*, salvou com seu leite o pai ou a mãe. A proximidade invisível de seus deuses envolve Eneias e cria ao seu redor uma atmosfera densa, na qual ele se move como um cego. Ele deve ser conduzido – e é conduzido. Ele precisa de sinais – e os obtém.

---

218. Fr. 481 segundo Boll.
219. Cf. *Werkausg.* IV, p. 233ss.

Isso revela o complemento natural da *pietas*: um mundo cheio de signos. Os signos não são iguais aos símbolos. Símbolos no sentido antigo são abreviações, sínteses de eventos divinos ou sagrados[220]. Eles são claros quando se conhece a história mitológica ou o ato ritual que eles abreviam. Os signos permitem interpretações, às vezes são ambíguos e sempre ligados ao momento. São, por assim dizer, vozes do tempo. A constante atenção a um mundo de signos manifestos que se desenrola no tempo é chamada *religio*. Estão para a *pietas* assim como a *theoría* para a *aidós*. Aos gregos parecia natural designar o pio como aquele "que tem os deuses diante dos *olhos*"[221]. Num contexto que, de acordo com nossos conceitos, está completamente distante do campo da religião, Cícero define os ouvidos como "religiosos": ele fala das *aures religiosae* dos oradores áticos[222].

Há também entre os romanos uma convergência na direção de um ponto culminante comum, aqui chamado *religio*, de tal modo que também devemos ouvir Cícero – como antes ouvimos Aristóteles no caso dos gregos – se quisermos aprender algo sobre a essência da religião romana. Não o fazemos por causa de uma expressão aleatória, como as *aures religiosae* dos oradores, que, entretanto, comunicam algo importante sobre o caráter originário, não apenas religioso, da palavra. Embora Cícero se encontre do lado dos filósofos e não das pessoas pias comuns, sua consciência religiosa se exprime nitidamente na passagem citada de seu discurso da resposta dos harúspices. Ele fala da consciência que os romanos deviam aos gregos, segundo o estilo grego. Ele comunica uma percepção que um filósofo grego também poderia ter tido (*perspeximus*). Mas o que constitui o objeto dessa percepção é especificamente romano: tudo está sujeito ao governo e direção dos deuses ou, mais precisamente, tudo é governado e dirigido pelo *numen* dos deuses. O grego aqui, em vez de *numen*, diria *nûs*, como Anaxágoras, sabidamente, fez[223]. O *nûs* pôs tudo em ordem porque ele sabia sobre a ordem, e isso significava a

---

220. Cf. *Werkausg.* II, p. 213s.
221. Escólio a Píndaro, *Pyth.* 4.151 b.
222. *Orator* 9.27; minha visão de religio é confirmada por NORTH, E., *Aus altrömischen Priesterbüchern*, Lund, 1939, p. 282.
223. Fr. 12 Diels.

realização da ordem. *Numen* é muito diferente de *nûs*. O significado básico da palavra poderia ser descrito em linhas gerais: atuação pelo signo de um movimento (*nutus*). Segundo Aristóteles, o homem deve ser como os deuses, já que ele também está em posse do *nûs*. Uma pessoa nunca poderia chamar o *numen* de seu, a menos que fosse mediante uma apoteose específica, de um tipo muito diferente do que pretendia Aristóteles. Com sua consciência religiosa, Cícero também não se liga a ele, mas à *sképsis* acadêmica – uma direção que corre paralelamente à filosofia aristotélica –, à observação meramente humana no sentido da discrição (*epoché*) e da dúvida. Aí se apresenta uma convergência com a *religio*.

No terceiro livro de sua obra *Da natureza dos deuses* (*De natura deorum*), Cícero escolheu um portador da mais alta dignidade sacerdotal romana, o pontífice C. Aurelius Cotta, como representante de seu próprio ponto de vista filosófico: a posição do acadêmico[224]. Como o próprio Cícero, Cotta é leal ao espírito crítico da escola platônica tardia, a chamada Nova Academia. Não imperava um dogmatismo estrito naquela escola, no máximo um dogmatismo negativo de ceticismo, mas nenhum ceticismo niilista. Cotta enfatiza que não lhe importa refutar, mas fundamentar o que o outro expôs. Ele já havia falado contra os epicuristas no primeiro livro para examinar seus motivos. Agora ele está fazendo o mesmo com os estoicos. No entanto, ele surpreende o ouvinte, ou pelo menos o leitor moderno, com uma confissão pessoal. Ela precede seus argumentos críticos. Trata-se de uma passagem notável. Ela nos mostrará que uma consideração da essência da experiência religiosa romana pode advir do saber dos próprios romanos acerca da peculiaridade de sua *religio*.

O estoico que falou antes de Cotta apresentou uma apologia da religião estatal romana, reinterpretando-a no sentido da filosofia estoica panteísta. Ele espera que o pontífice romano concorde com ele. Cotta realmente se sente como um pontífice. Está disposto a defender a religião romana em sua totalidade, absolutamente e sob todas as circunstâncias. Mas ele quer defendê-la sem reinterpretação. Rejeita o auxílio dos grandes filósofos gregos

---

224. 2.2.

nesta questão. No que diz respeito à religião, ele acredita, são decisivos os homens que outrora possuíam a suprema dignidade sacerdotal romana, não os príncipes estoicos da filosofia. Ele se refere particularmente a Laelius, que era tanto áugure quanto filósofo, e a um famoso discurso proferido por este em defesa das antigas formas aristocráticas do culto romano. O fato de Laelius também ser filósofo é importante para ele, porque seu exemplo mostra a compatibilidade da atitude filosófica e da augural. A própria posição de Cotta em relação ao representante da filosofia estoica que falou diante dele era fundamentalmente diferente do reconhecimento que ele demonstra a seus antecessores sacerdotais. Os estoicos devem primeiramente justificar a religião pregada por ele. Cotta crê nos antepassados, sem exigir deles as razões de sua religião.

Os comentadores modernos encontram aqui uma inconsistência na atitude do pontífice filosófico, que normalmente é cética em relação a tudo, e também na do próprio Cícero[225]. Impôs-se a comparação com o pensamento ambíguo de um príncipe ilustrado da Igreja do século XVIII, cuja filosofia livre se detém perante as doutrinas da Igreja. Uma semelhança geral não deve ser negada, especialmente porque a era ciceroniana também mostra ambiguidades internas em outros casos. No entanto, não se pode julgar as circunstâncias pagãs da Antiguidade de acordo com as condições cristãs. O comentador deveria considerar o que ele próprio, como pesquisador religioso, faria no lugar do acadêmico Cotta. Ao falar sobre a religião romana, ele também deve rejeitar qualquer reinterpretação greco-filosófica, especialmente a estoica. E ele deve dar crédito às autoridades sacerdotais citadas por Cotta de que os deuses e cerimônias em seu próprio mundo, o romano antigo, eram como eles testemunharam.

Neste caso, nem Cotta nem o pesquisador moderno da religião "creem" no sentido cristão. Dar crédito dessa maneira não é uma experiência imediata, não é uma vitória sobre a dúvida, alcançada com a ajuda de Deus, como na fé cristã. Aqui a fé não é uma fé religiosa no significado que a palavra "religiosa" tem para nós, mas uma substituição ou complemento da experiência

---

225. Cf. Mayors, J. B., Ausgabe III, p. XXIV.

própria. Tanto o acadêmico Cotta quanto o historiador de hoje estão fora da existência romana arcaica em que a religião romana era uma experiência imediata. Até mesmo Cotta se encontra demasiado em sua periferia, ele também deve "crer" em outros que ainda se encontravam em seu interior. Mas ele pode fazer isso com facilidade, sinceramente e sem restrições. Sua crença nos ancestrais como autoridades é o complemento natural dessa religião que ele, como romano, ainda possui, mas que já não se encontra no estado de uma experiência imediata ou mesmo de uma irrefletida fé na tradição. Sua atitude religiosa tem em comum com a atitude do pesquisador religioso moderno o fato de que ambos pretendem *observar* o historicamente dado em sua forma não adulterada e, portanto, têm *respeito* por ele.

Cotta, o pontífice, involuntariamente realiza uma das exigências da ciência histórica real, a atitude cuidadosa perante o dado. Em relação à estoica *theologia naturalis*, ele não é nada menos que reservado. Ele derruba suas provas da existência de Deus. Isso já fora feito pelos mestres gregos que Cícero seguiu: os grandes acadêmicos Arcesilau e Carnéades. Na Academia aparentemente se prefigura uma situação que será encontrada mais tarde na história do cristianismo: a *theologia naturalis* ou *racionalis* é combatida, enquanto a religião tradicional é deixada intocada. A diferença é que, para o cristão, sua religião é baseada em garantias sobrenaturais e não racionais, numa revelação que não é deste mundo.

Qual é a base da religião de um Arcesilau, que no início do século III introduziu na Academia a reserva cética, a *epoché*? As religiões grega e romana são baseadas *neste* mundo e pertencem, com seu estilo, a formas especiais de existência: a grega e a romana. Uma das religiões é um fato pré-filosófico da história romana – mas não um fato não espiritual; a outra é o mesmo fato da história grega. A religião grega como fato espiritual também continua a existir ao lado da filosofia. Arcesilau pode expressar, na língua da religião grega, sua confissão de um conhecimento divino, filosoficamente inatingível. Ele faz isso com auxílio de um verso redesenhado de Hesíodo, no qual introduz o *nûs* no lugar de *bíos*[226]: "Os deuses sempre mantêm o *nûs* oculto

---

226. Segundo *Erga* 42 em Eusébio, *Praep. evang.* 14.5.15.

aos homens". Uma sentença como essa é a maior confirmação do que foi dito antes sobre o *nûs*. Se os deuses não mantivessem oculto o *nûs*, os homens seriam como Zeus. Arcesilau, como Sócrates no *Fedro* platônico, viu que a verdade só pode ser alcançada por deus, não pelo homem: de acordo com o significado grego do *nûs*, a verdade também teria sido onipotência. Essa modéstia revela o tipo de olhar que a nova Academia escolheu em oposição com Aristóteles. O mundo deixou de ser transparente. Só era possível o tipo de visão que em grego se chama *sképsis*[227].

Isso iniciou uma convergência filosófica na direção da *religio* romana. Aristóteles partiu da capacidade do homem de *athanatízein*, de sua participação nos *nûs*. A *theoría*, que pressupõe uma distância, uma mera contemplação das imagens divinas, desembocou – em sua religião individual mas verdadeiramente grega – numa vitória divina sobre a distância: no tocar, no *thingánein*[228]. Por outro lado, a quem era dominado por essa distância, ainda a ser vencida mas nunca vencida, estava destinada a vida apolínea de Sócrates: na existência humana, a busca incansável pela verdade, mas também a consciência de que ela ainda está longe. Ou, quando não se era mais um Sócrates que se sentia confirmado pelo deus em Delfos: *sképsis* humana e *epoché* humana, reserva no julgar, e muito especialmente reserva em relação ao divino totalmente obscuro e que, nesse sentido, também se tornou invisível. Aqui também deuses e *nûs* continuam pertencendo inabalavelmente ao estilo da existência grega.

Carnéades, que viveu cerca de cem anos depois, confessou sua dependência negativa do estoicismo. Ele teria dito jocosamente[229]: "Se Crisipo não tivesse existido, eu mesmo não teria". Dessa maneira, ele testemunhou o significado e a essência da nova Academia. A oposição ao dogmatismo dos estoicos, em Carnéades especialmente ao dogma da providência, como o defendera Crisipo, explica, pelo menos em parte, a virada definitiva da escola platônica rumo ao ceticismo. A postura do não-saber, uma escola anterior à

---

227. Cf. SNELL, op. cit. (nota 179), p. 2.
228. *Metaph.* 1051 b 24.
229. *Diog. Laert.* 4.62.

doutrina dos arquétipos eternos, as ideias, não foi apenas adotada e defendida. Foi expandida de modo que nem mesmo o não-saber podia ser afirmado com certeza. No estoicismo, cujos fundadores e representantes conhecidos vinham do Oriente, os pressupostos espirituais da religião grega, a predisposição para contemplar e ver, a alegria com a forma e a figura humanas não eram mais eficazes. Deixaram de existir os limites de estilo dentro dos quais era possível haver, a respeito dos deuses, um olhar sapiente ou um saber que olha. A divindade podia permanecer sem forma: sem contornos e sem a intensidade de um evento especial em que ela se mostrava. A *theologia naturalis* e *rationalis* do estoicismo pretendia substituir os fundamentos reais conscientes e inconscientes da religião antiga. Sua incapacidade de fazê-lo foi comprovada pelos acadêmicos no espírito e com os recursos da filosofia grega; sua pretensão a isso foi rejeitada por Cícero com base na tradição romana.

Um ponto de vista filosófico se aproximou da piedade romana. Não apenas a atitude de Cotta, mas também a *epoché* dos acadêmicos gregos, a reserva em julgar, correspondiam à característica negativa desse tipo particular de respeito e precaução, que em sua forma plena, unindo o negativo e o positivo, era especificamente romano. A língua latina possuía a palavra *religio* para isso. Uma atitude humana como a *religio* nunca pode ser entendida a partir de causas externas que podem provocá-la, mas do ser humano que é capaz dela. Foram sabedoria e genial conhecimento da natureza humana que uma vez se expressaram com total autoconfiança diante do chefe de uma igreja dogmática dizendo que o principal é o *homo religiosus*[230]. O romano "primitivo", completamente desconhecido para nós, só podia ser *homo religiosus*, já que era dele que partia a religião dos romanos sacerdotais aos quais Cotta se referia. O *homo religiosus* não precisa necessariamente ser portador de uma dignidade sacerdotal. Acreditava-se erroneamente que o sacerdócio grego e romano carecia de fundamentação interior, uma vez que não se baseava numa vocação especial (*vocatio*)[231] nem em conhecimentos especiais, mas era acessível a qualquer cidadão sob certas condições legais. Sua funda-

---

230. Thomas Mann para o Papa Pio XII.
231. Cf. Reitzenstein, R., *Hellenist. Mysterienrelig.*, Leipzig, 1927, p. 252; e a observação de Otto, W. F., *Arch. Rel.-Wiss.* 12, 1909, p. 552ss.

mentação interna consiste precisamente na *religio*, que não é menos positiva porque todos – ou pelo menos a maioria – a possuem. É positiva e rica o suficiente até mesmo para o sumo sacerdócio.

A riqueza da *religio*, desse respeito e precaução dos romanos, praticados em todas as circunstâncias, não significava necessariamente uma riqueza pessoal de sentimentos religiosos especiais, devida ao próprio eu. Seu conteúdo não era formado – pelo menos não necessariamente – por uma doutrina dos deuses, mas pelo ser dos deuses, que ela pressupõe e também afirma continuamente de uma maneira natural e sem ênfase, assim como o faz também a *pietas*. Estar aberto ao ser dos deuses, constituir não apenas fisicamente, mas também espiritualmente, o hemisfério receptor para o hemisfério do ente – isso seria uma descrição para a *religio*. Mas esta seria insuficiente. Porque estar aberto apenas à descomunal força dos deuses, que colocam o fardo de incontáveis ritos elaborados sobre os ombros dos romanos, não significaria a receptividade que a *religio* contém em si. Esse estar-aberto também poderia significar estar preenchido com algo completamente uniforme, imóvel e inarticulado. Metaforicamente falando, seria surdez completa. Mas justamente isso é algo que não se pode dizer dos romanos. A *religio* deles é mais do que apenas estar-aberto. Ela pôde, por isso, tornar-se uma habilidade especial, um talento primordial dos romanos, segundo sua própria opinião, porque ela representa o perfeito contraste em relação à surdez: um dom refinado de ouvir atentamente o exercício constante desse dom. Nenhuma contemplação clara e festiva, nenhuma atividade de uma capacidade visual ou até mesmo visionária, nenhum profetismo extático, mas uma atitude para a qual não há denominação mais pertinente do que: a escuta contínua e o pautar a conduta de acordo com ela. Isso é *religio*. A isso se junta, como algo positivo, o aspecto eletivo: a atividade eletiva, pela qual a *religio* se torna até mesmo criativa. Voltaremos a isso no oitavo capítulo.

Além do ser dos deuses, há outros dois pressupostos para *religio*. Um deles é o *nûs*, que, segundo Arcesilau, os deuses ocultam dos seres humanos. Para o filósofo grego, o *nûs* significava o próprio saber: um saber idêntico ao ser divino, inacessível aos seres humanos, mas inabalável em si mesmo. A *religio* romana pressupõe o *numen*, a atividade divina, mas na qual o *nûs* dos

• 121

deuses se manifesta. Para os romanos, nesse *nûs*, encontra-se em primeiro plano um lado diferente do caso dos gregos: não o reflexo, o saber do ser, mas o plano e a decisão. Para o romano religioso, existe, por assim dizer, um texto originário para tudo o que acontece. Um texto na medida em que pode ser proferido – se os deuses e especialmente Júpiter o quiserem. Ele até mesmo já foi proferido; por isso é chamado *fatum*, o "proferido", e *Iovis fatum* porque foi proferido por Júpiter. Não é idêntico à providência, à *pronoia* dos estoicos, embora os estoicos romanos se esforçassem em igualar os dois. A pro-vidência, *pro-noia*, enfatiza o ver e o saber; no *fatum*, o ato de vontade divino é enfatizado. Isso que já foi proferido é oculto das pessoas e se realiza gradualmente. No entanto, também continua a ser proferido: em signos. Além do ser dos deuses, estes são os dois pressupostos da *religio*: que algo divino se realiza no que está acontecendo constantemente e que esse divino é audível para quem escuta atentamente.

Não escutar atentamente seria até mesmo contra a *religio*. Em seu trabalho *Sobre a adivinhação* – que complementa *Da natureza dos deuses* –, Cícero enfatiza que os antigos romanos usavam todo tipo de oráculo: "para não negligenciar nenhum signo"[232]. Negligenciar, *negligere*, é o oposto de *religere* e *religio*[233]. Por outro lado, para Cícero o tipo de pessoa que acredita absolutamente em toda espécie de oráculo e orienta toda a sua vida por eles como se fossem sinais providenciais não é religioso, mas *superstitiosus*, "exaltado". Não importa quão pouco Cícero consiga separar *superstitio* e *religio* de maneira clara e segura no diálogo sobre adivinhação, tanto o *religens* – como um velho ditado definia o homem religioso[234] – quanto o *superstitiosus* guardam características nas quais é possível ler, negativa e positivamente, a experiência religiosa especificamente romana. Negativamente na *superstitio*. Ao traduzir o *superstitiosus* como "exaltado", expressei a concepção de que estamos lidando com a tradução latina da palavra grega *ékstasis*[235]. O uso de "superstição" e "supersticioso" corresponde à condenação romana de tudo o que é extático, em

---

232. *De divinatione* 1.2.
233. Gellius 4.9 5.
234. Em Gellius, op. cit.
235. Otto, W. F., *Arch. Rel.-Wiss.* 12, 1909, p. 552ss.

geral de todo exagero na esfera religiosa. Como exagero da religião, *superstitio* significa estar ineptamente entregue aos signos, que o indivíduo crê perceber como referentes a si próprio a todo momento e em toda parte. Por outro lado, a *religio* positiva e genuína é tão decisiva quanto a *eulábeia*: é um estar-aberto absoluto ao acontecer divino no mundo, uma escuta cuidadosa de seus signos e uma vida conduzida e orientada de acordo com isso.

O estilo aqui não se faz menos evidente do que na direção da experiência religiosa grega, naquilo que a palavra *theoría* exprimia. Desta resultava, como a essência do estilo grego, a simples determinação: religião do olhar. O essencial na *religio* se distingue clara e nitidamente disso. O traço básico da religião romana pode ser descrito mais como uma posição de escuta, aberta a todos os sinais e adaptando-se continuamente, do que numa só palavra. Outra diferença é que a *religio* não traz em si a clara festividade da *theoría*. Ela é meramente uma plenitude em relação à cautela e à reserva gerais, que também poderiam permanecer completamente negativas. Ou em relação à receptividade geral a signos que todos os povos antigos possuíam em certo grau. A *religio* deve ser comparada mais a uma linha que corre numa altura uniforme do que a um único ponto culminante, como a "visão dos deuses" entendida de duas maneiras: ver os deuses, e ver como os deuses. Na linha mencionada, a *religio* está potencialmente presente em toda parte: como um simples estar-aberto, pronto para a oração. Quando ela está presente efetivamente, quando, como dizem os romanos, *religio est*, então há um estado especial, a maior antítese da festividade: o estado dos *dies religiosi*. Em tais dias, tudo presta atenção apenas ao divino e procura restaurar a adaptação, expiar um desvio daquela linha que tenha vindo à luz. Assim como as grandes festas agonísticas eram uma forma de manifestação objetiva da visão dos deuses, a história romana em todo o seu percurso pode ser considerada uma realização objetiva da *religio*[236].

Nossa intenção de determinar o estilo da experiência grega e romana e seus pontos culminantes necessariamente teve de levar à esfera mais ampla da *existência* grega e romana, ao *bios* helênico e romano. O que constitui a

---

236. Cf. ALTHEIM, F., *A History of Roman Religion*, Londres, 1938, p. 411ss.

essência dessas duas formas de existência teve de emergir: para a Grécia, o olhar, que além da religião também incluía filosofia e arte; para Roma, numa vida mais monótona, menos filosófica e artística, a capacidade de seguir o *fatum* em docilidade atenta e obediente. Agora temos de mudar do geral para o específico, da forma mais ampla para a mais concreta, para a forma dos cultos grego e romano. Desse aspecto concreto, também gostaríamos de capturar apenas o principal, os modos grego e romano da relação do ser humano com deus.

1938

Homem e deus segundo Homero e Hesíodo

1. A ideia grega de sacrifício

Os tipos grego e romano de experiência religiosa são, cada um em seu próprio estilo, fenômenos da história da humanidade, realidades objetivas que existiram, independentemente de podermos descrevê-las adequadamente. No entanto, eles têm seu lado subjetivo. Mas o lado subjetivo nunca é suficiente para determiná-los. A experiência religiosa grega não é apenas *sébas* e *aidós*, dois nomes para sentimentos subjetivos. Os sentimentos acompanham um tipo especial de presentificação, no qual emerge uma possibilidade especial de epifania do mundo – porque o mundo do ser humano pode realmente se mostrar de muitas maneiras. Em nenhuma outra religião o mundo mostrou sua riqueza de formas tanto quanto pela experiência religiosa grega. O mesmo acontece com os romanos: a *religio* também está ligada a um tipo especial de presentificação, com outra possibilidade do mundo de mudar de um mundo presente para um ainda mais presente.

A presentificação – tornar presente o que estava distante, o que representava uma possibilidade concebível, mas não uma realidade atual – é um ato criativo. O homem e o mundo participam nele conjuntamente. Isso acontece em obras de arte ou em experiências e nas obras da religião delas resultantes. Nada disso pode acontecer sem estilo. Aqui estamos falando de dois tipos de presentificação, que são tão diferentes um do outro quanto o estilo grego e o romano. Ao estilo grego correspondem as aparições corpóreas de deuses, para as quais a poesia e a arte de escultores e pintores deram poderosa contribuição. São conhecidos, de épocas posteriores, relatos de epifania, histórias nas quais os deuses se mostravam para pessoas despertas e mais frequentemente para aquelas que estavam sonhando[237]. Não há testemunhos de que alguma dessas epifanias tenha rompido o estilo que era próprio das criações da arte. A essência das autênticas aparições divinas gregas inclui uma clareza espiritual e ao mesmo tempo plástica, uma *enárgeia* e, para esta, uma faculdade do saber que vê, a qual se realizava principalmente em poetas e artistas. Ao tipo romano de presentificação corresponde, antes, o transcurso temporal do mundo. Mas esse transcurso também possui duas maneiras de se converter de presente para um mais presente. O ser humano aqui é mais passivo, mas não ausente.

Uma maneira é dada nas fases recorrentes do tempo. Este, em seu curso periódico, ascende regularmente para pontos culminantes nos quais se torna festivo, isto é, mais presente. Assim já se deveria descrever a natureza da festividade quando ainda não se tratava de vários tipos de presentificação – ou, visto do lado objetivo, do estar-presente do mundo. Desse ponto de vista, o tempo aparece como uma série de anos festivos ou períodos festivos ainda mais longos, como eram as Olimpíadas no caso dos gregos. Ele se torna o conteúdo dos calendários e: "O calendário é, essencialmente, um calendário festivo"[238]. A essa capacidade refinada dos romanos que eles chamaram de *religio* corresponde o desenvolvimento particularmente sutil do calendário romano. Aqui, o modo romano não difere do grego: há apenas uma mudança de ênfase, do realce do que é importante. As fases temporais festivas constituem pontos de contato nos estilos religiosos romano e grego. Como fases do *tempo*, elas têm seu aspecto temporal. Como *fases* – essa palavra designa as *pháseis*, "aparições"; na literatura astronômica da Antiguidade são as aparições dos astros – elas significam, por assim dizer, uma paralisação do tempo, não no sentido místico[239], mas no sentido espiritual. Não como eternidade – *dove s'appunta ogni ubi et ogni quando* – mas como um ponto a partir do qual formas claras no espírito se tornam visíveis fora de todos os "ondes" e "quandos".

---

237. Dodds, E. R., *The Greeks and the Irrational*, Univ. of Calif. Press, 1951, Index; cf. Rostowtzew, M., Klio 16, 1920, p. 203ss. e meu livro *Die griechisch-orientalische Romanliteratur*, 2ª ed., Darmstadt, 1962, p. 97s.

238. Van der Leeuw, op. cit. (nota 20), p. 366.

239. Segundo Van der Leeuw, que para isso citou o seguinte verso de Dante, *Par.* 29.12.

O romano escolhe objetivar, com maior preferência do que o grego, algo que aparece no transcurso do tempo – a vida do *flamen Dialis* nos servirá como exemplo. Uma fase festiva exige mais o estilo grego, para que possa ser dignamente presentificada, mesmo que o tempo seja percebido de maneira romana. Faz parte da natureza da festa que ela, por assim dizer, seja um deter-se do curso do tempo para revelação de figuras eternas, que, ao se mostrarem, expandem o momento para uma eternidade detida.

Outro tipo que tem o tempo de passar de presente para mais presente é constituído pelos *dies religiosi*, como já foi dito. Eles são distinguidos por um tipo negativo de festividade. É caracteristicamente romano não apenas que tais dias sejam observados (os gregos supunham como regulares esses dias de infortúnio; para Hesíodo, era o quinto dia do mês[240]), mas que os particularmente infelizes sejam até mesmo incluídos no calendário. Para os gregos, esses dias existem, por assim dizer, para presentificar regularmente as realidades nocivas e mortais do mundo. Nesses dias, os romanos rememoram a possibilidade de uma perturbação do bom relacionamento com os deuses, da *pax et venia deum*. Para eles, esses dias são avisos históricos, para que não se desviem do caminho prescrito apenas parcialmente no calendário de festas. Porque esse caminho não lhes era fechado periodicamente, mas estava aberto na direção do futuro, assim como o próprio mundo está aberto em seu curso cronológico. O estar-aberto da *religio* corresponde a esse estar-aberto do mundo. Portanto, *religio* é mais que observância de deveres religiosos, que também podem ser fixados temporalmente. A *religio* também inclui a seguinte capacidade: perceber como aceno da divindade algo que não é fixo, mas só se torna presente no instante, e cumpri-lo.

Nem toda presentificação da divindade pode ser chamada de culto, no sentido mais estrito dessa palavra. Em sentido mais amplo, sempre foi evidente que a presentificação do divino nas obras de poetas e artistas também deveria ser vista como uma espécie de "culto". As fontes mais antigas que nos falam direta ou indiretamente sobre a religião grega, mas claramente como textos coesos – não apenas como listas ou fragmentos – são obras de poetas.

---

240. *Erga* 802.

Não podemos evitar a pergunta: como o divino é presentificado em sua relação com o homem nas obras transmitidas sob os nomes Homero e Hesíodo? Ambos eram considerados pelos gregos autoridades religiosas, quase fundadores da religião, ou pelo menos ordenadores e intérpretes do mundo dos deuses. A primeira suposição histórica sobre a origem da religião grega na forma em que se tornou universalmente válida na Grécia e mais tarde conhecida como clássica vem de Heródoto[241]. De acordo com o "pai da história", foram Hesíodo e Homero que forneceram aos helenos uma doutrina sobre a descendência dos deuses, deram aos próprios deuses seus nomes e determinaram seus "ofícios", suas esferas de domínios e designaram seus tipos e formas (*eídea*). A maneira pela qual Homero introduz os deuses na *Ilíada* geralmente nos permite um olhar sobre a época anterior a essa obra poética.

Desde o século XV, em que os nomes dos deuses gregos aparecem nos registros dos palácios de Creta e Micena – primeiro em Cnossos, depois em Pilos e na própria Micenas – pelo menos seiscentos anos se passaram até Homero. Por ora, no entanto, cada passo rumo ao período pré-homérico da religião grega exige uma investigação especial[242]. Um estilo pré-homérico da religião grega ganha contornos cada vez mais claros[243]. A maior parte do que continua subsistindo desse estilo e que determina a existência grega ao lado de (e, em certa medida, contra) Homero está ligada ao nome Dionísio, um grande deus dos tempos pré e pós-homéricos[244]. Nas festas dionisíacas, toda a vida grega se torna mais movimentada. No entanto, esses movimentos também se encaixam num amplo contexto em que o soberano não é Dionísio, mas Zeus. Até o maior evento dionisíaco, o reaparecimento dos ancestrais do reino dos mortos – para que possam "ser vistos" no teatro[245] – ocorre no estilo da experiência religiosa grega geral, e os espíritos que aparecem adotam a forma em que emergiram da poesia épica. Mas a presença

---

241. 2.53.

242. Cf. Webster, T. B. L., *From Mycenae to Homer*, Londres, 1958.

243. Cf. *Werkausg.* VIII, e sobre o significado original do sacrifício de cem bois em meu *Zeus und Hera*, Leiden, 1972, p. 60s.

244. Cf. *Werkausg.* VIII.

245. Cf. meu estudo "Naissance et renaissance de la tragédie", *Diogène* 28, 1959, p. 35.

de Dionísio na Grécia não era atestada apenas pelas celebrações em que os mortos se punham em movimento, como no caso das Antestérias e das Grandes Dionísias em Atenas, ou pelos periódicos estados de embriaguez, de êxtase, a que as mulheres se entregavam apenas em intervalos maiores, em festas dionisíacas especiais para mulheres; mas também era atestada continuamente pelo *vinho* – a planta e o líquido – em todas as fases do crescimento e do manejo pelo homem. E com isso se nomeava um pedaço da natureza, um fundamento comum de todas as grandes culturas ao redor do Mediterrâneo. Assim como ocorre com o grão, o elemento demétrico, com o elemento dionisíaco básico um pedaço da natureza entrou em toda parte no estilo daquelas culturas que se baseavam nele. O fundamento natural é sempre evidente, por mais que o esplendor da divindade repouse sobre ele. Homero considerava o vinho como evidente, mas menos divino do que as figuras que se reuniam em seu Olimpo. Para ele, lidar com o vinho era uma coisa de camponeses ou – da maneira indicada – de mulheres. Ele raramente dava nomes a Dionísio, mas nem por isso este era, para ele, menos real do que os outros deuses.

No sentido mais estrito, o culto continua sendo a verdadeira presentificação do divino baseada na experiência religiosa do homem antigo médio real. E inversamente: um culto que não presentificasse nada, apenas pretendesse lançar um desejo num mundo sem deus, no incerto, não seria um culto. Se alguém quisesse partir da suposição de que os próprios cultos originários criaram seus deuses, teria de supor também que um objeto do culto se torna presentificado, neste caso, o deus criado pelo culto. Cultos que são apenas atos mágicos esforçam-se para tornar presente a própria divindade dos agentes. E o culto é, *primordialmente*, uma presentificação, e apenas secundariamente pedido e dádiva[246] aos presentificados. É fácil obter do culto histórico grego exemplos que falam claramente nesse sentido. Particularmente clara é a cerimônia cultual dos tanagrenses, que nos descreve Pausânias e foi interpretada por Walter F. Otto[247]. O jovem mais bonito percorria a cidade du-

---

246. Van der Leeuw, op. cit. (nota 20 acima), p. 327ss.
247. Em seu *Dionysos*², Frankfurt a. M., 1939, p. 41s.

rante uma festa de Hermes com um carneiro sobre os ombros. Ele fazia isso como alguém que tornava presente o deus por meio de sua própria aparição física. Na tradição dos tanagrenses, a ação lembrava uma epifania de Hermes. Ainda que a cerimônia ali também servisse como defesa contra epidemias, o principal é evidente: a presentificação. Havia também presentificações menos transparentes, como o salto do promontório de Leocádia – um salto que originalmente apenas um deus poderia fazer, enquanto a pessoa que o executava frequentemente perecia[248].

Tais atos eram repetições de eventos mitológicos, histórias de deuses, que eram abreviados nos movimentos rituais[249], mas, pelo dramatismo da cerimônia, se tornavam mais presentes do que por meros relatos. Na intensidade da presentificação, o culto superava o mito e até o fazia cair em esquecimento. Quanto mais detalhada a cerimônia permanecia, mais transparecia o mito originário. O mesmo se aplicava ao sacrifício do touro, quando era apresentado com tal complexidade arcaica como a *Buphónia* em Atenas[250]. Mas o que dizer do sacrifício de "cem bois", uma hecatombe, ou mesmo de várias hecatombes, cuja extensão está inversamente relacionada ao detalhamento? As descrições homéricas da cerimônia de sacrifício não deixam dúvidas de que o verdadeiro acontecimento festivo era o abate do animal e sua preparação. Havia algo de divino nesse evento, que revelava um lado da vida e um da morte ao mesmo tempo. Quando as mulheres estavam presentes na cerimônia, elas gritavam alto no momento em que a vítima sacrificial recebia o golpe[251]. Isso fazia parte do ritual do sacrifício do touro, mas era uma expressão natural, imediata, como o ato simbólico de Hécuba no canto XII da *Ilíada*. Um grito que as mulheres soltam quando veem algo mortal acontecer não precisa ser explicado por objetivos especiais: ah, elas queriam afugentar os espíritos! Tais espíritos, conhecidos pela religião arcaica grega, como as

---

248. Otto, *Dionysos* 40; e minhas observações em "Sprung vom Leukasfelsen", *Archiv. Rel.-Wiss.* 24, 1926, p. 61; Kinross, Lord; Kerényi, K.; Hoegler, R. G., *Greece in Colour*, Londres, 1957, a respeito da placa: *The cliffs of Leukas*.

249. Cf. *Werkausg*. V, p. 41.

250. Cf. acima p. 65.

251. Cf. Eitrem, S., *Beiträge zur griech. Religionsgesch*. III, Kristiania 1920, p. 44ss.; Deubner, L., "Ololyge und Verwandtes", *Abh Akad*., Berlim, 1941.

harpias, não se deixariam afugentar com tanta facilidade! E até que ponto seria distante da realidade considerar se isso não era afinal um grito de alegria, uma vez que lamentos eram proibidos em lugares sagrados?[252] É claro que não é um lamento o que soa no clímax de toda a ação sacrificial! Também ressoa ali a alegria, a alegria dessa festa natural e, como a própria natureza, contraditória! Trata-se, no fundo, do espanto natural com o que se torna presente ali. O alimento brotando da morte de protegidos nobres de deuses e – nos tempos arcaicos – também próximos a eles: é assim que pode ser descrito o elemento divino que ocorre no grande sacrifício do boi entre os gregos.

Isso é confirmado por costumes bastante antigos que foram preservados fora da poesia homérica e que estão relacionados com a matança do boi[253]. A cerimônia da *Buphónia* ateniense ressaltou com clareza suficiente o caráter assassino da matança do gado. Os gregos justificavam a sacralidade do gado a partir da ideia da agricultura como uma área sagrada, presidida pela deusa Deméter: respeito e atenção devem ser dedicados aos animais de arado[254]. Estamos aqui no solo do mundo mediterrâneo antigo e não muito longe daquelas culturas em que o boi era um animal sagrado e uma forma de manifestação do divino. No entanto, para entender a festividade natural do abate do boi, basta relembrar o aspecto que esse animal possuía no domínio de Deméter: um aspecto que não é estranho ao mundo grego e homérico, embora esteja em segundo plano na poesia homérica. Aquilo que nutre e ao mesmo tempo é alimento – como esse aspecto deve ser descrito; o nutritivo que precisa ser morto para que se torne alimento! Nisto, o boi se assemelha ao fruto demétrico, o grão, que também precisa ser ceifado. Sabe-se que também há ali uma festividade inerente, que foi preservada por um longo tempo.

Não se via no animal morto, nem no grão ceifado um indivíduo, mas sempre todo o gênero[255], que ali sofre, trabalha, morre e se torna alimento. Na esfera demétrica, o boi morto também não é idêntico à deusa, nem mesmo

---

252. STENGEL, P., *Die griech. Kultusaltertümer*³, Hdb d. klass. Altertumswiss. V 3, Munique, 1920, p. 112.
253. SCHWENN., F., *Gebet u. Opfer*, Heidelberg, 1927, p. 100ss.
254. OTTO, W. F., *Das Wort der Antike*, Stuttgart, 1962, p. 140ss.
255. PREUSS, K. TH., *Die geistige Kultur der Naturvölker*, Leipzig, 1914, p. 38s.

é sua manifestação, como a vaca é normalmente a forma de manifestação da deusa da lua ou das grandes deusas lunares. Ele, como participante da agricultura, está próximo a ela e sob sua proteção. No entanto, mesmo que grandes deuses como Zeus ou Poseidon – para não falar de Dionísio – apareçam em forma de touro, ele tem de experimentar uma dureza sem precedentes como animal sacrificial: a dureza da generosidade dos deuses em relação aos homens. Como participante da agricultura e como alimento, ele pertence ao mundo demétrico. Como um exemplo particularmente claro disso, pode-se citar o milagre central de uma religião próxima ao círculo mediterrâneo: a matança do touro de Mitra. De acordo com o mito da religião persa, o fruto demétrico da terra é até mesmo idêntico ao touro primevo sacrificado: o grão provinha de suas entranhas[256].

A religião grega, com seu senso de realidade, não identificou dessa maneira: permaneceu na similaridade. Ela classificava o boi, animal sacrificial, e o fruto demétrico, a cevada sacrificial, na mesma estrutura unitária: a estrutura da grande cerimônia de sacrifício. Homero não trata os pormenores rituais anteriores ao sacrifício tão detalhadamente quanto a ação principal, a matança do animal. No entanto, ele enfatiza essa parte do pré-sacrifício com ênfase suficiente: o ato de espargir a cevada – o *ulai* ou *ulochytai* – na condição especial adequada ao sacrifício[257]. Contudo, na cevada, a matéria do pré-sacrifício, estava presente o mesmo aspecto divino do mundo que estava presente na matéria principal do sacrifício, o próprio animal sacrificado: seu aspecto como alimento. Vimos, no caso dos australianos, que alguém podia ficar inebriado por esse aspecto do mundo e presentificá-lo na dança cultual[258]. Aquele aspecto do mundo, com o lado da vida e o lado da morte, com todo o seu fundo escuro, era festivo aqui, ou seja, era completamente presente.

A refeição sacrificial está em primeiro plano. É a consumação do sacrifício. Conhecemos a festividade bastante natural do banquete. O banquete é

---

256. CUMONT, FR., *Die Mysterien des Mithra*, 3ª ed., Leipzig/Berlim, 1923, p. 122.

257. STENGEL, P., *Hermes* 29, 1894, p. 281ss.; FRITZE, H. v., *Hermes* 32, 1897, p. 235ss.; ZIEHEN, L., *Hermes* 37, 1902, p. 391ss.; STENGEL, P., *Hermes* 38, 1903, p. 38ss., 41, 1906, 230ss., Id., op. cit. (nota 252 acima), p. 110; EITREM, *Opferritus und Voropfer*, Kristiania 1915, p. 261ss.

258. Acima p. 51ss.

festivo em todo o mundo, mesmo que por si só ele ainda não seja um festa, pelo menos não no mundo antigo. Ele por si só exige, por assim dizer, a presença dos deuses, mesmo quando não é uma refeição sacrificial propriamente dita. Os deuses são chamados e recebem sua parte[259]. É extremamente difícil distinguir entre a refeição sacrificial e um banquete comum na Antiguidade. Tanto quanto as condições do tempo histórico são conhecidas, deve-se supor que todo animal de abate era realmente considerado e tratado como um animal de sacrifício[260]. Isso é incontestável no que tange à vida estatal e à vida do tempo heroico, conforme descrita por Homero. Na *Ilíada*, grandes refeições são "banquetes dos deuses". Faz parte da *ideia* da refeição sacrificial uma presença divina que vai além da divindade do alimento e da bebida e é mais espiritual.

Homem e deus presentes um para o outro na refeição festiva, "sabendo" um do outro – no sentido grego: essa é a ideia básica do culto grego. Os monumentos da religião grega, literários e de inscrição, estão cheios de invocações – chamados e convites – aos deuses, cantos de chamada e cantos de advento comemorando sua chegada[261]. Além da refeição sacrificial, havia acolhimentos realizados com todos os símbolos da hospitalidade – *theoxénia* e *theodaisía* – especialmente para deuses errantes ou distantes, como os Dióscuros, Asclépio, Apolo, que nesse sentido também era chamado Teoxenios. A esse fenômeno se contrapõe a onipresença de Deus entre os israelitas: "Porventura sou um Deus que está próximo e não também um Deus que está longe? Não sou eu quem enche o céu e a terra?" – diz o Senhor[262]. Com isso, o profeta distingue deliberadamente seu Deus dos deuses das outras antigas religiões orientais, das quais os deuses gregos estão próximos. Suas últimas palavras tocam numa característica particular do rito de sacrifício grego, sem intencionalmente se referir a ela: se o sacrifício era dirigido aos deuses superiores, os celestes e os olímpicos, o animal sacrificial era levantado da terra

---

259. *Athen.* 192 b.
260. Stengel, op. cit. (nota 252), p. 105.
261. Weniger, op. cit. (nota 82), p. 16ss.
262. Jr 23,23-24.

para que não pudesse mais tocá-la, mas era pressionado contra esta quando oferecido aos deuses subterrâneos ou aos mortos[263].

Os deuses gregos se relacionam com o mundo de maneira diferente do Deus dos israelitas. Seus movimentos estão amplamente ligados aos movimentos do céu. É errado explicar o seu ir e vir dizendo que suas esferas de poder são espacialmente limitadas e atreladas a seus locais de culto. Todo lugar de culto se encontrava no centro do mundo, que era em toda parte redondo, e todo santuário grego *é* um santuário natural. Não apenas em relação à paisagem, mas também em relação a um dos dois hemisférios: ao superior, o céu, ou ao inferior, o mundo subterrâneo. Isso fica provado pela situação do altar, que permanece em campo aberto, mesmo que um templo já tenha sido adicionado. Uma *eschára*, um altar para os subterrâneos, tinha sua conexão com estes em qualquer parte. Todo lugar de sacrifício grego esperava a chegada da divindade, a menos que ela já estivesse presente. Que um heleno quisesse explicar o chamado dirigido aos seus deuses e sua vinda pela *estreiteza* de seu poder e não pela capacidade de *estarem em toda parte* em que eram esperados, ainda que talvez *não o tempo todo*: isso não nos foi transmitido, nem é concebível. Havia também, entre os deuses, aqueles cuja essência *especial* era mais ser "o deus distante" ou "o deus que chega"[264]. É característica da religião grega não a relação local de seus deuses com o ser humano, mas o fato de que tal relação *poderia ser completamente abolida* para dar lugar à reunião.

Os gregos do tempo histórico já experimentaram realmente essa reunião? Existem duas respostas para isso. Uma é a do homem religioso de todos os tempos, e foi dada por Walter F. Otto[265]: "Apenas uma experiência poderia abrir nossos olhos, e apenas esperar por ela já seria ousadia: a de que poderíamos sentir novamente o que significa um deus estar em proximidade direta". Os gregos deram a outra resposta por meio do mito do primeiro sacrificador, que era ele próprio um deus, mas matou o animal sacrificial na condição de representante dos seres humanos para refeição conjunta com os deuses: o

---

263. Fritze, H. v., *Arch. Jahrb.* 18, 1903, p. 58ss.
264. Apolo, o deus distante: Otto, W. F., op. cit. (nota 80), p. 80ss.; Dionísio, o que chega: Otto, op. cit. (nota 247), p. 75ss.; *Werkausg.* II, p. 271ss.
265. *Dionysos*, p. 23.

mito de Prometeu, que é ao mesmo tempo o mito da existência humana, da distância entre deuses e humanos[266]. Depois que Prometeu ludibriara os deuses pela cerimônia de sacrifício, que sempre se manteve válida para os gregos, eles nunca mais puderam aparecer a sério nela, no máximo em forma de jogo e aparência. Mas esse mito também pressupõe a ideia de reunião. Correspondia ao estilo da experiência religiosa grega que os deuses aparecessem na atmosfera festiva do culto, assim como sua epifania na atmosfera festiva da poesia correspondia a esse estilo.

A ideia do sacrifício grego só seria realizada por uma epifania *completamente* clara e um encontro *real* com os deuses. A proximidade que os gregos experimentavam no período homérico e por muito tempo na época histórica não era realmente uma reunião; mas os gregos tinham essa ideia em mente. Esse encontro com os deuses no festim sacrificial foi experimentado com total clareza – como Homero sabia – apenas por povos cuja existência paira entre a divindade e a humanidade, sim, que estão mais próximos dos deuses do que dos humanos: os etíopes e os feácios[267]. Seu rei, Alcínoo, diz a respeito dos feácios: "Pelo menos até agora os deuses sempre aparecem claramente para nós quando sacrificamos solenes hecatombes e banqueteiam conosco, sentando-se onde nós mesmos nos sentamos". A ideia de estar junto com os deuses – como ideia que havia sido realizada numa existência ideal e não mais o faz – dificilmente poderia ser expressa de maneira mais nítida e clara. Tal existência, como realidade espiritual, pertence como complemento, como fundamento à existência grega, da qual se destaca na consciência de um grande poeta. Mas não era só Homero que pensava assim. As religiões dos povos arcaicos gostam de justificar seus atos de culto dizendo que foram introduzidos pelos deuses ou pelos seres divinos naquele tempo pré-histórico em que deuses e pessoas interagiam diretamente. Essa ideia estabeleceu o caráter da religião grega como uma religião mitológica em geral. A festividade, na qual o esplendor de uma ideia religiosa como a do sacrifício se torna-

---

266. Cf. meu *Prometheus*, nota 13 acima; última edição expandida como Volume I de meu *Archetypal Images of Greek Religion*, Nova York/Londres, 1963.

267. Homero, *Il.* 1.424/5; *Od.* 1.22ss.; 7.201ss.

va, por assim dizer, mais concreta e temporal, separava-se do tempo mutável e se tornava um tipo especial de tempo: o tempo primordial.

O esplendor dourado inerente à festividade, que para Píndaro ainda transformava os galhos festivos dos vencedores em galhos dourados[268], fez daquele tempo primordial uma época dourada, e converteu as ideias que os homens procuravam realizar no culto no tempo histórico em realidades da época dourada. O que Alcínoo fala do estado dos feácios aparece em Hesíodo como o estado daquele período feliz do mundo. Foi-nos apenas transmitido como citação sem contexto o que deveria aparecer como imagem primeva das Theoxenias, tanto para os gregos como também para nós. Em excelente trabalho sobre Hesíodo, é descrito como o "fenômeno primevo do sentimento cultual grego" aquilo que "como tal não é suscetível de nenhuma análise lógica"[269]: "Naquela época as refeições eram comuns, e comuns também eram os assentos para os deuses imortais e os homens mortais" – assim se dizia em Hesíodo.

Existe a ideia mística do encontro do homem com a divindade: sua forma absoluta é a *hénosis*, o "tornar-se um". Seus diferentes tipos na Antiguidade tardia são mais conhecidos do que a forma do encontro não místico com os deuses. Na citação mencionada, esta forma é vista em absoluta pureza. Partindo de Homero e Hesíodo, ela poderia ser descrita assim: sentar-se juntos, alimentar-se e saber, olhando uns para os outros, que se encontram no estado primevo da existência. Assim seria expressa em termos gerais. Como ideia geral, ela também permite formas de expressão não gregas. Além de numerosos exemplos das chamadas religiões naturais, ela aparece entre os israelitas como visita de Deus e seus dois anjos a Abraão no campo de Mamrê[270]. A forma absoluta, em termos gregos, é a etíope e a feácia em Homero; em Hesíodo, é a descrita no fragmento das refeições comuns de deuses e homens. Ela vive como a ideia da comunhão no lar e

---

268. *Ol.* 11.13; *Pyth.* 10 40; *Nem.* 1.17, com minhas observações *Hermes* 66, 1931, p. 424.
269. PHILIPPSON, op. cit. (nota 201), p. 37. A citação seguinte: fr. 82 Rz. Cf. *Paus.* 8.2.4, Cat. 64, 384/6.
270. Gn 18.

da comunhão à mesa de todos os divinos entre os homens, e "dos outros imortais" na filosofia arcaica e no culto aos heróis. Na verdade, ocorre aqui que ela "liga o herói arrebatado aos deuses e também à sua estirpe numa associação *indestrutível*". Ela encontra uma expressão clássica, de outra perspectiva, no último versículo da Écloga IV de Virgílio, onde se diz acerca do homem *não* divino:

"nec deus hunc mensa, dea nec dignata cubili est" (Nenhum deus o honrou com a mesa, nenhuma deusa, com a cama).

Essa forma certamente não é acessível a uma análise lógica. Mas pode ser remontada a seus pressupostos: à ideia em que se baseia. Essa ideia – uma ideia básica não apenas do culto grego, mas da religião grega e da existência grega – é exposta pelo próprio Hesíodo. Como ideia básica, ela está incluída na ideia da época dourada. Para Hesíodo, o mito da idade de ouro não enuncia outra coisa senão essa ideia. Ele fala dessa época de duas formas: ou como um estado inicial não especificamente denominado e no qual a existência humana e a divina ainda não estavam separadas, ou como uma era delimitada com precisão, cuja melhor denominação só poderia ser relacionada ao ouro. Depois se seguiu a era da decadência, nomeada segundo substâncias menos valiosas – exceto a idade dos heróis, muito própria e peculiarmente grega: uma doutrina que Hesíodo adotou do Oriente[271]. De acordo com Hesíodo, que expõe essa doutrina em Os trabalhos e os dias, a "geração de ouro da humanidade" também é criada pelos deuses olímpicos. No entanto, ele introduz a descrição dessa geração com a versão clara dessa outra ideia que é pressuposta pela ideia da idade de ouro[272]: "Que os deuses e os homens mortais são da mesma origem".

A aparente inconsistência aqui é um sinal claro de que temos o texto original[273]: não se insere nada que possa anular o que vem em seguida. O duro imediatismo da frase também indica que ela realmente contém uma

---

271. Cf. REITZENSTEIN, R.; SCHÄDER, H. H.; *Studien zum antiken Synkretismus*, Leipzig, Berlim, 1926, p. 58ss.
272. *Erga* 108.
273. MEYER, EDUARD, *Kleine Schriften* II, Halle, 1910-1924, p. 35.

ideia que é autoevidente para os gregos: uma ideia tão evidente quanto se poderia esperar de uma ideia fundamental da religião grega. Píndaro dizia a mesma coisa[274]: "Una é a estirpe do homem, una a dos deuses: de uma só mãe ambos tomamos fôlego". Em nenhum lugar Hesíodo fala de um primeiro homem, mesmo que os homens primevos fossem conhecidos na mitologia grega[275], e ele próprio descreva a criação da mulher primeva duas vezes. Onde expõe a doutrina das idades, que pressupõe a criação de cada uma das "estirpes" – idênticas à respectiva idade –, ele sabe de uma estirpe humana criada da matéria do freixo e cuja dureza se encaixava na idade de bronze[276], como a haste da lança da madeira de freixo condizia com a ponta de bronze. Ademais, a estirpe humana é, para ele, idêntica à estirpe dos freixos[277]. Os freixos, como seres divinos – ninfas, chamadas de cinzas –, foram criados juntamente com seus irmãos, as Eríneas e os Gigantes, pelas gotas de sangue de Urano caídas na terra[278]. Da mesma origem dos deuses, que também descendem de Urano e Gaia, céu e terra, e, contudo, uma raça muito mais sombria – assim são os seres humanos. A raça humana, no entanto, não perece como a estirpe dos gigantes[279]. Somente Zeus poderia destruí-la, mas não o faz, desde que Prometeu roubara o fogo para os seres humanos. A doutrina das idades do mundo em Hesíodo não contradiz isso. Porque ele também quer viver após a última geração, aparentemente porque o grande período das gerações começará novamente[280]. Essa ideia de humanidade, a ideia de um relacionamento fraterno com a divindade, é pressuposta pela ideia plena do sacrifício grego.

---

274. *Nem.* 6.1.
275. Cf. meu *Mythologie der Griechen* (nota 41 acima), p. 165ss.
276. *Erga* 144/5.
277. *Theog.* 563; a leitura original mais provável seria: μελίοισι.
278. *Theog.* 183-187.
279. *Od.* 7.60; *Die Mythologie der Griechen* (nota 40 acima), p. 34s.
280. *Erga* 125; REITZENSTEIN; SCHÄDER, op. cit. (nota 271), p. 62.

2. Do riso dos deuses

Assim como a maneira grega de relacionar o homem com deus é iluminada de um lado pela ideia grega do sacrifício, também é aclarada, de outro, pelo riso dos deuses. Não do riso maligno de Zeus no final de sua disputa com Prometeu, como é exposto em *Os trabalhos e os dias*. A narrativa de Hesíodo se concentra na diferença entre o *nûs* de Zeus e a mentalidade de Prometeu. O *nûs* é quieto e calmo como um espelho em Zeus, onde ele se manifesta pura e completamente: descobre tudo sem procurar; sim, tudo se descobre para ele. O espírito titânico, por outro lado, é inquieto, engenhoso e, com premeditação e sagacidade, está sempre em busca. O objeto do *nûs* é o que realmente *é*. O objeto do espírito titânico é a *invenção*, mesmo que seja apenas uma mentira ardilosa, um engano que os próprios deuses admiram e com o qual se deleitam. Ao *nûs* corresponde a *alétheia*, a "verdade" em grego, que é mais bem traduzida como desocultação, e esse é realmente o significado etimológico dessa palavra[281]. Ressoa nela a negação da *léthe*, da ocultação e do esquecimento. A mentalidade titânica ama o que é "curvo": o epíteto de Cronos em Hesíodo[282] provém daí[283]. "Curva" é, por sua essência, uma mentira, mas também o é uma invenção engenhosa como o laço, que em grego também se chama assim[284].

O complemento necessário do *nûs* é o ser. Quando o *nûs* se apaga, o ser fica cego. O complemento necessário do espírito titânico é a miséria espiritual e geral: estupidez, imprudência, inaptidão. Depois de cada invenção de Prometeu, resta uma nova miséria para a humanidade. Após o sacrifício bem-sucedido, Zeus remove o fogo dos mortais. E quando, após o bem-sucedido roubo do fogo, o próprio Prometeu fora retirado da humanidade para sofrer seu castigo, Epimeteu permaneceu como representante dos seres humanos: no lugar do astuto permaneceu – como complemento – o estúpido.

---

281. Riezler, op. cit. (nota 192 acima) p. 47; Luther, W.: *"Wahrheit" und "Lüge" im ältesten Griechentum*, Borna-Leipzig 1935, p. 12; *Phil. Wochenschr.* 1937, p. 973.
282. *Theog.* 17; 137 etc. ἀγκυλομήτης.
283. Cf. meu *Prometheus* (nota 13 acima), p. 42.
284. ἀγκύλη.

O parentesco mais profundo dessas figuras é expresso pelo fato de serem irmãos. Pode-se dizer: um único ser primevo astuto e estúpido aparece aqui dissolvido em duas pessoas[285]. Prometeu é o que pensa adiantado, Epimeteu, o que reflete demasiado tarde. É ele quem, em sua imprudência, recebe a última fonte inesgotável de miséria para a humanidade, Pandora, como presente dos deuses. Segundo o que Hesíodo nos conta sobre esse último ato de disputa entre as duas mentalidades, Zeus, o qual sabe, vendo, que as pessoas se deleitam com a mulher e amam seu próprio infortúnio, solta uma gargalhada[286].

Mas, em geral, os deuses gregos também riem, e riem de maneira diferente. Seu riso é a famosa "gargalhada homérica", e eles riem de seus iguais. Isso pareceu tão estranho para a maioria dos comentadores que eles negaram qualquer significado religioso às cenas divinas homéricas. Pretendeu-se ver, em tais cenas, criações de um espírito que se tornara mais ou menos irreligioso ou de um espírito não religioso[287]. Isso encontra oposição na concepção dos próprios gregos, que responsabilizavam Homero pelo tipo de religião em seu país, seja negativamente como Xenófanes ou positivamente como Heródoto. Mas é óbvio que um fenômeno que se destaca dessa maneira por sua estranheza deve inicialmente ser entendido como fenômeno *característico*, independentemente de hoje nos parecer religioso ou irreligioso.

O elemento característico é particularmente evidente aqui quando se compara o riso de Zeus, que vê a natureza do homem e prevê suas consequências, com situações nas quais Deus e o homem se confrontam em outras religiões. Para compreender a forma específica do divino que é característica principalmente do Deus da religião israelita, podem-se citar as palavras de Abraão em sua conversa com o Senhor sobre a sorte dos sodomitas: "Eu me atrevi a falar contigo, eu que sou *terra* e *cinza*"[288]. Assim expressa Abraão a natureza do homem, que corresponde a uma forma especial do divino como seu efeito no sentimento do homem[289]. Esta forma aparece contra os sodomitas

---

285. Cf. Jung; Kerényi; Radin, op. cit. (nota 26), p. 168.
286. *Erga* 59.
287. Cf. Drerup, E., *Homerische Poetik*, Würzburg, 1921, p. 414ss.
288. Gn 18,27.
289. Otto, R., *Das Heilige*, Gotha, 1929, p. 10.

como um fogo devastador. Cinza ou terra seca (da qual o primeiro homem foi extraído) e fogo correspondem um ao outro. O fogo não é, por exemplo, Deus, mas também apenas um símile para expressar o relacionamento de Deus com o homem, assim como cinzas e terra são um símile do homem em seu relacionamento com Deus. O fogo é a ira de Deus, da qual a criatura toma conhecimento por meio do sentimento de sua própria "aniquilação".

Em comparação com isso, a ideia de riso superior também tem o mesmo direito de ser entendida como uma ideia religiosa. E da mesma comparação se deduz como ela é característica para a religião grega. Isso já é característico: na experiência religiosa judaico-israelense a ira de Deus se opõe ao sentimento de aniquilação da própria criatura, sentimento contra sentimento. Mas também pode estar, de um lado, o amor de Deus pelo homem – e aí está, de uma maneira que a tudo supera, na religião de Cristo – e, do outro lado, também pode estar o sentimento de aniquilação própria [...] perante tanto amor! Em contraste com isso, a religião grega deve parecer privada de sentimentos. Entre os gregos, ideia se confronta com ideia. Hesíodo expõe a ideia que corresponde à risada de Zeus: a ideia da existência humana contraditória, na qual o indivíduo se deleita com a própria ruína e onde a infelicidade própria é amada. Há nas religiões orientais um riso assassino e mortal[290], um "abissal"[291] e também há um riso criativo da divindade[292]. A risada de Zeus é talvez aniquiladora – mas ninguém morre *dela*. Essa risada não altera nada na existência humana contraditória, cujos representantes são Prometeu e Epimeteu com direitos iguais. O que é aniquilado por essa risada? A importância de toda a miséria titânica, expressa na forma dos *dois* titãs. Perante o Jeová irado, toda criatura se transforma em cinzas. Perante Zeus, o espectador risonho, a eterna estirpe humana representa sua eterna comédia humana.

---

290. Na medida em que o "riso sardônico" é o riso do deus da Ásia Menor Sandas: Höfer, O., in Roscher, *Lex. der griech. u. röm. Mythol.* IV, Leipzig, 1909-1915, p. 327.

291. Cf. Zimmer, H., *Maya*, Stuttgart, 1936, p. 468; ao contrário do riso dos deuses homéricos: Friedländer, P., *Die Antike* 10, 1934, p. 209ss.

292. Dieterich, A.: *Abraxas*, Leipzig 1891 p. 17s.; e Norden, E., *Die Geburt des Kindes*, Darmstadt, 1958, p. 66s.

Seria isso suportável se os gregos sempre e continuamente tivessem visto sua existência dessa maneira? Certamente não se os deuses não tivessem sido generosamente dadivosos. O que se esperava deles não era eleição ou amor, mas amizade e abundância, exatamente o que acontecia na ideia cumprida do sacrifício grego e – tanto quanto possível – na festa do sacrifício. A palavra *phílos*, que ocorre em combinação com *theós*, é mais próxima do "amigo". O homem com sua contradição podia parecer muito cômico para os deuses. Do ponto de vista de Zeus, o comportamento de titãs astutos e estúpidos transluzia na humanidade. Mas os mortais comuns na Grécia gostavam de compartilhar esse caráter, embora, para a sensibilidade grega, ele sempre tangenciasse a comicidade. Seus portadores menos astutos eram os silenos e os sátiros, cuja existência natural não significava desgraça. Mas ser a infeliz estirpe irmã dos deuses – essa ideia grega da humanidade é, em essência, trágica. Trágica a partir do relacionamento fraterno com os deuses. "De uma só mãe ambos tomamos fôlego", disse Píndaro acerca da estirpe dos humanos e dos deuses. "Mas nos separa" – prossegue ele – "todo o poder dividido, de modo que aqui nada há, mas lá se encontra eternamente o céu, sede segura, feita de bronze". Essa separação, justamente porque é separação, resultado de uma cisão e decisão primevas, é mais do que dolorosa: é trágica.

Em Píndaro, essa tragédia ainda tem sua forma peculiar de polaridade grega: por um lado – por outro. Por um lado, ele conhece a humanidade com clareza apolínea como *nada*. Por outro, onde a humanidade está fraternalmente ligada aos deuses, ele vê o esplendor dado por Zeus repousar sobre ela e celebra o reluzir da existência heroica no espetáculo das grandes festas agonísticas. Não apenas o aspecto cômico semititânico e semissilênico pertence à ideia grega de humanidade, mas também o heroico; neste o parentesco com os deuses se revela claramente.

Assim como a sede do cômico se encontra no titânico e no silênico, a sede do trágico está no heroico. Se a ideia grega da humanidade é trágica devido à conexão fraterna de seres humanos e deuses, ela será mais puramente trágica onde essa conexão é mais puramente realizada: no herói. Segundo Hesíodo, os heróis são "semideuses", sua raça, a quem Hesíodo concedeu uma idade especial, é "uma raça divina"[293]. Em Aquiles, em que Homero representa o herói mais puramente, essa polaridade de nulidade e divindade aparece unida num único destino. Aquiles é um semideus, filho de uma deusa. Quanto a outros heróis, a névoa é removida de seus olhos somente num raro instante, e apenas excepcionalmente recebem uma visão clara, como Diomedes no tumulto da batalha, em que pode ver os deuses, ou Heitor quando prevê o fim de Troia e da casa de Príamo. Aquiles, por meio de sua mãe, tem os olhos abertos para o que está oculto às pessoas comuns. De olhos abertos, ele escolhe a nulidade da existência humana ao entrar na cadeia de consequências de ações epimeteicas – as ações de Pátroclo e Heitor. Ele escolhe a aniquilação não para divinizar a nulidade humana, mas para preservar sua própria forma, à qual pertence a lealdade do herói ao companheiro. Ele não pode ser outro senão o herói com essa morte autoescolhida! É uma simplificação, mas não contra o sentido de Homero, que o mundo da *Ilíada* assuma um aspecto heroico, especialmente em face dessa aniquilação escolhida de olhos abertos[294]. Esse mundo heroico, como Homero nos descreve, honra os deuses com sacrifícios – com sacrifícios de acordo com um rito prometeico que ele adotou de um mundo mais antigo, mas que o poeta, na medida do possível, aproximou da ideia pura do sacrifício grego. Mas sobre *este* mundo também rompe o riso dos deuses. Qual é o significado de sua risada em relação ao aspecto trágico da ideia da humanidade? Não é por alguma intenção especial do poeta que eles riem, mas com a mais natural espontaneidade. E não riem do destino dos heróis, embora estes estejam muito longe de se verem livres de contradições humanas! Aquele que menos ri disso é Zeus, que tanto gostaria de salvar Heitor da morte, resultado de um ato epimeteico[295]. Se há algo aniquilador no riso, isto em Homero não se volta contra a humanidade, especialmente não a risada enigmática de Zeus no canto XXI da *Ilíada*. No entanto, esse riso tem seu sentido em relação à condição humana trágica, tal como o tinha em Hesíodo em relação à condição humana cômica.

---

293. *Erga* 159ss.
294. Cf. *Werkausg.* IV, p. 108.
295. *Il.* 22.168ss.

As cenas de riso dos deuses em Homero não são burlescas, e não há nada nelas que se volta contra a figura perfeita dos deuses. Certamente, o riso lhes é inerente. Eles são os ridentes e o objeto do riso. O riso dos deuses entre si é algo estranho que demanda compreensão. Buscou-se essa compreensão alegando-se, com base na filosofia da arte de Schelling, que o riso dos deuses delineia sua figura de maneira mais nítida e clara. Eles precisavam rir, por assim dizer, para se mostrar ainda mais em sua peculiaridade. Ainda segundo essa visão, a figura também significa limite e o limite significa finitude, mas o riso "permanece eternamente no séquito da finitude espiritual ... e, até de um anjo se pode rir, quando se é arcanjo"[296]. É por isso que os deuses homéricos também se tornam ridículos quando atingem os limites de seu âmbito de domínio e poder. O riso ressoa no ponto de contato entre o finito e o infinito – assim diz essa explicação[297]. Isso parece ser especialmente verdadeiro quando, por exemplo, Hefesto aparece no papel de Ganimedes no primeiro canto da *Ilíada*[298]. Aí, o próprio deus parece fazer uso consciente daquela fórmula da estética segundo a qual uma violação dos limites da forma própria provoca riso. Mesmo que a arte de Homero não fosse tão consciente, ela merece nossa admiração. Mas foi assim que ele também descreveu a *figura* do deus. A forma própria do deus se destaca ainda pelo efeito contrastante da comparação com o belo Ganimedes. Mas essa forma não se destaca também da figura dos Olímpicos em geral?

Não se trata aqui de formas que possam ser avaliadas esteticamente, mas da diferença entre deuses e titãs. Este artesão entre os deuses é, no fundo, uma figura titânica, que, por sua essência e seu culto, se aproxima de Prometeu[299]. A primeira e mais clássica de todas as cenas de deuses ridentes nos leva ao titânico como forma primeva do cômico. A figura dos titãs, obviamente, tem seus modelos no Oriente Médio[300]; ela era, originalmente, própria de

---

296. PAUL, JEAN, *Vorschule der Aesthetik* § 30, citado por Friedländer.
297. FRIEDLÄNDER, op. cit. (nota 291), p. 226.
298. 584ss.
299. Ésquilo, *Prom.* 14; 39; FARNELL, L. R., *The Cults of the Greek States V*, Oxford, 1896-1909, p. 381.
300. Cf. meu *Prometheus* (nota 13 acima), p. 34.

deuses estranhos e estrangeiros, que apareciam aos gregos a certa distância com contornos especiais, característicos. Hefesto também foi e continuou sendo um deus estranho. Mas não é por esse motivo que se ri dele. Em sua figura, o titânico foi incorporado ao próprio mundo divino grego. A outra cena famosa com deuses ridentes, a história do adultério de Afrodite com Ares e o ardil engenhoso do Hefesto traído[301], também nos leva para muito perto do titânico. Aqui é Hefesto que, com sua astúcia e sua habilidade prometeicas, apanha os adúlteros, expõe sua própria vergonha e, assim, se torna ainda mais ridículo. As palavras impacientes de Poseidon[302] o fariam sentir a comicidade de seu comportamento se o cômico já não se encontrasse em sua própria figura. Mas há o segundo herói da história do qual se ri: Ares. É perfeitamente verdade: "Não poderíamos imaginar nem por um instante nenhum dos outros deuses em sua situação, nem mesmo Hermes, embora este diga que facilmente trocaria de lugar com ele"[303]. Os dois filhos de Hera são dignos um do outro. Ares, com sua insaciável belicosidade, representa o que pode ser chamado de "titânico" em contraposição ao divino. E há um terceiro elemento, um aspecto do que os próprios gregos chamam de "obra de Afrodite". A deusa não é cômica. De fato, o poeta a deixa totalmente em segundo plano e, "ao fazer que sua pessoa desapareça quase por completo, ele mostra a obra de seu poder eterno"[304]. No aspecto de sua obra aqui salientado, o indecente e o cômico estão eternamente conectados, assim como eles conectam as palavras de Hefesto, que grita "ridículo!" e "proibido!"[305] Uma forma de expressão do indecente e do cômico, o priápico, também era atribuída aos titãs na Antiguidade[306]. Não é um comportamento divino, mas, *nesse sentido*, um comportamento titânico que desperta o riso entre os deuses.

Não se pode presumir que o poeta tenha esquecido de que descrevia seus deuses! Tampouco é crível que ele, de certo modo, queira destruir os

---

301. *Od.* 8.267ss.
302. *Od.* 8.347.
303. Otto, W. F., op. cit. (nota 80), p. 313.
304. Otto, op. cit., p. 314/244.
305. *Od.* 8.307.
306. Diogeniano 8.47.

deuses que descreve com essa arte. É outra coisa que faz os deuses rirem. O comportamento cômico de Hefesto no primeiro Canto da *Ilíada*, por meio da qual ele também involuntariamente expressa certas características titânicas de sua aparição – sua deselegância e sua deficiência física – e, assim, provoca a grande risada, tem a intenção de justamente despertar esse riso. Em sua bondade, que é tão própria a um ser natural quanto uma crueldade inocente, ele gostaria de romper a tensão do grande casal divino, seus pais Zeus e Hera – uma tensão na qual se manifesta o lado sombrio e titânico do caráter desses dois filhos de Cronos. Conflito e tensão, luta e derramamento de sangue são titânicos por natureza. A *seriedade* titânica deles é destruída por aquela risada. Esse é o seu significado. É claro que essa risada também brota do solo primevo titânico: o solo primevo da natureza dos próprios deuses, que um poema épico de caráter pré-homérico certamente descreveu mais livremente e provavelmente também em concordância com poemas mitológicos do Oriente Médio[307]. Na *Titanomachía*, de Eumelo ou Arctino, que seguia essa linha da epopeia mais antiga, ainda se encontrava esse verso: "No centro dançava o pai dos homens e dos deuses"[308]. O estilo de Homero, que também é o estilo de sua religião, não lhe permitia ir tão longe.

No enigmático riso de Zeus no Canto XXI da *Ilíada* revela-se o sentido do riso divino, mas também a unidade de dois componentes: esse riso em si e o titânico, contra o qual seu poder dissolvente é direcionado. Os deuses se golpeiam. A terra trepida embaixo deles, o céu retumba. Zeus observa – "e seu coração ri de prazer ao ver os deuses se chocarem na luta"[309]. O coração titânico ri nele, desperta a memória da antiga batalha dos titãs. Não se trata de um restante sem sentido de um poema mais antigo, por exemplo da *Titanomachía*. O riso de Zeus tem aqui seu fundamento e seu sentido: seu fundamento na situação titânica da luta, mas seu sentido no fato de que a luta dos deuses, na qual se ri, perde seu caráter titânico. Pode-se chamá-la de uma luta abençoada[310]. Zeus ri docemente quando Ártemis, espancada

---

307. Cf. meu *Prometheus* (nota 13 acima), p. 34.
308. Fr. V, Allen.
309. *Il.* 21.389/90
310. Segundo Schelling, cf. Friedländer, op. cit. (nota 291), p. 210.

pela sorridente Hera, se refugia em seus joelhos chorando[311]. Também em outro momento, quando no Canto V correu sangue divino – o sangue da bem-aventurada deusa Afrodite –, o sorriso de Zeus apaziguou a dor e a discórdia das deusas[312].

Como ser e *noeîn*, o elemento titânico do mundo humano e o riso dos deuses estão inter-relacionados. A existência humana, enquanto permanecer presa nesse elemento, e não receber socorro de Deméter, Dionísio e outros filhos de deuses como Asclépio, os Dióscuros e Héracles, será miserável; do ponto de vista divino, é ridícula e desimportante de uma maneira que não exige maior explicação. Mas torna-se trágica e, em sua nulidade, torna-se, de uma maneira insondável, importante em relação com o riso divino. Zeus ri quando vê os deuses na luta: a seriedade e a importância da luta se dissolvem, o conflito das figuras indestrutíveis se torna uma comédia divina. Zeus deixava os deuses brigar, mas se condoía com os seres humanos[313]. A seriedade dos conflitos e de tensões, das lutas e do derramamento de sangue da infeliz raça irmã dos deuses alcança imensa importância em comparação com a falta de seriedade de uma luta "abençoada", cresce até se converter em tragédia que exige espectadores divinos. Para aumentar a grandeza e a pureza da tragédia, Homero até mesmo deixa a natureza violar suas leis. Quando Aquiles entra na batalha em que os deuses participarão, seus cavalos adquirem a linguagem humana e reafirmam a trágica certeza de seu fim próximo[314]. A luta dos deuses existe apenas para aumentar a trágica importância da luta dos heróis. Nela não há apenas um efeito contrastante poético ou estético, mas também existencial.

A ideia pura da religião grega abole até mesmo a ilusão do culto sacrificial, o autoengano dos humanos que fazem como se pudessem enganar os deuses. A única ilusão que ela permite no relacionamento do homem com o deus é a trágica importância da existência heroica como espetáculo para os deuses. O que há de mais trágico nessa importância é que ela – quando

---

311. *Il.* 21.505.
312. 21 426.
313. *Il.* 20.21.
314. *Il.* 19.404ss.

os olhos do herói trágico se abrirem completamente – deve desaparecer e aniquilar-se por completo perante o riso dos deuses. Porque esse riso não é, como se acredita do ponto de vista da miséria humana, o riso de uma "bem--aventurança absoluta" vazia, mas um sinal de ser pleno que tudo abrange: incluindo o humano e o titânico.

1940

Homem e deus segundo a concepção romana

1. A vida do *flamen Dialis*

O tipo de relação entre deus e ser humano pode ser caracterizada entre os gregos com base em sua criação poética elevada. Essa própria poesia contém descrições da execução do grande sacrifício grego no tempo dos heróis e até de sua execução em tempos primevos: uma narrativa que pertence à série de mitos semelhantes das religiões arcaicas sobre o início de seus atos sagrados. Em tais histórias primevas, o papel principal não é desempenhado por pessoas comuns do tempo histórico, nem, no caso dos gregos, pelos heróis do tempo histórico, mas por seres primitivos. Os seres dominantes dos tempos primevos, que pelo seu modo de ser exprimem a natureza primeva do mundo, eram equiparados, entre os gregos, às figuras estranhas dos titãs, cujo nome provavelmente significa "reis"[315]. Um *mundo* inteiro está associado a essa designação; como mundo primevo, ele é separado e distanciado do novo mundo do domínio de Zeus, mas ao mesmo tempo ele é presentificado como antítese deste e, com isso, é retirado do tempo em geral. Assim como a natureza primeva e bruta continua existindo quando o mundo se mostra com seu aspecto espiritual, igualmente subsiste, como contraste e pano de fundo complementares da ideia do domínio de Zeus e de todas as figuras olímpicas que essa ideia acolhe, o domínio possível, ainda que derrotado, dos titãs.

Nisso se mostra a mesma polaridade encontrada nos pares opostos de Heráclito ou no fato de que, segundo Hesíodo, a noite, com Erebos, o mais escuro, engendra o dia e o Éter, o mais claro, e continua a existir[316]. Nas cerimônias de culto gregas, a era primeva ainda está, de certo modo, presen-

---

315. Hesíquio s. v. τίταξ e τιτῆναι; ou "pai"; J. Sundwall em meu *Prometheus*, (nota 13 acima), p. 34,3.
316. *Theog.* 124s.

te; ela não emerge apenas no culto às grandes deusas de tempos primitivos, mas também quando os olímpicos são presentificados. A figura dos novos deuses aparece ao lado, mas aparece pura, não se mistura com o temporal e o material, por exemplo, com o tipo e a cor dos animais sacrificiais, que deviam desempenhar papel importante no período arcaico anterior. Tais relações totalmente arcaicas passam para segundo plano. A Poseidon não se sacrificam apenas touros pretos, cuja cor se harmoniza com o deus escuro, o esposo da deusa da terra Da, o Poseidon, mas também animais brancos e avermelhados[317]. O culto continuou sendo, em sua essência, presentificação, mas o autêntico presentificador era ainda a mitologia, tal como agora era representada por poetas e escultores.

Ocorre algo bem diferente no culto romano. Nele parecem faltar mitologia e arte. Tais constatações negativas são, é claro, sempre incertas numa área que historicamente não é diretamente acessível – porque os testemunhos vêm de épocas que já experimentaram a influência da religião grega clássica. Contudo, é tanto mais segura a complementação positiva à constatação negativa. Quando a mitologia e a arte são eliminadas como presentificadoras, o culto continua sendo a única maneira de presentificar o divino. De fato, na religião romana uma ênfase quase exclusiva recai sobre a ação cultual, sobre a cerimônia, sobre a vida dos sacerdotes e sacerdotisas. Fenômenos similares na religião grega não resistem à comparação. Eles não são nem de longe tão característicos do estilo religioso grego quanto os casos conhecidos de Roma o são do romano. É inerente ao estilo da religião romana o que seus modernos intérpretes, quase sem exceção, converteram em princípio básico de seu trabalho. Essa religião de Roma é baseada – diz esse princípio – exclusivamente no ato cerimonial executado de modo preciso, *rite*. Em tal execução se cumpre e se esgota o *ius divinum*, o direito divino, o relacionamento do divino com o homem[318], e também, consequentemente, também o relacionamento do homem com a divindade. Tanto para *pietas* quanto para *religio*, Cícero fornece essa definição: *iustitia adversum deos*, justiça em relação aos deuses[319]. De acordo com o que

---

317. STENGEL, op. cit. (nota 252), 151.
318. WISSOWA, op. cit. (nota 149), p. 380.
319. *De nat. deor.* 1.116; *Part. orat.* 78.

foi exposto sobre *pietas* e *religio*, pode-se dizer que o ato humano executado *rite* pertence como conteúdo positivo ao "círculo" da *pietas*. E também faz parte da natureza da *religio* que não restem lacunas, que nada falte e que não apareça nenhum elemento negativo no que tange à ação legítima.

A ação cultual ocupa de maneira tão característica o centro da religião romana que a mitologia – se é que existia uma mitologia romana – teria de empalidecer completamente ao lado dela, e que apenas a influência etrusca e grega poderia conferir à arte um papel relativamente modesto na esfera cultual. Mas é preciso ter clareza sobre o significado religioso de uma cerimônia de culto. Quem acredita – e alguns estudiosos acreditam – que cerimônias cultuais tão acentuadas como são aquelas mais significativas da religião romana tiveram seu sentido pleno num período "pré-deísta" inacessível e sem mitos – um período anterior a qualquer veneração de deuses – e eram originalmente mágicos, deve também concluir que a religião histórica dos romanos, orgulhosos de sua religiosidade e também célebres justamente por isso, se baseava em resíduos já desprovidos de sentido, remanescentes de um tempo primitivo e exclusivamente mágico[320]. É claro, primeiramente seria preciso demonstrar a existência de tal época. Essa prova ainda não foi fornecida; geralmente apenas se acredita numa suposição que nasceu de uma teoria preconcebida sobre o desenvolvimento das religiões. Essa suposição confirmaria ao menos a imagem da religião romana que apenas retém o lado formal, "as relações legais"[321], no tipo romano de relacionamento entre homem e deus e não quer saber nada de um conteúdo religioso do culto romano. Essa seria uma conclusão que, diante dos testemunhos da grandeza e delicadeza da *pietas* e da *religio* romanas dados pela história e pelos monumentos literários, seria difícil de aceitar; conclusão de todo inaceitável quando se sabe como é pouco fundamentada a suposição de um período pré-deísta na história da religião romana[322].

---

320. Cf. Fowler, op. cit. (nota 89), p. 24ss.
321. Wissowa, op. cit. (nota 318); Fowler, op. cit.
322. Cf. Vahlert, K., *Praedeismus und römische Religion*, Frankfurter Diss., Limburg a.d. Lahn, 1935.

Religio era, em seu significado básico, uma atividade seletiva e preservadora: o verbo *religere* soa nela, mesmo que os Padres da Igreja tenham dado preferência a *religare*. Um dos resultados da atividade seletiva da *religio* reside, sem dúvida, na reserva oficial de Roma em relação à mitologia, o que torna ainda mais positivo o significado do culto. Essa atitude corresponde à mesma *epoché* que nos foi revelada como característica negativa da *religio*. Acontece, porém, que tal reserva, como atividade seletiva, pressupõe algo positivo: uma forma interna, definidora de um estilo e que se desdobra em todos as manifestações da existência romana. É graças a essa forma que é preciso perguntar seriamente se a religião romana, se não pré-mítica, era então pós-mítica: posteriormente limpada de mitos, desmitizada? Mesmo que essa tese tenha sido um erro em sua forma extrema, a atmosfera sem mitos do culto romano oficial, em comparação com a riqueza de mitos no mundo ao redor, é um testemunho de uma *forma interior* que escolhe apenas o culto e rejeita a mitologia. Se a isso acrescentamos que, paralelamente a essa tendência contra a mitologia, corre uma semelhante contra as imagens de deuses[323], é natural reconhecer nessa forma um tipo que na história das religiões não é meramente romano. Poderíamos – como na questão da consciência religiosa dos romanos – usar a religião israelita para comparação. Nesse ponto, devemos compreender a forma romana de maneira particularmente nítida e clara nesse ponto, independentemente de qualquer tese em relação a um estado originário.

Foram duas etapas de pesquisa que prepararam o esclarecimento do tipo romano de relação entre homem e deus. Acreditava-se inicialmente[324] que o grande número de nomes de deuses e o número ilimitado de seres divinos na antiga religião romana não se deviam de modo algum a uma variedade especial de representações religiosas, mas apenas à necessidade de reconhecer a ação divina no mais próximo e no cotidiano e se pôr em harmonia com ela. A limitada concepção de que todos esses deuses estavam lá apenas para o Estado romano – assim prosseguia esse pensamento – teria ex-

---

323. Cf. TAYLOR, L. R., in *Classical Studies in Honor of J. C. Rolfe*, Filadélfia, 1931, p. 305ss.; VAHLERT, op. cit., 26.
324. WISSOWA, op. cit. (nota 149), p. 26.

cluído completamente o aprofundamento nas questões acerca das primeiras razões da existência. Não poderia haver uma lenda cosmogônica, uma vez que os deuses do Estado romano, que deveriam ser portadores de tal mito, só apareceram com e após a criação de um Estado romano. Nem dogma nem lenda teriam dado informações sobre o que havia antes. Uma diferença de idade e posição entre os deuses não poderia ser condicionada pelo momento nem pela forma de sua aparição na criação do mundo ou no interior da história dos deuses, mas apenas pelo fato de que entraram mais cedo ou mais tarde no círculo das divindades do Estado romano e pela importância que sua ação teve para a prosperidade do Estado. Diz-se que esses deuses ligados a lugares e coisas careciam de características pessoais e traços individuais, e que eles mesmos permaneciam lado a lado sem nenhum outro vínculo além daquele dado pela vizinhança e pela semelhança de seus modos de ação. De acordo com essa visão da religião romana, eram desconhecidos sobretudo casamentos entre os deuses e árvores genealógicas divinas. Diz-se que o que épocas posteriores narraram acerca de tais coisas teria sido fundamentado inteiramente na livre invenção poética gratuita ou na combinação erudita com base no modelo grego.

Essa foi e ainda é a concepção geral da religião romana. Por outro lado, um estágio superior no desenvolvimento de nosso conhecimento foi alcançado quando se reconheceu[325] que existem no solo romano pegadas seguras de uma mitologia extraliterária, não afetada pela influência da poesia grega. Também se viu que essas pegadas eram distribuídas uniformemente entre componentes romanos antigos, etruscos e gregos na religião romana histórica. A imagem do divino vista neles é a mesma que o culto histórico romano expressava. Mas no tempo histórico já não parecia haver uma troca intelectual viva. O culto obviamente evitava tocar coisas míticas em suas canções e fórmulas. Também ignorava as concepções lendárias, que estão inextricavelmente ligadas aos deuses adotados dos gregos. E, com esse comportamento, a religião romana estava até mesmo em contradição com a Itália, de cujas tradições podem ser extraídos exemplos suficientes que

---

325. KOCH, C., *Der römische Juppiter*, Frankfurt a. M., 1937, p. 30.

mostram uma inter-relação viva de culto e lenda. Concluiu-se desses fatos que o culto romano histórico – ou a religião romana histórica (nessa concepção, os dois não estavam separados um do outro devido à importância crucial do culto) – havia sido "desmitizado". Um testemunho histórico desse procedimento foi encontrado em Dionísio de Halicarnasso[326], que descreve a introdução do culto à Grande Mãe da Ásia Menor, a Magna Mater, enfatizando a rejeição de todo o cerimonial determinado pelo mito. Por outro lado, o culto, que não fazia referência ao mito em suas fórmulas, não se atreveu a violá-lo. O agrupamento dos pares de deuses nos Lectistérnios, as Teoxenias romanas, mostrava claramente que a ordenação que o mito havia estabelecido era cuidadosamente observada.

Na ciência de nosso século, a imagem de uma religião romana sem mitos, que representava apenas metade da verdade e projetava uma falsa história dela, foi seguida pela imagem de uma religião "desmitizada", que não podia ser realizada de maneira coerente e teve de fazer uma concessão importante: admitir que o mito estava, sim, presente na religião romana de uma certa maneira. Para a teoria da desmitização o Júpiter romano era considerado uma figura desmitizada exemplar. Mas talvez sua figura seja a que melhor mostra a presença do mito e a maneira como ele é expresso no culto. Existem certas determinações negativas do culto de Júpiter que produzem perfeitamente os contornos de uma imagem mítica primeva. Este exemplo mostra como a atividade seletiva, que significa *religio* no sentido estrito, foi guiada pelo mito e como o próprio mito era traduzido em vida pela *religio*. O fato central do culto a Júpiter é uma vida que surgiu assim e não era outra coisa senão o culto a Júpiter: a vida do *flamen Dialis*. Ao considerar essa vida, estamos no coração do coração da religião romana. Por isso, é ainda mais importante que nossa interpretação dessa vida permaneça puramente fenomenológica, limite-se à descrição sem os recursos de analogias, que desviariam a atenção do que é caracteristicamente romano, e não introduza suposições precipitadas no material tradicional.

---

326. *Ant. Rom.* 2.19.

Uma concepção precipitada era querer entender tudo o que sabemos sobre o *flamen Dialis* como resíduos de uma antiga monarquia sacerdotal romana[327], ou ver o significado de todos os *flamines*, os portadores desse sacerdócio entre as várias divindades romanas, num desenvolvimento histórico não comprovado. Os deveres sagrados do rei – assim se pensava do *flamen Dialis*, esse sacerdote especial de Júpiter – passaram gradualmente para ele, e o restante teria sido transferido para o *rex sacrorum* após o fim da monarquia[328]. Suposições como essa – excetuando o surgimento do cargo de *rex sacrorum*, óbvio sucessor do *rex* – não são justificadas na tradição e basicamente não explicam nada do que era realmente um *flamen* e, em particular, o *flamen Dialis*. Uma visão igualmente infundada é expressa no fato de considerar o próprio *flamen* uma coisa, um objeto sagrado[329], um tipo de fetiche, um objeto que deve ser protegido, com temeroso cuidado, de qualquer dano e mancha. O *flamen* – e especialmente o *flamen Dialis* – dissolve-se completamente em sua vida: uma vida que não é a sua própria vida, mas a realização de um certo tipo de vida. A esposa do *flamen Dialis*, a *flaminica*, e seus filhos, os *camilli* e *camillae*, também participam desse tipo de vida. As circunstâncias antigas foram totalmente invertidas na medida em que se pensou que esse tipo de vida era apenas uma vida familiar exemplar, a imagem ideal artificialmente concretizada da família romana e que seus membros adoravam Júpiter de uma maneira perfeita somente porque não tinham outra coisa para fazer[330] em sua vida reservada à exemplaridade. Uma característica importante na vida do *flamen Dialis* foi, evidentemente, enfatizada com a referência a sua esposa e filhos. Mas será fácil renunciar a tal explicação onde não se faz necessária nenhuma explicação além do fato de que uma figura mitológica é presentificada por essa vida.

A vida dos três grandes *flamines* – os sacerdotes de Júpiter, Marte e Quirino, designados com esse nome – caracteriza-se por ser uma festa constan-

---

327. Frazer, Sir J. G., *The Golden Bough* VI, 3ª ed., Londres 1911-1915, p. 227s.
328. Rose, H. J., *The Roman questions of Plut.*, Oxford, 1924, p. 111.
329. Rose, op. cit., p. 112.
330. "Having nothing else to do", Rose, op. cit.

te[331]. O *flamen* não pode trabalhar, nem sequer pode ver pessoas trabalhando. Ele tem festa todos os dias e leva a festa consigo. Arautos correm à sua frente, fazendo que cesse qualquer trabalho no campo de visão dele: os *sacra* – as *caerimoniae*, os costumes cultuais que preenchem sua vida[332] – ficariam manchados se ele visse a atividade não festiva das mãos[333]. A festividade e o culto não se limitam, na vida do *flamen*, aos tempos de sacrifício e aos próprios sacrifícios que ele oferecia ao seu deus – o Dialis ao Júpiter; toda essa vida deve ser, antes, vista como uma existência festiva e cultual. A essa existência corresponde necessariamente (isso também é comum a todos os três grandes *flamines*), a antiga forma de casamento feita por confarreação. Aqueles destinados a tal existência tinham de provir de casamentos executados por confarreação e viver em tal casamento. Todas essas disposições, que não se aplicavam apenas ao *flamen Dialis*, inicialmente delimitavam apenas certo tipo de vida de maneira bastante geral: como um tipo de vida festivo, e a forma conjugal é articulada apenas como uma condição muito geral desse tipo de vida. Ainda é notável, afinal, que a própria confarreação pertença ao âmbito de Júpiter, sendo justamente por isso que *seu* flamen, o Dialis, consuma nesse ato o sacrifício com o *pontifex maximus*[334]; além disso, também é digno de nota que a palavra, sem adição, sempre se refere à esposa do Dialis[335]. É do lado desse *flamen* que fica a esposa como pessoa cultual, como participante da dignidade sacerdotal, enquanto a mulher do Martialis ou do Quirinalis permanece mais em segundo plano.

Mais especificamente, a vida do Dialis é caracterizada por disposições negativas particularmente estritas. Elas delineiam com clareza o tipo de vida festiva característica *apenas* dele. No entanto, ele não é chamado *flamen Iovialis*, *flamen* de Júpiter, mas Dialis, flamen do "dia" ou do "pai dia", do Diespiter. Dialis está ligado a *dies*. Esse era o nome jocosamente dado a quem era

---

331. *Gell. Noct. Att.* 10.15.16: *Dialis quotidie feriatus est.*
332. Sobre o conceito, cf. Rohde, G., *Die Kultsatzungen der röm. Pontifices*, Berlim, 1936, p. 27, e Wagenvoort, H., *Glotta* 26, 1938, p. 115ss.
333. *Fest. Paul.* p 224.
334. Serv. in Virgílio, *Georg.* 1. 31.
335. Wissowa, op. cit. (nota 149), p. 506,5.

cônsul por apenas um dia, *consul dialis*, "cônsul do dia"[336]. Varrão ofereceu uma correta explicação linguística de Diespiter: *id est dies pater*[337]. Um aspecto de Júpiter é capturado por esse nome; outro aspecto do mesmo deus é captado pelo nome de Veiovis. Nem no caso de Diespiter, nem no caso de Veiovis, houve uma separação completa dos vários aspectos individuais do grande deus Júpiter: na literatura também se fala de Veiovis naturalmente como de um Júpiter[338]. O aspecto mais sombrio de Júpiter, denotado pelo nome Veiovis – traduzido em grego como *Zeus katachthonios*, o Zeus subterrâneo[339] – é uma figura muito mais nitidamente definida do que este último, que entre os gregos é cercado pela escuridão dos cultos secretos. Na Itália, Veiovis tem múltiplos pontos de contato com a figura de Apolo[340], aparece em tudo como o aspecto mais sombrio desse deus grego. No entanto, sua separação não foi totalmente realizada em Roma. *Veiovis* permanece sendo para os romanos *Ve-iovis*: provavelmente diferente de Júpiter – o que quer que a sílaba *ve* significasse[341] – e ainda assim uma espécie de Júpiter. A unidade de uma figura de Júpiter que não é apenas celestial, mas também subterrânea, não é definitivamente dissolvida. Ainda precisamos estar cientes das relações com o aspecto sombrio quando apenas o esplendor se espalha diante de nós – na vida do *flamen Dialis*.

Desse tipo de vida festiva se mantém estritamente afastado tudo aquilo em que a morte – um aspecto da esfera ctônica – se anuncia. O *flamen Dialis* não pode tocar nada morto, nem entrar em algum lugar onde haja uma sepultura[342]. Ele não pode olhar para um exército pronto para o combate, nem montar um cavalo, enquanto o *flamen Martialis*[343], por exemplo, tem a ver, ao mesmo tempo, com a morte e o corcel, por ocasião do sacrifício do corcel

---

336. Macróbio, *Sat.* 2.2; 7.7, vgl. *meridialis* de *meridies* Gell. 2.22.14.
337. *De ling. Lat.* 5.66.
338. *Liv.* 36.53.7; Koch, op. cit. (nota 325), p. 88s.
339. Dionísio de Halicarnasso, *Ant. Rom.* 2.10.3; Wissowa, op. cit. (nota 149), p. 237.
340. Gélio 5.12.12; Altheim, op. cit. (nota 236), p. 262.
341. Cf. Koch, op. cit. (nota 325), p. 67s.
342. Gélio 10.15.24s.
343. Gélio 10.15.3.

de outubro[344]. Isso e o fato de que ele e o *flamen Quirinalis* terem permissão de uma atividade bélica contínua[345] correspondem ao caráter *marcial* de suas vidas. O Dialis, por outro lado, só tinha permissão de participar da procissão fúnebre em que os antepassados eram representados por suas *imagines*, máscaras mortuárias[346]. Portanto, não há medo de maculá-lo, quando, por motivos não totalmente óbvios, podia manifestar-se o contato da esfera celestial com a subterrânea. Há exemplos disso: nos *fasti Praenestini*, no calendário de Palestrina, a festa dos mortos em 23 de dezembro, a *Larentalia*, aparece com a inscrição *feriae Iovis*, ou no *fasti Amiternini*, no calendário do Amiternum, outra celebração lúgubre, a *Poplifugia* em 5 de julho, aparece com a mesma inscrição.

Cão e feijões agradam aos subterrâneos; eles lhes são ofertados. O *flamen Dialis* não pode tocá-los, nem mesmo citá-los[347]. Com o mesmo rigor é-lhe proibido tudo aquilo pelo qual a mesma esfera se mostrava para os gregos como pertencente a Dionísio: um Dionísio arcaico que era o senhor do submundo e um grande caçador[348]. A proibição de carne não cozida para o *flamen Dialis* se achava em oposição a *Diónysos Omestés*, em cujo culto se consumia carne crua[349]. As mesmas disposições o separavam do âmbito de Deméter, a Ceres dos romanos: farinha e massa de pão fermentada eram proibidas ao flamen Dialis[350]. São esses âmbitos em si que importam, não os nomes gregos ou romanos das divindades correspondentes a eles, que na antiga Itália provavelmente eram nomeadas com o mesmo significado em todas as línguas. Um animal e uma planta do reino dionisíaco são a cabra e a hera: ambos eram proibidos ao Dialis, como o cão e os feijões[351]. E para que não falte a mais alta manifestação vegetal do dionisíaco, na qual suas forças

---

344. Cássio Dio 43.24.4; Wissowa, op. cit. (nota 149), p. 145.
345. Serv. in Virgílio, *Aen*. 8.552; Tácito, *Ann*. 3.58, Wissowa, a. O., 505.
346. Gélio 10.15.25.
347. Gélio 10.15.12, Plutarco, *Quaest. Rom* 111.
348. Cf. meu estudo "Herr der wilden Tiere?", *Symb. Osl*. 33, 1957, p. 127.
349. Gélio, op. cit.; Plutarco, op. cit., 110; Koch (nota 325), p. 36.2.
350. Gélio, 10.15.19; Plutarco, op. cit., 109.
351. Gélio, op. cit.; Plutarco, op. cit., 11s.: Koch, op. cit.

transbordam[352]: O Dialis é proibido de entrar num parreiral com gavinhas pendentes[353]. Por outro lado, ele desempenha um papel nas Lupercalia, em que um bode é sacrificado[354], e inicia a colheita sacrificando um cordeiro a Júpiter e cortando o primeiro cacho de uvas enquanto as partes internas do animal são extraídas. As vinhas em torno de Roma estavam sob o domínio de Júpiter, pelo menos desde a época das primeiras uvas maduras em agosto[355]; talvez isso restringisse a ação de um deus do vinho mais antigo e mais selvagem.

Com isso foram mencionadas duas das cinco obrigações positivas do *flamen Dialis*[356]. Outras duas são sacrifício do *ovis Idulis*, o cordeiro branco nos idos, e o sacrifício a Fides – esses dois atos de culto dizem respeito ao aspecto mais brilhante de Júpiter. A quinta era seu papel na *confarreatio*, o tipo de casamento que devia preceder seu próprio nascimento. O matrimônio confarreado era considerado o vínculo mais sagrado pelos romanos[357]. É o único vínculo do qual o *Dialis* participa: como sacerdote que atua no ato da confarreação; passivamente como esposo, que vive em tal matrimônio. Com exceção disso, a vida do *Dialis* não tolera nenhum vínculo. Ele não pode jurar[358], nem levar nós em sua vestimenta, nem na cobertura da cabeça[359]. Até mesmo seu anel deve estar cortado[360]. Qualquer um que entrasse amarrado em sua casa tinha de ser solto, e os grilhões precisavam ser atirados fora através do *impluvium*, a área descoberta acima do átrio[361]. Seu cabelo não podia ser cortado por um escravo[362]. Tudo o que crescia nele estava sujeito a tratamento especial. Os cabelos e as unhas cortados do *Dialis* eram enterrados

---

352. Cf. meu "Gedanken über Dionysos", *Studi e mat. di stor. delle rel.* 11, 1935, 34.
353. Gélio, 10.15.13; Plutarco, *Quaest. Rom.* 112.
354. Ovídio, *Fasti* 2.282.
355. Varrão, *De ling. Lat.* 6.16; Wissowa, op. cit. (nota 149), 115.
356. Cf. Rohde, G., op. cit. (nota 332), p. 112.
357. Plínio, *Nat. hist.* 18.10; Wissowa, op. cit., 118.
358. Gélio, 10.15.5.
359. Gélio, 10.19.9.
360. Gélio, 10.15.6.
361. Gélio, 10.15.8.
362. Gélio, 10.15.8.

sob uma *arbor felix*, uma árvore que não pertence aos subterrâneos[363]. Isso constituía o complemento positivo ao afastamento de todo vínculo: como coisa mais importante na vida do *flamen Dialis*, protegido por tantas medidas negativas, mostra-se o crescimento livre e desimpedido.

Liberdade e crescimento são igualmente importantes aí; o vínculo é o oposto de ambos. O âmbito de Veiovis significa a transição da esfera da servidão para a esfera da liberdade; em seu distrito sagrado se encontrava o Asylon, pelo qual os escravos passavam do estado de servidão para o primeiro estágio da vida livre[364]. Veiovis protegia a ordem deste nível mais inferior de liberdade, os estatutos da relação de clientela[365]. Desse nível se diferencia aquele nível superior de liberdade representado pela vida do Dialis: uma liberdade que, por um lado, se manifesta num crescimento completamente desimpedido e, por outro lado, parece associada à distinção da cabeça. O parentesco entre a cobertura da cabeça pela qual o escravo se tornava um homem livre, o *pileus*, e o *apex*, é bastante impressionante[366]. Ele é certamente um sinal de que a vida do Dialis não se acha isenta de qualquer conexão, acima do âmbito do Veiovis. A conexão é a de dois estágios de crescimento, crescimento visto não como desenvolvimento histórico, mas como um fenômeno que pode aparecer em diferentes formas graduadas: como desenvolvimento menos livre e como desenvolvimento completamente livre. Já existe um tipo de desenvolvimento no âmbito escuro do Veiovis: os libertos são, por assim dizer, recém-nascidos, que, em seu crescimento, ainda estão na fase da infância e aí permanecem[367]. Por outro lado, o crescimento totalmente desenvolvido na vida do Dialis não pode pairar sem raízes em resplandecentes altitudes. Esse tipo de conexão

---

363. Cf., sobre os tipos de árvore, Macróbio, *Sat.* 3.20; THULIN, C. O., *Die etruskische Disziplin II*, Göteborg, 1909, p. 94ss.; ROHDE, op. cit. (nota 332), p. 168.

364. Ovídio, *Fasti* 3.429ss. Sua visão já libertava o condenado da punição: ele carregava consigo o direito de asilo, por assim dizer: Gélio, 10.15.10.

365. Dionísio de Halicarnasso, *Ant. Rom.* 2.10.3; WISSOWA, op. cit. (nota 149), p. 237; KOCH, op. cit. (nota 325 acima), p. 78.

366. Cf. SAMTER, E., *Familienfeste der Griech. u. Röm.*, Berlim, 1901, p. 33ss.

367. Como figura de Júpiter da Itália antiga, Veiovis pertence com Júpiter de Praeneste e Júpiter Anxurus à mesma série, talvez do tipo da "criança divina"; cf. minhas observações em JUNG, C. G.; KERÉNYI, K., *Einführung in das Wesen der Mythologie*, 4ª ed., Zurique, 1951, p. 97.

com o escuro se torna nítido quando nos voltamos para o vínculo único, porém indispensável, do *flamen Dialis*.

O papel do Dialis no ato da *confarreatio* está certamente ligado ao aspecto mais brilhante de Júpiter. Nesse aspecto, unem-se com Júpiter a clara divisão do mês por meio dos idos, os próprios idos, chamados "garantia de Júpiter"[368], e a fidelidade (*fides*). Mas ele também é o *Iuppiter Farreus*[369], o deus pelo qual o bolo de espelta, o *far* em *confarreatio*, se torna divino e, deixando de ser o meio de uma espécie de conexão física, se converte na expressão de uma realidade espiritual: a aliança, que em sua essência é clareza e fidelidade. Quanto mais o meio do ato físico é uma coisa, quanto mais sem gênero e sem cor ele é – como, por exemplo, o pedaço de pederneira, que é o meio do ato do fecial no direito internacional – tanto mais é ele adequado para indicar uma realidade espiritual firme, clara e impessoal. Júpiter está presente, seguro e duro, no evento do ato jurídico: como a pedra. O ato é realizado pela pedra? Por *Iuppiter Lapis*[370], por "Júpiter, a Pedra"! Nesse contexto, uma fórmula antiga nomeia o Diespiter[371] com mais precisão e o conecta à pedra: "Se eu trapaceio deliberadamente, que o Diespiter, sem prejuízo da cidade e da fortaleza, me arremesse fora de todas as coisas boas, como faço com essa pedra". O casamento realizado pela confarreação, um ato legal diante de dez testemunhas[372], é um evento semelhante: é uma aliança. Mas aliança com outro reino, menos claro e seguro no mundo humano. O Dialis, como participante de um casamento por confarreação, está ligado a esse reino por meio da *flaminica*. Certamente, há uma boa razão para que ela, a "santa esposa do Dialis"[373], forneça informações sobre momentos favoráveis e desfavoráveis do enlace matrimonial[374]. Ela tem, por meio do marido, uma relação com

---

368. *Iovis fiducia dicitur*, Macróbio, *Sat*. 1.15.
369. Gaius 1.112; WISSOWA, op. cit. (nota 149), p. 119.
370. WISSOWA, op. cit., p. 118.
371. Fest. Paul. p. 115; transmitido: *Dispiter*.
372. WISSOWA, op. cit., p. 119.
373. *coniunx sancta Dialis*.
374. Ovídio, *Fasti* VI 226; Festo, p. 92; ROSE, op. cit. (nota 328), p. 110.

Júpiter: é sua sacerdotisa, *sacerdos Iovis*[375]. Mas, ao mesmo tempo, é ela quem, como mulher, sabe, por experiência própria, desse outro reino, mais sombrio e perigoso, e até mesmo participa dele. Porque é preciso supor, a respeito da *flaminica*, que esta tinha ao menos uma relação com Juno, a grande deusa desse outro reino, como a tinha qualquer mulher romana. Segundo nossas fontes, deve-se constatar uma relação ainda mais estreita da mulher do Dialis e, por meio dela, do próprio Dialis, com o âmbito de Juno.

A *flaminica* era, "por assim dizer, consagrada a Juno"[376]. Isso é dito num contexto em que é imediatamente compreensível por que se pensava que ela estava estreitamente relacionada a Juno. Ela lastimava quando os 27 bonecos de junco, chamados *Argei*, eram jogados no Tibre. Por mais problemático que seja o significado dessa prática: a denominação *Argei*, "os de Argos", remete aos favoritos da *Iuno Argiva*, os habitantes de Argos e, no sentido mais amplo, aos gregos em geral[377]. Para a época em que a cerimônia dos Argei foi introduzida, é seguro dizer que se tinha consciência da estreita relação entre a *flaminica* e a deusa – naquele tempo certamente igual a Hera. A tradição, que a denomina apenas "Dialis", fala contra o fato de que ela também seria sacerdotisa de Juno. No entanto, sua relação com Juno era natural: baseava-se no fato de que a *flaminica* era uma mulher e era casada com o *flamen Dialis*, tal como Juno com Júpiter. Como mulher, ela participava do que os romanos chamavam de *Iuno*. O significado básico dessa palavra é o equivalente feminino do adolescente jovem, o ser feminino jovem. Segundo a concepção romana, existe a grande deusa Juno, e toda mulher tem seu próprio ser feminino jovem, seu *Iuno* particular. Ainda que seja pouco clara essa relação à primeira vista, sua peculiaridade deve ser entendida. Isso também iluminará a relação aparentemente contraditória entre o *Dialis* e todo o âmbito de Juno.

A grande deusa Juno manifesta-se como a metade suplementar de Júpiter no cosmos móvel. A Júpiter pertence o tempo luminoso dos idos; a Juno, o tempo escuro das calendas[378]. Assim como a clareza celestial e Júpiter,

---

375. Festo, p. 92; Rose, op. cit., p. 110.
376. Plutarco, *Quaest. Rom.* 86.
377. Diels, H., *Sibyllinische Blätter*, Berlim, 1890, p. 43,2.
378. Macróbio, *Sat.* 115.18-20.

em sua capacidade de Diespiter, são inseparáveis para os romanos, Juno, por outro lado, é inseparável do período escuro da lua nova escura e das profundezas subterrâneas. A cabra e a serpente, que o *flamen Dialis* não podia sequer mencionar, são seus animais favoritos. A pele de cabra fazia parte de sua roupa oficial em Lanuvium, em cuja caverna morava sua cobra doméstica[379]. É provável uma antiga adoração conjunta de Juno Lucina e Júpiter, pelo menos para o tempo e a esfera que precedem a aparente "desmitização" ou que não foram afetadas por ela[380]. De acordo com sua essência, Juno Lucina, a deusa do nascimento, vive onde a luz e a vida emergem das profundezas escuras. Tal situação é criada no tempo pelas calendas, que Juno, como Lucina, domina juntamente com Jano. Uma situação semelhante corresponde ao Júpiter como Veiovis, como também é atestado pelas datas das consagrações dos templos[381]. Júpiter e Juno equiparam-se a dois hemisférios na relação um com o outro. O hemisfério mais claro se estende até as profundezas escuras para tocar o mais escuro, e este recebe tanta luz do outro que pode subir até as alturas do céu.

A *Iuno* de cada mulher está relacionada ao *Genius* dos homens, de uma maneira tão clara e firme como a relação entre a grande deusa Juno e Júpiter. Tudo o que pode ser dito a respeito do *Genius* no âmbito masculino tem sua correspondência em *Iuno*, no âmbito feminino. *Genius* significa o "procriador" por meio do qual foi engendrado alguém que continua a procriação. Portanto, a ele é consagrado o aniversário do homem, cuja procriação foi revelada naquele dia[382]. De igual modo, o aniversário das mulheres é consagrado à sua *Iuno natalis*[383], pelo qual elas entraram num tempo que deverá se encher de vida feminina. A vida dos homens é cumprida a serviço do *Genius*; a vida das mulheres, a serviço de Juno. Nem o *Genius* nem as *Iunones* das mulheres

---

379. Propércio, 4.8.3.
380. Koch, op. cit. (nota 325), p. 103ss.
381. O templo de Veiovis *in insula* foi consagrado no calendário de janeiro, o de Veiovis *inter duos lucos* nas nonas após as calendas de março, especialmente consagradas para Iuno Lucina.
382. Altheim, F., *Klio* 30, 1937, p. 51. Ainda pretendo elaborar uma repetição mais aguda de minhas observações sobre o gênio, p. 196-200 da edição de 1952.
383. Tibulo 4.6.1.

apontam outra vida além da real e terrena. As mulheres romanas consagravam suas sobrancelhas a Juno[384]. O motivo se tornou evidente por um paralelismo impressionante na crença popular moderna e pela observação médica: a saúde e a fertilidade da vida feminina parecem estar relacionadas ao crescimento das sobrancelhas[385]. A essa atribuição das sobrancelhas ao âmbito de Juno corresponde, por outro lado, a consagração da testa ao *Genius*[386].

Esse elemento divino que toda mulher experimenta em si mesma como sua própria Juno, como sua feminilidade juvenil em constante renovação, era equiparada a uma metade do mundo. Com isso, chegava ao cosmos e formava o hemisfério complementar àquela outra realidade que em escala cósmica era chamada "Júpiter". Mas, por sua vez, ele permanecia dentro dos limites de uma esfera em que a juventude é o único fator decisivo: a juventude eternamente fértil do mundo com a capacidade de dar à luz. A ela correspondia, na mesma esfera animal, o *Genius* como "procriador". Na concepção romana, contudo, o *Genius*, com sua relação com a testa, apontava além dessa esfera. Ele se estende e penetra o âmbito alto e celestial de Júpiter, sem que se possa dizer que os homens têm seu "Júpiter". As *Iunones* das mulheres são ao mesmo tempo a Juno do mundo. No outro lado não há semelhança de nomes que corresponda a essa identidade. Júpiter possui seu *Genius*[387]. No entanto, abre-se uma lacuna entre o que chamamos de "genial" e o que podemos chamar de "jovial", ao nos apropriarmos de um uso posterior da linguagem.

Até certo ponto, a vida do *Dialis* entra nessa lacuna. No uso moderno da língua, ela pode ser chamada de "jovial", ainda que ela apenas faça realçar os traços que correspondem à designação especial *dialis*. Pertence a essa vida o matrimônio com confarreação, não apenas como uma aliança, como uma realidade espiritual a ser preservada com fidelidade exemplar, mas como uma realidade da vida; não apenas como forma, mas como conteúdo. Não apenas o divórcio é proibido ao Dialis, como ele também deixa de ser *flamen*

---

384. Varrão, *De ling. Lat.* 5.6: Festo, p. 369 Lindsay.
385. Rose, H. J., *Folk-Lore* 47, 1936, p. 397s.
386. Serv. in Virgílio, *Aen.* 3.607.
387. CIL IX 3513 de um templo de *Iuppiter Liber*, cf. Altheim, Griech. Götter im alten Rom, Gießen, 1939, p. 47; Id., *Terra Mater*, Gießen, 1931, p. 24s.

com a morte de sua esposa[388]. Isso soa matriarcal, como se fosse resíduo de um sistema no qual a verdadeira portadora do sacerdócio era a mulher[389]. Isso é contradito pelo fato de que a *flaminica* só podia ser uma *univira*: uma viúva recasada ou uma mulher divorciada não eram apropriadas para essa dignidade[390], em contraste, por exemplo, com uma governante matriarcal. O que era exigido não pode ser *explicado*, mas apenas *descrito*: uma totalidade, constituída por duas metades relacionadas entre si, de modo que constituem um par formalmente perfeito. Disposições rigorosas garantiam que essa perfeição formal, que correspondia mais a uma ideia mitológica do que jurídica, permanecesse cheia de vida. As que nos foram transmitidas dizem respeito apenas ao Dialis. De uma delas – a proibição de ausentar-se por muito tempo de Roma –, sabemos que o *flamen Dialis*, na vida estatal, estava em desvantagem em comparação ao Martialis e ao Quirinalis[391].

Eram disposições que diziam respeito à vida doméstica, por assim dizer, ao lado noturno de sua vida "genial". O que foi descrito anteriormente como "liberdade e crescimento" coincide com o lado diurno e claro de sua vida. Tal como a testa se relaciona com a cabeça: assim se poderia expressar a relação do *Genius* com Júpiter, na concepção dos romanos. A impressionante cobertura de cabeça dos sacerdotes romanos – não apenas dos *flamines*, mas também dos *pontifices* e dos *Salii* –, o *apex* alto em forma de cone, era característico principalmente do Dialis. Ele era o único que tinha de usar esse incômodo adorno de cabeça *o tempo todo*. Foi apenas no século I que ele teve permissão de retirar o *apex* dentro de casa[392]. E *tinha de* retirá-lo quando se preparava para morrer[393]. O antecessor da mitra do bispo parece ter estado associado à esfera jovial mais luminosa. Mas o *apex* distingue, além da cabeça, a testa também, que é consagrada ao *Genius*. Não era permitido ao Dialis

---

388. Gélio 10.15.22s.
389. Frazer, op. cit. (nota 327).
390. Serv. in Virgílio, *Aen.* 4.29.
391. Tácito, *Ann.* 3. 58. 71.
392. Gélio 10.15. 16s.
393. Apiano 1.74: cf. Sauer, K., *Untersuchungen zur Darstellung des Todes*, Diss., Frankfurt, 1930, p. 42.

despir sua camisa ao ar livre "para que ele não ficasse, por assim dizer, nu perante os olhos de Júpiter" – isso é expressamente declarado[394], enfatizando novamente o respeito à esfera superior, enquanto o *Genius* também sua relação com o outro âmbito, menos claro. Este, por sua vez, regulava a vida do *flamen Dialis* mediante severas disposições.

Sua cama era tão sagrada quanto seu fogo. Ninguém podia levar fogo de sua casa para um propósito não sagrado[395], ninguém mais podia dormir em sua cama[396]. Tal como o leito conjugal de todos os romanos[397], ele era consagrado ao *Genius*, mas também tinha a peculiaridade de que seus pés eram revestidos de barro[398]. Dessa maneira se tornava evidente uma íntima relação deste local de descanso com a terra. Um recipiente com bolo de sacrifício tinha de ficar ao lado do leito[399], o que aponta para cerimônias que parecem alçar o descanso nesse leito ao patamar de um ato de culto. Tal ato era geralmente dirigido ao *Genius*: o leito nupcial era preparado em honra a ele e com orações para ele, recebendo dele o nome *lectus genialis*. A importância da parte noturna na vida de *Dialis* também é enfatizada pelo fato de que ele podia passar um dia, mas não uma noite, fora de Roma[400]. Mais tarde, foi-lhe permitido dormir duas noites em cama diferente da sua própria, nunca três noites consecutivas[401]. As determinações positivas e negativas se unem para formar um todo significativo. Nesse todo, as noites de *Dialis* não têm menos importância do que seus dias. Precisamente no fato de serem tão santificadas as noites desse homem consagrado ao dia, ao *dies*, tornam-se nítidos os contornos de uma imagem mitológica: é a ideia de que o céu, em geral, tão claro e brilhante descansa durante a noite sobre a terra em união escura e procriadora.

---

394. Gélio 10.15.7.

395. Gélio 10.15.7.

396. Gélio 10.15.14.

397. Juvenal 6.22.

398. Gélio 10.15.14.

399. *apud eius lecti fulcrum capsulam esse cum strue atque ferto oportet*: o *neque* precedente é inserido contrariando o sentido.

400. Lívio 5.52 13.

401. *de eo lecto trinoctium continuum non decubat*, Gélio, op. cit.

Aqui um mito se traduz em vida humana. Esse é o sentido de todas as proibições e cerimônias, um sentido que se expressa e é entendido por meio destas. Elas tornam o mito tão presente quanto é humanamente possível. O deus romano do céu aparece entre as pessoas por meio da vida de seu sacerdote. Aqui temos um exemplo clássico do fato de que a presentificação é a essência do culto. Aquela caracterização da religião romana que lhe negava toda profundidade, uma vez que não teria mitos cosmogônicos, estava obviamente errada. Uma ideia religiosa abrangente transluz ali na forma de um mito que era continuamente realizado na vida do *flamen Dialis*. Nela se volta para o homem algo leve e sublime, que ao mesmo tempo significa distanciamento das esferas mais escuras da existência, mas distanciamento não como no ódio, mas como uma flor que se distancia de sua raiz, no crescimento e no desenvolvimento. As raízes atingem as profundezas em que o luminoso e o escuro se unem, onde nasce o vivo, o livre emerge do preso. Não há nada que corresponda mais à ideia romana do Estado do que essa ideia de luminosidade e clareza cósmicas: a ideia de um verdadeiro Diespiter. Mas essa ideia não se desvincula da mais ampla de Júpiter. Ela abarca algo que reside nas profundezas, em que o homem participa diretamente e por meio do qual ele toca o mais alto. Assim como Júpiter é Diespiter em um de seus aspectos, em outro ele é *Iuppiter Indiges*: o pai primevo procriador, como provavelmente esse termo deve ser entendido[402]. O fato de que Eneias pôde ser identificado com *Iuppiter Indiges* é evidência suficiente da existência desse aspecto. Ser pai primevo procriador é divino; e também é muito humano. A ideia de um deus que encerra em si paternidade e máxima clareza espiritual não se liberta de um fundamento comum cósmico e humano. Até certo ponto, ela se realiza em todo homem espiritual apto para a paternidade.

Em vez do mito cosmogônico como *palavra*, ocorre uma presentificação cultual em que a origem e o desenrolar jovial da vida (que enquanto *conteúdo* são, contudo, um mito cosmogônico) não são narrados, mas representados no material da vida humana. Com grande probabilidade seria afirmativa a resposta à questão se esse tipo de presentificação não foi

---

402. Koch, C., *Gestirnverehrung im alten Italien*, Frankfurt a. M., 1933, p. 98ss.

precedido por um mito baseado na palavra, dada a difusão do mitologema da separação do céu e da terra[403], que por sua vez pressupõe o motivo da união. É um tipo *romano* de presentificação que temos diante de nós e nela, ao mesmo tempo, um tipo romano de relação entre homem e deus. Há nisso algo mais que meras "relações legais", embora o culto romano também inclua as formas legais da relação mencionada. O *dialis* é "por assim dizer uma estátua sagrada viva" – é assim que Plutarco define o tipo da relação nesse caso[404]. Os pesquisadores modernos também estavam inclinados a ver o *flamen* como um objeto sagrado. Por outro lado, temos falado aqui da *vida* do Dialis: uma visão que também pode ser conciliada com a de Plutarco se concebermos essa "vida" como um "material", mas como um material constituído por "tempo" e do qual a estátua viva de Júpiter é formada. A tradição antiga justifica isso. Em nenhum lugar ela fala do que a pessoa do Dialis não deve sofrer, apenas do que ela deve fazer ou abster-se de fazer para que seu modo de vida seja preservado de todos os distúrbios. Um Dialis enfermo era concebível[405], mas nenhum que se desviasse do modo de vida prescrito para ele. O *curso temporal* de sua vida era o ato de culto mediante o qual *Diespiter* era presentificado. Outro suporte a essa concepção é oferecido por outro caso, que lança ainda mais luz sobre a relação entre deus e homem nesse tipo de presentificação.

Um ponto culminante do culto romano de Júpiter era constituído por um ato em que o deus, em sua capacidade de vitorioso, era presentificado por um homem, o triunfador. Originariamente, o *triumphus*, por seu nome – proveniente do grego *thriambos*, uma celebração dionisíaca –, provavelmente não se referia àquela ideia de Júpiter Optimus Maximus que é característica da religião romana histórica. Em todo caso, o deus era representado em triunfo por um período de tempo da vida humana festivamente intenso. A concepção era de que Júpiter não causara, nem provocara vitória, mas que ele próprio era o vencedor. O triunfo não era comemorado em sua honra;

---

403. STAUDACHER, W., *Die Trennung von Himmel und Erde. Ein vorgriechischer Schöpfungsmythus*, Tübingen, 1942.
404. *Quaest. Rom.* III: ὥσπερ ἔμψυχον καὶ ἱερὸν ἄγαλμα.
405. Cf. Tácito, *Ann.* 3.71.

ele próprio triunfava. Por isso, o general marchava com o ornato do deus[406]. Isso correspondia ao conceito romano de divindade, na medida em que um deus sempre era um *agens* para os romanos[407]. Por essa mesma razão, ele não podia ter essa plenitude e concretude que admiramos nos deuses dos gregos. Para os romanos, a divindade se expressa numa sequência temporal de atos decisivos. Um desses atos era a vitória, à qual corresponde um ato de culto no triunfo. O general ingressa nesse ato da mesma maneira como ele no ato da vitória não era ele mesmo, mas Júpiter. Ele o é também agora, mas "apenas num único ato, durante sua marcha ao Capitólio até o momento em que deposita o laurel diante do deus"[408].

O *flamen Dialis* não entrava em um único ato de júpiter, mas em um de seus aspectos. Em seu caso, verifica-se que a redução do conceito romano de deus ao conceito de um *agens* corresponde mais à teologia romana da época de Varrão do que à religião romana histórica. Os deuses romanos só parecem abstratos e sem plenitude quando se imagina o tempo vazio e não preenchido com o material da vida. O Dialis entrava com sua vida em um aspecto divino que, por sua forma, é uma ideia, mas, em termos de seu conteúdo, é algo que pode aparecer no tempo construído, por assim dizer, do material da vida. É aparentado com a vida humana e pode ser representado pela vida humana. Mas ele também está acima disso. Porque enquanto houver vida humana, ela sempre será capaz de representá-la. Tal aspecto tem seu próprio tipo de concretude, que é mais experimental do que compreensível. Ele é vivenciado: de um modo de entrega passiva, se alguém o segue involuntariamente e não pode evitá-lo; de maneira ativa, quando o indivíduo entra seletivamente – em termos romanos: *religiose* – num aspecto do mundo que se desdobra no tempo. O *flamen Dialis* fazia isso de maneira exemplar.

---

406. ALTHEIM, op. cit. (nota 236), p. 424.
407. OTTO, W. F., *Die Gestalt und das Sein*, Darmstadt, 1955, p. 356.
408. ALTHEIM, op. cit.

2. Retrospecto

No início deste capítulo, partimos de uma comparação das religiões grega e romana. Deixamos valer a aparência de que a religião dos gregos tem mais direito de ser chamada de "religião mitológica" do que a dos romanos. Para os estudos da Antiguidade clássica, ambas eram, em contraste com as religiões de doutrina, religiões de culto. No entanto, essa definição permanecerá vazia, se dermos atenção apenas para o conteúdo religioso que ela exclui e não para o conteúdo que ela encerra. Pode-se chamar o conteúdo positivo da religião antiga de "culto", mas é preciso saber que essa palavra significa uma relação cuja essência é presentificação: a presentificação de algo real que nunca é algo simples, mas múltiplo e diverso, como o são os múltiplos e diversos aspectos do mundo do homem. Esse algo real tem a capacidade de se tornar festivamente presente, ou seja, ainda mais presente do que as coisas mais reais da vida cotidiana. A esse *tipo mais elevado de realidade*, que é próprio apenas do mundo festivo, correspondem aqueles tipos especiais de presentificação que poderiam, no sentido mais amplo, ser chamados de culto: além do culto no sentido mais estrito, tem-se também a presentificação poética e artística. Nesse sentido, a mitologia também seria "culto" se não fosse sobretudo palavra, asserção, linguagem e não tivesse seu próprio movimento e desenvolvimento que não conhece limites. O culto é claramente delimitado. Em sua delimitação, ele consiste em ações que ocorrem no tempo, mas também em elementos plásticos com os quais se aproxima do atemporal. Nossa comparação das religiões grega e romana atribuiu o culto mais plástico aos gregos; e aos romanos, aquele culto que se esgota em ações. Nesse sentido, das duas religiões antigas, a religião romana poderia ser chamada primordialmente de religião do culto.

No fato de que ela o tenha sido por tanto tempo – atravessando toda a história romana que conhecemos – vemos a eficácia de uma seleção cuidadosa, da *religio*. Essa atividade seletiva da *religio* foi superficialmente interpretada como mero tradicionalismo, que queria se apegar a um estado primitivo e predeísta da religião romana. Tal estado permanece uma hipótese não comprovada na história religiosa romana. Por outro lado, outra visão exigia exame e consideração. Afinal, é possível dizer que o culto romano não retém um estado pré-mitológico, mas um estado desmitizado. Essa visão merece atenção especial, dada a imagem que se tem hoje do mundo mediterrâneo antigo. Por motivos de compreensão histórica, devemos, em todo caso, dar preferência à concepção de que na *religio* não atua um conservadorismo estéril, mas uma forma interior viva – a forma romana. A teoria da "desmitização" é baseada numa meticulosa interpretação da tradição. Ela praticamente exige essa concepção da *religio* que lhe atribui um efeito mais do que conservador.

Assim como a capacidade dos gregos para a *theoría* os ajudou a criar imagens claras do divino, do mesmo modo a *religio* dos romanos os capacitou para a ponderada realização do divino por meio da ação e da vida. Um exemplo dessa realização ponderada, que se eleva acima da vida masculina comum, tal como uma imagem grega de Zeus se eleva sobre a aparência física de homens semelhantes a Zeus, era a vida do *flamen Dialis*. Esta não era menos uma presentificação do divino do que a famosa obra de Fídias ou do que seus antecessores: as descrições de Homero sobre o pai de deuses e homens. Mas se tratava de uma presentificação no estilo romano. No entanto, uma atividade da *religio*, que cria imagens de deus a partir do material da vida, como os escultores gregos faziam a partir do mármore, vai além do que uma definição negativa como "desmitização" pode designar. É uma definição muito unilateral e, portanto, incorreta para algo positivo e criativo: o trabalho dos romanos sacerdotais sobre aquela relação entre o mundo arquetípico da mitologia e o mundo ectípico da vida e da história que foi apresentado na segunda parte deste livro. Essa relação entre mito e bios – o mito exemplarmente; o bios, imitação – é, ela própria, arquetípica. Ela só se realizava aproximadamente e havia muitos tipos de realização, diferentes quanto ao seu estilo. A forma mais pura foi a que Malinowski apresentou com base em suas experiências: "A manifestação de uma realidade originária, maior e mais importante, pela qual a vida atual, o destino e o agir dos humanos são determinados [...] ocorreu em tempos primevos".

Os romanos permanecem ainda mais próximos dessa relação do que os gregos. Sem dúvida, as histórias gregas dos deuses ocorrem nos tempos primevos, mas se apresentam num aspecto atemporal, como num espaço especial em que – ao contrário do mundo dos homens – não houvesse tempo. O que quer que os homens façam não é considerado uma continuação da história dos deuses, nem sua repetição. Não é assim com os romanos. O que de um grande mito anterior não era incorporado a uma vida cultual – como na vida do *flamen Dialis* (e certamente também na vida das *virgines Vestales*) – formava para eles a história do tempo primevo itálico. Só se tornava "cósmico" quando os romanos o convertiam numa grande história real. Eles estavam atentos a repetições. A *Eneida*, de Virgílio, é uma expressão da preocupação romana pela realização do mito. Sua obra poética se move no interior da religião romana quanto a de Dantes na sua. A atitude romana em relação ao mito se evidencia não só no culto, mas também no fato de que para ela o passado atua continuamente no presente. Não há limite temporal entre mito e história, ambos são trechos que se interpenetram no contínuo do tempo em constante fluxo. "Assim o mito se convertia em *historia sacra*, que tem importância normativa para o presente."[409]

Correspondendo ao estilo das duas culturas clássicas do mundo mediterrâneo, o mito na religião antiga mostra duas formas. Os gregos o desenvolveram em figuras que exigem a maior abertura do espírito e só são *compreensíveis* para essa abertura. Entre os romanos, o mito parece mais conceitual, abstrato, esquemático[410], mas exige um tipo especial de abertura do espírito para tudo o que pertence ao tempo, especialmente à vida própria, com a qual ele é *experimentado* diretamente. Trata-se de dois aspectos que se complementam, pois são os aspectos de um único e mesmo mundo: o mundo que, em sua festividade, estava presente ao povo mediterrâneo da Antiguidade e podia se tornar ainda mais presente. Ambos os aspectos unidos tornam acessível para nós o mundo do homem religioso antigo, na medida em que isso seja possível. O acesso só pode ser tentado mediante ideias que podemos considerar ideias fundamentais da religião antiga.

Essas ideias fundamentais são, quanto à forma, baseadas nas existências grega e romana. Por seu conteúdo, são experiências humanas primevas:

---

409. NIEBERGALL, V., *Griechische Religion und Mythologie in der ältesten Literatur der Römer*, Diss., Gießen, 1937, p. 16.

410. Cf. MOMMSEN, TH., *Röm Gesch*. I, Berlim, 1868, p. 26s.

expressas em mitos. As considerações que foram expostas aqui se ocupam delas do ponto de vista da forma estilística em que apareceram aos gregos e romanos. Essa forma também caracterizou esses dois povos. A imagem característica resultante disso consiste apenas em contornos. É mais geométrica do que pictórica. Também não se pode dizer que esse desenho dos contornos é tão válido para o tempo pré-homérico, itálico antigo e para o tardio quanto para o pós-homérico na Grécia e, em Roma, para o tempo histórico da religião, mas apenas que a ocupação com essas formas – mesmo que se tivesse outra opinião diferente sobre o *conteúdo* – aproxima-nos da imagem verdadeira nunca completamente alcançável das duas religiões antigas e da cultura antiga em geral.

A ideia religiosa do não-ser

1

Uma experiência humana da qual se pretendeu derivar não só a religião antiga, mas a religião em geral, é a morte. Surgiram formulações como esta: "Toda crença é crença no além, o destino da alma após a morte constitui em todas as religiões o centro da reflexão religiosa"[411]. Isso é, evidentemente, uma generalização. Aqui, no entanto, após termos compreendido as religiões antigas como "religiões da certeza do cosmos" – a certeza dos fundamentos não humanos do mundo humano –, deveremos dedicar ao menos uma consideração à questão: qual é a situação do "além" nessas e em religiões similares do "aquém"? Já falamos das ideias fundamentais da religião antiga, sem mencionar uma palavra sequer sobre as concepções gregas ou romanas das experiências da alma. De fato, elas merecem uma nova e minuciosa exposição[412]. Damos um pequeno passo indispensável nessa direção ao nos ocuparmos com tal questão.

A morte era levada muito a sério pelos antigos gregos e romanos. Não havia dúvida de que o homem estava sujeito a ela como a uma senhora da existência. Seria muito fácil dizer que o problema da morte preocupava o homem religioso antigo desde o início e que sua religião, com suas ideias acerca da morte, foi a primeira a lhe fornecer respostas. Na realidade, as ideias mais antigas dos filósofos gregos nem chegaram até nós de tal maneira que pudéssemos dizer o que e como eles *indagaram*. Na história da filosofia antiga, a

---

411. Schmidt, C., *Gespräche Jesu mit seinen Jüngern nach der Auferstehung*, Text u. Unters. 43, p. 455.

412. A obra de Erwin Rohde, *Psyche*, Freiburg i. Br., 1898, foi, em parte, superada por Otto, W. F., *Die Manen*, 2ª ed., Darmstadt, 1958.

arte de perguntar é criada muito mais tarde do que a arte de *ver* e *expressar* o que é essencial no mundo. As ideias filosóficas estavam lá antes de as perguntas filosóficas serem feitas. Ideias não pressupõem o perguntar, muito menos perguntas infantis. Sem legitimidade alguma, atribuem-se tais perguntas a homens sérios da Antiguidade. Perguntas são construídas apenas por causa dos ignorantes e estudantes, depois que o saber e a visão já foram estabelecidos. Ou elas despertam quando o sólido começa a se dissolver.

E precisamente as ideias religiosas são as que menos servem para responder perguntas. Religiões não são soluções para problemas antiquíssimos. Ao contrário, elas adicionam um número considerável de outros problemas. Primeiramente, as ideias religiosas e suas explanações mitológicas se tornam pressupostos para perguntas e respostas. Mesmo quando um deus apareceu para uma pessoa, esta pode ainda fazer-se perguntas sobre a aparição. Tanto mais quanto mais próximo se está do fim de uma religião. Por fim, os deuses e todas as ideias religiosas se tornam "questionáveis". Em sua forma original, viva e válida, as ideias religiosas pertencem a uma esfera completamente diferente de perguntas e problematizações, respostas e soluções. Mas elas guardam certa semelhança com as mais antigas ideias filosóficas: como estas, elas contêm uma tomada de posição humana frente ao mundo. A realidade do mundo é revelada nelas numa das formas que o próprio mundo oferece para isso. Ela se mostra para o homem, que em relação a ambos – conteúdo e forma – é conhecedor e receptor e retém o que lhe é oferecido como um aspecto do mundo, como um tipo de ideia do mundo.

Já conhecemos esse posicionamento do homem religioso antigo como a do homem da *aidós* e do *sébas* ou a do homem que contempla as coisas e que se orienta em conformidade com isso: o homem da *religio*. Esse posicionamento toca, em sua forma grega mais elevada, o do filósofo. Mas o *noeîn* do filósofo dirige-se a uma transparência especial do mundo: a penetração até o ser desnudo. Esse era particularmente o caso da filosofia arcaica dos gregos. Platão e Aristóteles pelo menos valorizavam o espanto como a origem da filosofia[413]. O

---

413. Platão, *Theaet* 155 d; Aristóteles, *Met.* 982 b 11. Cf. Perthes, G., *Über den Tod*, 2ª ed., Stuttgart, 1927.

thaumázein, o *thauma* e o *thámbos* tocam o *sébas*, mas, segundo o testemunho da língua grega, eles não tinham consequências religiosas[414]. Contudo, nem mesmo o *thâuma* significa originalmente aquilo que está aí para despertar perguntas e constituir um ponto de partida para o filosofar, mas apenas aquilo que é digno de ser contemplado[415]. O filósofo arcaico não era o homem do *thaumázein* nesse sentido, mas tampouco no sentido posterior, socrático. Sem questionamento, ele estava convencido de que devia se ater ao único essencial no mundo: seu sentido e sua verdade, o *lógos* e a *alétheia*. E ele apenas proclamava essa coisa essencial como o homem que vê e pensa além dos muitos aspectos particulares do mundo – além dos próprios deuses: o homem, como já dito, da penetração, da compreensão última.

As ideias da religião antiga sobre a morte não são respostas a perguntas. Elas expressam a postura do homem antigo frente à realidade da morte e baseiam-se na ideia da morte mesma, no saber sobre a morte, e desenvolvem esse saber. Com isso, elas parecem estar firme e claramente fundamentadas no ser humano mesmo, cuja postura expressam. Os homens são mortais – é assim que a ideia mais geral e o saber mais simples da morte sempre tiveram de ser apreendidos. No entanto, esse saber, na medida em que representa uma *ideia religiosa*, não é mero resultado de uma conclusão a que se chega por reflexão e que se pode apreender com mero pensamento. É um saber que, mesmo quando provém das experiências da sociedade humana, desperta em nós uma ressonância peculiar. Somente por essa ressonância, pela consciência de que esse saber tão geral e tão simples da morte *nos* concerne, ele age sobre nós tão convincentemente quanto outras realidades do mundo e se torna uma ideia solene, que sempre é a ideia da morte de uma maneira peculiar[416]. Só essa ressonância é o sinal de que a morte se inclui entre as realidades.

Não há como negar que, sendo alguma realidade no mundo, a morte é uma potente realidade psíquica que não deixa ninguém "frio" como qualquer outro objeto do saber, mas faz todos estremecer. Se a ciência da religião

---

414. Cf. acima p. 86.

415. θαῦμα ἰδέσθαι.

416. Cf. Otto, W. F., op. cit. (nota 80 acima), p. 183: "Aquele profundo calafrio que unilateralmente chamamos de medo, enquanto ele é, ao mesmo tempo, a disposição mais solene e majestosa..."

pretendesse fechar os olhos para esse fato e entender a ideia da morte apenas como uma conclusão lógica, não como uma realidade psicológica, seria acertadamente acusada de irrealidade, de desligamento do real e também, portanto, da ciência. O real neste caso é a própria morte daqueles que têm a ideia sobre a morte. Justamente isso parece ser um fundamento claro e firme das ideias sobre a morte em geral. As dificuldades para a concepção da religião antiga defendida neste livro parecem começar no ponto que diz respeito ao conteúdo objetivo dessas ideias. Porque não é o mundo que parece ser expresso nelas, mas pensamentos que vão muito além dessa realidade e concernem ao além, como algo que reside fora do mundo. As ideias sobre a morte parecem representar um assunto exclusivo e unilateral da alma, as quais não têm correspondência com *nada* no mundo, ou no máximo a têm com algo numa ordem sobrenatural.

Assim *parece*. Pois o mais simples saber acerca da morte, o qual é ao mesmo tempo uma realidade psicológica para nós por incluir nossa própria morte, pode bem ser entendido como um sólido fundamento de todas as ideias religiosas sobre a morte. No entanto, não se pode afirmar que ele é uma ideia *clara* para o homem religioso e para a ciência da religião. Contra toda a investigação feita até hoje sobre as concepções da alma e do além deve-se manifestar uma desaprovação por não terem estabelecido a importante diferença entre a morte *própria* e a *alheia*. Isso foi feito apenas por Rilke e por filósofos modernos. Se, a seguir, eu me refiro a eles, não será por aderir a alguma corrente filosófica, mas para colocar as agudas formulações dos filósofos a serviço do tema geral humano.

2

Ainda que se queira escolher as experiências da alma que pertencem ao campo da parapsicologia como ponto de partida de uma investigação sobre a ideia religiosa da morte, seria necessário partir da realidade da morte e de seu conteúdo de ideias dadas e aparentemente tão contraditórias. "A primeira condição para a continuação da vida após a morte é a morte mesma" – é preciso dizer com Max Scheler. Esse filósofo observou, certamente com razão, que a continuação da vida não importa muito ao homem moderno, principalmente porque, no fundo, ele nega o cerne e a essência da morte[417]. As definições das ciências naturais sobre a morte são, de fato, muito incertas[418]. A visão médica é que teoricamente se pode adiar o êxito *ad infinitum*. Por isso, Scheler inicia seu estudo da continuação da vida desenvolvendo a epistemologia da morte. Este é provavelmente o único procedimento científico correto. Heidegger pode ter expressado isso de maneira ainda mais aguda: "Com sentido e razão, só se pode perguntar com segurança metodológica *o que é depois da morte* quando esta é compreendida em sua essência ontológica completa"[419]. Este princípio metodológico e o axioma da prioridade da morte sobre a continuação da vida também se aplicam quando não se considera em geral a sobrevivência após a morte, mas se pretende entender as ideias da religião antiga sobre morte e continuação da vida.

O conhecimento religioso precede o filosófico em termos de imediatez. Heidegger também estava totalmente certo quando admitiu que essa coisa sumamente importante que aqui exige uma "análise existencial" do filósofo é esclarecida e elucidada de maneira primária, isto é, imediata, por meio das concepções da morte entre os primitivos, por meio do comportamento destes frente à morte na magia e no culto[420]. Uma das concepções pré-históricas mais genuínas da morte – a que é expressa na figura do labirinto, para dar apenas um exemplo – mostra-nos como uma ideia mitológica pode ser mais rica, complexa e significativa do que uma ideia filosófica antiga[421].

O filósofo antigo entende a ideia da morte como o extremo oposto da vida, que está ligado a ela de tal maneira que um só pode existir na ausência do outro. Para Heráclito, esse tipo de conexão se equiparava a uma identidade mais profunda: o nome do arco é *vida* (*biós* igualado a *bíos*), mas sua obra é a *morte*, ou tomando um exemplo da religião grega arcaica, Hades e

---

417. *Schriften aus dem Nachlaß* I, Berlim 1933, p. 8.
418. Cf. PERTHES, G., *Über den Tod*, 2ª ed., Stuttgart, 1927.
419. *Sein und Zeit* I, *Jb. für Religion u. phänomen. Forschung* 8, 1927, p. 238.
420. Op. cit. p. 247.
421. Cf. I p. 226ss.

Dionísio são o mesmo[422]. No *Fédon*, de Platão, essa oposição é a garantia de que a morte não pode afetar a alma: uma exclui a outra – *psyché* entendido no significado de "alma" e "vida"[423]. Epicuro assume o ponto de vista dessa exclusividade da vida quando extrai daí a seguinte conclusão: "Se *nós* existimos, a morte não existe, e se a morte existe, nós não existimos"[424]. Por outro lado, narrativas mitológicas da origem da morte pertencem, em toda parte, ao mito do surgimento da vida normal da humanidade[425]. A morte não é idêntica à vida nem a exclui, mas pertence a ela como um seu componente essencial: como parte integrante da infinita linha vital da estirpe, linha que prossegue atravessando cada morte – na sequência vida-morte-vida. Essa ideia de pertença mútua de vida e morte como começo e declínio, ao qual se segue um recomeço na descendência, também pode ser lida nos corpos celestes, especialmente na lua, no crescimento das plantas e na proliferação animal, e é vivenciada nas figuras divinas que morrem e contudo são eternas, principalmente nas deusas lunares.

3

Essa ideia de "vida-morte-vida" está acima da distinção entre morte "própria" e "alheia", mas não a exclui, nem tampouco exclui as ideias mitológicas baseadas nela. Sobretudo, não a ideia da fronteira do Hades. A determinação da ocorrência morte é, por um lado, uma questão prática – atualmente, médico-jurídica. As ciências teóricas naturais, como eu disse, permanecem inseguras com suas definições nesse campo. Por outro lado, ela é um assunto religioso e mitológico. Com a consciência da determinação prática da morte, a verdade emerge na alma dos sobreviventes como um mito: como o limite que separa definitivamente os mortos, quer se en-

---

422. Fr. 48 e 15 Diels.
423. 105 c-e.
424. *Ad Menoec.* 125.
425. Exemplos africanos em BAUMANN, H., *Schöpfung und Urzeit des Menschen im Mythos der afrikanischen Völker*, Berlim, 1936, p. 268ss.; ABRAHAMSSON, H., *The origin of Death. Studies in African mythology*, Uppsala, 1951.

contrem perto ou longe em seu lugar de repouso e pensados em tal estado, dos vivos[426]. O que ainda hoje continua inabalavelmente real sobre o reino dos mortos é sua fronteira. Ela possui uma realidade psíquica e não *apenas* psíquica. Torna-se indubitavelmente reconhecível quando alguém morre. Lécitos mortuários áticos mostram os mortos como na vida, como em casa, com seus parentes, embelezando-se. Mas a mesma imagem mostra a tumba, Hermes ou Caronte na paisagem aquerôntica[427]. Para aquele que cruzou a fronteira, o reino dos mortos apareceu na vida, na casa: para os sobreviventes, a fronteira está ali, invisível.

Em que consiste a realidade psíquica desse algo intangível, tão difícil de determinar cientificamente e, no entanto, mortalmente real que somente a definição mitológica "fronteira do Hades" capta com exatidão? O cadáver e a transformação de uma pessoa viva em cadáver pertencem ao mundo e não à alma. A "morte alheia" é um assunto interno do ser humano apenas na medida em que ela desperta essa ressonância peculiar. Por mais real que a fronteira do Hades possa ser para o indivíduo vivo, este experimenta nela apenas a "morte alheia".

A "morte própria" é ainda mais real para ele, é a genuinamente real, da qual a outra, a morte alheia, extrai sua realidade psíquica. Existe entre as duas mortes uma diferença que todos experimentamos diretamente, mesmo que nem sequer a admitamos e, por isso, não façamos dela uma ideia clara e presente. Em termos filosóficos, essa diferença foi definida com grande acuidade: "Não experimentamos em sentido genuíno a morte dos outros, mas no máximo apenas 'assistimos' a ela"[428]. Genuína é a experiência, e primária é a realidade psíquica daquilo que essa ressonância nos comunica. Para continuar usando a versão precisa do filósofo: "A morte, na medida em que é, é por essência sempre a minha"[429]. Somente como "morte própria", a morte tem uma realidade psíquica primária.

---

426. Cf. meu estudo "Zum Verständnis von Verg. Aen. VI", *Hermes* 66, 1931, 418.
427. Cf. Buschor, E., *Münchener Jahrb. bild. Künste* 2, 1925, p. 167ss.
428. Heidegger, op. cit. (nota 419), p. 239.
429. Op. cit., p. 240.

Mas podemos captar a ideia da "morte própria" partindo de seu lado subjetivo, psíquico? Talvez sim de seu lado objetivo. O mundo contém objetivamente – primeiro como possibilidade, depois como cumprimento – nossa própria morte, assim como contém, como passado, toda morte consumada e todos os mortos[430]. Mas o que dizer de nossa *transitoriedade*? É-nos possível uma tomada de posição *direta* sobre ela? Ainda podemos conhecer diretamente "a morte própria" em nossa vida ou – tal como a ideia da correlação de vida e morte – inferi-la do mundo?

A sentença de Epicuro fala contra isso: "A morte não nos diz respeito. Pois quando existimos, a morte não existe, e quando a morte existe, nós não existimos". No entanto, especialmente para Epicuro, a morte sempre esteve presente de maneira significativa. Sua profunda ocupação com ela já despertava suspeita nesse sentido em seus oponentes na Antiguidade[431]. No entanto, somente mais tarde é que se atestou um *sentido* especial para a "morte própria". Rilke foi o primeiro a falar dela como "morte própria", "grande morte"; a morte "que cada um tem dentro de si"; da qual "somos apenas a casca e a folha", porque: "este é o fruto em torno do qual tudo gira"[432]. Mas primeiro deveríamos ter uma visão do fato nu, tal como o homem moderno o experimenta. A *Epistemologia da morte*, de Scheler, é, até certo ponto, adequada para isso. Não temos intenção de *provar* pelo seu raciocínio que, por exemplo, a "morte própria" é a primária para nós. Cada um de nós tem a experiência genuína dela como uma experiência de *vida* – por mais paradoxal que isso possa parecer. Mas, como no caso da experiência da festa, talvez seja possível tornar essa experiência compreensível e dar-lhe a clareza que está faltando.

Uma pessoa sabe de uma maneira ou de outra – assim é a linha de pensamento de Scheler[433] – que a morte há de alcançá-lo, mesmo que ele seja o único ser vivo na Terra. A certeza disso se encontra em todas as fases da vida por menores que sejam e na estrutura da experiência que se tem delas. A "ideia e essência da morte" é um dos elementos constitutivos de toda

---

430. Segundo Otto, W. F., op. cit. (nota. 80), p. 182ss. esse "ter sido" é o Hades homérico.
431. Cícero, *De nat. deor.*, 240.
432. As citações são do *Stundenbuch*.
433. Op. cit., p. 9ss.

consciência vital. Em cada momento indivisível de nosso processo de vida, experimentamos e vemos algo "afastar-se às pressas" e algo "aproximar-se". O fato *de que* algo "se afasta às pressas" e *de que* algo "deve ser esperado", independentemente do que esse algo contém, nos afeta em todos os momentos presentes. O volume total do que "se afasta às pressas" e do que "se deve esperar" "é redistribuído continuamente, com o progresso do processo de vida, numa direção característica. O que se afasta se acumula, o que é esperado míngua. O volume da presença entre esses dois vai sendo cada vez mais fortemente "compactado". Para a criança, o presente é uma superfície ampla e brilhante do ser mais colorido. Essa área diminui a cada progresso do processo da vida. Torna-se cada vez mais estreito, mais e mais comprimido. Para o adolescente e o garoto, o futuro é como um corredor amplo, brilhante e reluzente que se estende a perder de vista. Mas com cada pedaço de vida que é vivido, estreita-se sensivelmente o campo de ação da vida que ainda resta viver. A direção é dada no consumo constante da vida vivível e no incremento da vida vivida. Uma crescente consciência da diferença entre essas duas extensões em favor do passado é a vivência da direção rumo à morte na estrutura essencial de cada momento de vida experimentado. A morte não é meramente uma parte empírica de nossa experiência, mas é parte da essência da experiência de qualquer vida, incluindo a nossa: a experiência de que ela se dirige rumo à morte. A morte faz parte da forma e estrutura em que a vida é dada apenas a cada um de nós, a nossa vida como a de qualquer um outro, e isso desde dentro e desde fora. Não é uma moldura que é adicionada casualmente à imagem de processos psíquicos e fisiológicos individuais, mas uma moldura que pertence à própria imagem. Sem ela, a imagem não seria uma imagem da vida.

O filósofo moderno fala a nós hoje em nossa própria maneira. Permanece na esfera do sujeito. Mesmo aí ele não é exaustivo. Ele não leva em conta o que o idoso ganhou em termos de conteúdo espiritual de sua vida que se esvai[434]. A ele devemos contrapor Berdijajew, muito mais rico em experiências de vida: "Souffrir passe, avoir souffert ne passe jamais...

---

434. Crítica de W. F. Otto a Scheler.

O que se vivenciou na experiência da vida pode ser superado, mas a experiência vivenciada permanece para sempre em posse do indivíduo e como realidade expandida de sua vida espiritual. Não há como apagar o fato real do experienciado. O vivenciado continua a existir de uma forma alterada e transformada. A experiência de vida e a luta espiritual criam a figura do espírito humano"[435]. Mas, na medida em que o homem é um ser vivo, a estrutura de sua vida corresponde exatamente àquela ideia da correlação da vida e da morte na qual esta última é uma parte essencial da vida. Se a enteléquia da forma espiritual de um indivíduo, para falar como Goethe, pode apontar além de uma vida única, vida que foi só uma vez, então cada um experimenta em sua vida a "morte própria". No estado de sua perfeição espiritual alcançada, ele pode olhar para o mundo com essa abertura própria da Antiguidade, cujos pontos culminantes são a *theoría* e a *religio*: aí mesmo ele também poderá ler a efemeridade inerente à existência humana.

Scheler descreve a direção da morte do ponto de vista do homem voltado para dentro. Do ponto de vista da Antiguidade, a descrição correspondente, embora não dê menos importância à descrição da morte *própria*, deverá ser uma descrição não da vida interior, mas do mundo do ser humano. É o mundo que se estreita ao nosso redor em nossa experiência da direção rumo à morte – sim, independentemente de nossa experiência factual – e, em seu relacionamento conosco, cada vez mais se aproxima da rejeição e do completo dizer não. Ao experimentarmos nossa própria morte, desvela-se diante de nós um aspecto real do mundo que nos anuncia a total falta de campo de ação para a vida, o não-ser. Compreender filosoficamente a ideia do não-ser não é fácil, tarefa que só foi empreendida em época relativamente tardia. Para a ciência da religião, essa ideia filosoficamente tão "difícil", a ideia do não-ser, pode servir como exemplo padrão de como é constituída uma ideia religiosa antiga – o núcleo de alguns mitologemas desenvolvidos em imagens de deuses e descrições do além.

---

435. BERDIAJEW, N., *Die Philosophie des freien Geistes*, Tübingen, 1930, p. 3.

4

Não se poderia falar igualmente de "mito do não-ser" realizado em mitologemas a partir de imagens de deuses e descrições do além, tal como se fala "ideia religiosa do não-ser"? Pode-se fazê-lo. A escolha da palavra "ideia" em vez de "mito", no entanto, ressalta mais a aparição pictórica; o "mito" enfatiza mais o conteúdo que é articulado ou que aparece como uma imagem[436]. Quando o grego moribundo invoca "os portões do Hades"[437], isso é uma imagem, mas não é de maneira alguma *apenas* uma imagem, mas também a visão e a denominação de uma realidade: acima de tudo a realidade do não-ser – uma vez que com tal invocação não se pretende necessariamente nem se subentende uma "continuação da vida" no Hades. Esta é uma realidade na medida em que o iminente não-ser do invocador faz parte da realidade deste mundo. Então será que ele não será! De igual modo, o próprio deus Hades não é apenas uma imagem. Ele também é um deus "real". Ele e, juntamente com ele, as demais divindades da morte na Antiguidade, que não garantem uma "continuação da vida", mas apenas a realidade da morte, levam-nos a observar que a concepção religiosa antiga, à sua maneira não reflexiva, inclui o não-ser nas figuras do ser; que ela até mesmo estende ao não-ser a abrangência do ser[438]. Raramente encontramos uma "ideia religiosa" antiga tão exemplar quanto aqui, onde seu conteúdo (o não-ser), embora realmente exista para todos nós no mundo, *só é compreensível como ideia, apenas* numa forma plástica para o indivíduo que vivencia e conhece – e somente para ele.

Existe uma grande série de inscrições tumulares romanas que descrevem a realidade da morte como um mundo negativo, de privação: um mundo do mal, escuridão, silêncio, frio, feiura. A coletânea, feita no espírito de nossa exposição[439], chegou a este resultado: "A visão mítica também vê o não-ser configurado, também dá forma ao nada. A pesquisa sobre a história da re-

---

436. Cf. *Werkausg*. II, p. 291s.
437. Ésquilo, *Agam*. 1291; cf. Homero, *Il*. 5.646, 9.313.
438. Cf. minha conferência para o 60º aniversário de W. F. Otto: "Dionysos und das Tragische in der Antigone", *Frankfurter Studien* XIII, 1935, 9s.
439. Brelich, A., *Aspetti della morte nelle iscrizioni sepolcrali dell'impero Romano*, Budapest 1937, p. 8.

ligião quase sempre trata a crença grega e romana na imortalidade como se estivesse lidando aqui com ideias de uma verdadeira continuação da vida na sepultura ou no submundo: um erro que, mais do que qualquer outra coisa, mostra o enorme abismo que separa a concepção antiga da moderna. Porque essas ideias estão muito longe de uma crença na imortalidade. Pelo contrário: são formas diretas de expressão do estado na morte".

Outra coisa era a apoteose arcaica, e depois a imperial, dos mortos: também esta uma ideia altamente contraditória. Na maioria das vezes, ocorre realmente o seguinte: o estado da morte é descrito nos epitáfios como algo objetivo. Descreve-se nesse estado um "não-ser objetivo" – exatamente aquilo para o que caminhamos na direção rumo à morte.

Essas descrições não têm nada a ver com a capacidade ou incapacidade para a abstração. O autorretraimento da vida que é realmente executado encontrava expressão nas analogias do ser. É grego e antigo o que Platão diz: "De certa forma, o não-ser é"[440]. A linguagem da experiência de vida não refletida fornece para o não-ser o termo "morte". Mas, ao mesmo tempo, a morte recebe seu lugar nas fronteiras do mundo concebidas pelos gregos, ela e seu âmbito são delimitados. O mundo, que contém *nosso* não-ser, mostra nele um de seus aspectos – seja um rosto monstruoso, teriomórfico ou humano, até mesmo materno, ou apenas o vazio, a frieza e a obscuridade –, em todo caso um aspecto que conhecemos e reconhecemos. Nós o conhecemos de dentro para fora como uma capacidade do mundo de dirigir-se ao encontro de uma mudança que é definitiva para nós. O terrível dessa mudança é que ela se distingue pela negação e pela privação. E o que a torna ainda mais terrível é o fato de que ela não surge como se o ser do mundo pudesse ser abalado! Mas de tal maneira que nós mesmos nos convertemos em nada. Porque neste aspecto do mundo mostra-se a cada um sua própria morte. O aspecto de morte no mundo é, de maneira primária e imediata, idêntico ao fato de que todo o cosmos está diante de nós, mas ficamos com campo de ação cada vez mais reduzido. Esse conhecimento não exclui um campo de ação no além – mas este deve ser mais adequado ao estado de morte do que à vida.

---

440. *Sophist*. 241 d: τὸ μὴ ὂν ἔστι κατά τι.

Reconhecemos esse não-ser na *morte de outros*. A mudança de quem acabou de morrer, que indica o passo além do limite do Hades, é a manifestação palpável da mudança que estamos gradualmente sofrendo e experimentando na direção da morte. Nossa experiência interior encontra apoio e justificação exteriores. Ela se anuncia nessa "ressonância". É evocada e, ao mesmo tempo, complementada por experiências externas, assim como nossa ideia de uma fruta que só conhecíamos quando verde é complementada pela visão da fruta madura. Parmênides dizia que o cadáver, é verdade, não percebia a luz, o calor e a voz por causa da falta de fogo nele, mas certamente percebia o frio, o silêncio e as demais coisas contrárias[441]. Experimentamos esse frio e silêncio, o estado de morto, apenas excepcionalmente. Os mortos experimentam isso para sempre. O mundo completa e nos mostra neles o "fruto maduro".

Mas Epicuro também mantém sua razão, quando diz: "Se existimos, a morte não existe, e se a morte existe, nós não existimos". A mudança é tão profunda e completa que quem passou por ela não é mais o que era. Estar morto significa ser totalmente diferente, a direção da morte é a direção rumo ao "totalmente distinto". Essa coisa completamente diferente está contida no mundo: é um traço no rosto de morte do mundo. Nisto o mundo se distingue – junto com todos os deuses, que são seus aspectos e cada um dos quais representa uma face especial do mundo – dos seres mortais. O mundo é "totalmente diferente" precisamente porque leva fácil e eternamente o não-ser, enquanto os seres vivos sofrem com ele a mais profunda mudança própria: tão profunda que nem sequer exclui o pensamento da apoteose, a conversão do morto em deus. Mas ao ser humano vivo resta o estremecimento perante o "totalmente diferente", que também inclui seu "ser-completamente-outro". Encontramos aqui um elemento fundamental da religião, mas apenas *um* entre outros.

A ideia do não-ser é, como aspecto do mundo, apenas *um* aspecto entre outros aspectos da totalidade do mundo, aos quais está relacionado. Vamos primeiro visualizar a própria ideia: ela surge – também soa em canções e histórias – como surgem as ideias, não como uma soma de experiências internas e externas, mas como uma unidade: a unidade de nossa morte, que se abriga

---

441. Teofrasto, *De sensu* 3.

e amadurece em nós, e da morte no mundo para a qual todo ser vivo está se encaminhando e que – por meio de nossa própria morte – também nos afeta. É o que diz uma canção dos dincas no Alto Nilo[442]:

>No dia em que Deus criou todas as coisas,
>ele criou o sol.
>E o sol sai, se põe e retorna;
>ele criou a lua.
>E a lua sai, se põe e retorna; ele criou as estrelas.
>E as estrelas saem, se põem e retornam;
>ele criou o ser humano.
>E o ser humano aparece, entra na terra e não retorna.

Esse é o rosto de morte do mundo que este dirige para o homem. Esse rosto também assomava no festival do milho dos índios Cora: "Eles aparecem apenas uma vez, meus irmãos mais novos (os homens). Eles realmente não morrem para sempre? Mas eu nunca morro, sempre aparecerei (na terra)..." Esse assomar da face da morte do mundo não atua como um elemento estranho na atmosfera festiva. Onde a divindade se torna presente para o homem, essa diferença também se torna aí presente: a mortalidade em sua forma mais pura, como uma forma do não-ser em comparação com o ser dos deuses. Esse traço no fenômeno da festividade corresponde ao traço solene no fenômeno da morte.

A festividade inerente à natureza, sua eternidade e periodicidade, pelas quais ela própria é o calendário primevo – o verdadeiro calendário festivo – também provoca o aparecimento do rosto de morte do mundo. Não apenas a poesia primitiva atesta isso, mas também a clássica. A alegria de viver em *Vivamus mea Lesbia*, de Catulo, ao recordar o rosto de morte do mundo, retém uma festividade especial – liberdade lúdica, intensidade e seriedade ao mesmo tempo:

>*Soles occidere et redire possunt,*
>*Nobis cum semel occidit brevis lux*
>*Nox est perpetua una dormienda –*

"O sol se põe e retorna: quando nossa breve luz se pôs, temos uma noite eterna para dormir."

---

442. Citado por Scheler, de Frobenius.

Os dois poemas de primavera de Horácio são uma reprodução clássica da mesma manifestação divina: *Solvitur acris hiems* e *Diffugere nives*. O elemento divino que o poeta experimenta nas estações do ano está presente não tanto nas figuras divinas individuais que ele menciona, ou não apenas nelas, mas na virada final. É particularmente nítida e precisa no segundo poema:

> *Damna tamen celeres reparant caelestia lunae:*
> *Nos ubi decidimus,*
> *Quo pius Aeneas, quo Tullus dives et Ancus,*
> *Pulvis et umbra sumus –*

"As luas reparam céleres os celestes danos. Quando caímos onde caíram o pio Eneias, rico Tulo e Anco, somos pó e sombra." Reconhecemos o rosto de morte do mundo.

5

No entanto, nunca ou quase nunca é apenas esse rosto que o homem vê diante de si. O fato de assomar a ideia da morte não significa a submersão da ideia oposta, que está necessariamente ligada a ela: a ideia da vida.

Não se deve entender com tal ideia nenhuma abstração, nenhum mero conceito. Na ideia da morte a realidade do não-ser aparece num aspecto do mundo, na face de morte do mundo: igualmente, a realidade do ser aparece como um aspecto do mundo na ideia da vida. Se o não-ser surge neste mundo por pura negação e privação, na mesma experiência – a experiência da morte – todas as coisas positivas se acumulam do outro lado, e o rosto de vida do mundo emerge. Se todo esse positivo, a luz, o calor, a alegria, a voz, não suscitasse a ideia de vida, não haveria no mundo nenhuma forma de manifestação para a morte, nenhuma "ideia" para o não-ser. E não só isso! Mediante um tipo de experimento mental, imaginemos que a vida seja apagada deste mundo, então não haverá mais força ou poder para o não-ser. Sem conhecer a vida, nunca se experimentaria o poder da morte. Única e exclusivamente graças à vida, o não-ser foi elevado ao nível de uma realidade que aparece no mundo e é poderosa.

Uma ideia leva infalivelmente à outra: a vida torna a ideia da morte possível, até mesmo poderosa, e a ideia da morte torna a vida presente em toda a sua realidade repleta de força e poder. Assim como o campo de ação da vida ainda por viver se estreita em torno do mortal, também seria preciso pensar que as cores cinzentas e sombrias predominarão em torno dele. Ao contrário, por esse estreitamento *reluzem* todas as cores da vida que o mundo tem e pode mostrar[443]. A experiência dessa polaridade pode variar dependendo da pessoa. *O fato* que ela é experienciada está tão dado na estrutura de todos os seres vivos, e consequentemente também na estrutura do mundo humano, como também está a direção rumo à morte. E não é apenas externa e literalmente como esplendor de cores do mundo que a ideia de vida se manifesta ao mesmo tempo que a ideia de morte! Ela é um aspecto do mundo do qual participamos diretamente, sem distinguir o que é visto de fora e o que é experimentado por dentro. Para a consciência da vida, uma consciência sonolenta e continuamente se perdendo a si mesma, a ideia da morte não é apenas como água para o fogo que se esvai, mas ao mesmo tempo como óleo.

Mas essa ideia de vida – a realidade da vida! –, quando se mostra em sua intensidade, ardendo sob a pressão da morte, por assim dizer, não dever ser confundida com concepções sobre o além. A substancialidade e a insubstituibilidade desse real que experimentamos como vida emergem sem abrandamentos na polaridade com a realidade oposta. Só experienciamos o que é essencialidade quando olhamos de frente para *o* estado cuja característica essencial é a insubstancialidade: o estado de morte. E é insubstituível aquilo em cujo lugar deve entrar algo diferente, mas não algo semelhante.

6

As ideias da religião antiga, como a da morte ou a da vida, não são apenas aspectos do mundo, mas também apresentam, por sua vez, aspectos diferentes. Em quantas divindades aparece o aspecto de vida do mundo! E a insubstancialidade da morte, o puramente negativo e privativo do não-ser,

---

443. Cf. Sófocles, *Ant.* 809ss.

pode ser assustador em comparação com tudo o que se apresenta positivamente na vida, tudo o que pode ser sentido e experimentado! Mas a vida também pode ser tão dolorosa e angustiante que o aspecto meramente negativo, o mundo de Hades, parece suave e benevolente em relação a ela. Existe um medo natural da morte, para o qual a morte é amarga. Mas há uma inclinação igualmente natural para a morte, que pode aumentar até converter-se em desejo de morrer. Para esse desejo o não-ser é doce. A ele corresponde o rosto suave e benigno do não-ser.

Amargura e doçura da morte são realidades. Os poetas falam delas com tanta credibilidade como quando falam de amor. A morte foi nomeada entre as musas da grande poesia lírica[444]. Isso certamente aconteceu em nosso tempo, mas perdemos os cânticos corais cantados em honra à bela Perséfone, a deusa da morte. No entanto, *o fato* de ser bela – embora também possa enviar a terrível cabeça de Górgona[445] – deveria dar o que pensar aos pesquisadores da religião. Podemos aprender com os artistas antigos e os poetas modernos que não há apenas um embelezamento externo da morte. Contudo, os pesquisadores da religião preferem orientar-se pelas ciências naturais, não pela poesia. Isso levou a um beco sem saída nesse campo.

A morte natural é realmente incompreensível para as ciências da natureza. A etnologia, por sua vez, atestou que existem povos primitivos que não querem reconhecer a morte como um fim natural[446]. Até mesmo em casos de morte natural, eles também buscam a má vontade que causou o fim. Esse comportamento estranho pode ser explicado psicologicamente. É sempre natural negar um fato desconfortável e do qual se tem plena consciência mentindo para os outros e para si mesmo. Um fato desses é a inevitável morte natural. Além disso, a psicologia também chamou atenção para o fato de que os sobreviventes geralmente se sentem culpados, mesmo no caso de mortes naturais. A separação de um ser vivo da vida parece o sofrimento de uma injustiça que se teve de observar sem poder ajudar. Em muitos lugares, a

---

444. De F. Brunetière.
445. *Od.* 11.634/5; *pulchra Proserpina* Virgílio, *Aen.* 6.142.
446. Lévy-Bruhl, L. *Les fonctions mentales dans les sociétés inférieures*, Paris, 1922, p. 321ss.; a seguir, há referência a estudos bem conhecidos de Sigmund Freud.

reconciliação do morto desempenha um papel entre os costumes do luto. É facilmente compreensível que se ponha a culpa sobre um feiticeiro estranho.

No entanto, não há nada que possa libertar o pesquisador da religião de lidar com o comportamento humano em relação à morte, que é *realmente* percebida como morte. Para fazer isso, ele não precisa necessariamente se servir das vivências dos poetas. A psicologia e a biologia chegaram conjuntamente à conclusão de que não existe apenas instinto de vida – e associado a este: o medo da morte –, mas também um instinto de morte. Sua existência decorre da estrutura do ser vivo. Instinto de vida e instinto de morte são apenas os termos científicos para o fato de que todo vivente está em constante processo de construção e, ao mesmo tempo, de desconstrução. Construção e desconstrução podem ser entendidas como um caminho para cima e um para baixo. Mas ambos coincidem com a direção rumo à morte. A construção avança tanto quanto a desconstrução na direção da morte. Na verdade, há apenas *um* caminho no qual o ser vivo avança, e ninguém pode dizer a partir de que ponto da vida começa o movimento descendente. Desde o início, o caminho é um caminho e não um lugar de parada. É o caminho da vida e também uma inclinação na direção da morte. "Movimento", "caminho", "inclinação" são imagens evidentes. Na realidade, esse "movimento" significa: "viver"; "caminho da vida": "manter-se em vida"; "inclinação na direção da morte": "entregar-se à morte"[447].

Os instintos de vida e morte constituem, ao mesmo tempo e indissoluvelmente ligados, a essência do vivo. Eles são dois aspectos do ser vivo, que também poderia ser chamado de "ser moribundo". O "ser moribundo" pode até ganhar supremacia sobre o "ser vivo" no mesmo indivíduo: em idade avançada ou também em estados patológicos ou – o que não é o mesmo – em estados trágicos. Ambos os seres, que compõem *o mesmo* ser vivo-moribundo, têm seus próprios medos e anseios: medo da morte e anseio pela vida, medo da vida e anseio pela morte. A amargura da morte está associada ao primeiro par; a doçura da morte, ao segundo.

---

447. *Dionysos und das Tragische in der Antigone* (ver nota 438), p. 13.

Ambos são possíveis porque o homem, como ser vivo e moribundo, está em constante contato estrutural com sua própria morte, mas não tem nenhuma experiência imediata dela como um estado já alcançado. Apenas os mortos experimentam o estado de morte. Mas temos a possibilidade de nos adiantarmos nessa rota, que é a rota da vida e ao mesmo tempo o declive rumo à morte, e conceber o fim por antecipação: não na realidade, mas nos sonhos e na fantasia. Mas as imagens ansiosas e desejosas em sonhos e fantasias também têm seu fundamento. Este fundamento é formado pelo caminho que é ao mesmo tempo declive e cujo fim pode parecer uma ruptura indesejável, até mesmo terrível, mas também uma meta almejada. Mas seja como for que pareça esse fim da alma que se adianta, não importa se terrível ou desejado: o material das imagens em que ele é mostrado não pode proceder da morte mesma. O não-ser não contém nada, o ser-distinto é algo diverso do que já se experimentou na vida. Portanto, aquelas ideias que fazem a morte parecer agradável também procedem da vida. O final é apresentado como se fosse uma continuação: desejada ou indesejada.

Por meio desse "como se" sentido por todos – confessadamente ou não – todas as representações do além se distinguem inequivocamente das memórias e experiências que temos do mundo real. Por trás das experiências da vida está o mundo como um pano de fundo contínuo e permanente, aqui e agora e sempre. As representações do além são, no sentido estrito da palavra, apenas "representações" da alma que se adianta temerosa e ansiosa; representações que ela leva deste mundo para o "outro mundo", para o mundo "além" do fim, onde ela ainda não se encontra. O plano de fundo de tais representações não é este mundo nem aquele "outro", pois não se referem a este mundo, que é aqui e agora; e o outro, a que se referem, não é aqui e agora. Portanto, as representações do além e o saber a respeito da vida que cada um de nós tem dentro de si nunca devem ser seriamente confundidos – no máximo, talvez, em extraordinários estados psíquicos de êxtase. Mas de que se alimentam estes, senão de estoques na alma e possibilidades do espírito que pertencem ao conteúdo deste mundo?

Em vez do aspecto terrível, escolhemos – inconsciente e naturalmente – o outro, o sedutor. Os horrores da morte são, em parte, medos da alma que se adianta. Em parte, eles se baseiam aqui e agora no fato de que a privação e a negação progressivas, aquele aspecto do mundo em que a morte se mostra, são de fato assustadoras. Contra os medos da alma existem suas expectativas e anseios, não mais bem fundamentados. E assim como esses medos têm um fundamento imanente e são sustentados por um aspecto do mundo real, as expectativas agradáveis também têm um solo sobre o qual podem florescer as mais sedutoras imagens do além. Esse solo é o imanente declive de todo ser vivo rumo à morte e a capacidade da alma para o autoengano, que aqui é incitada pelo próprio medo da morte. É assim que surgem as cores e tons das esperanças no além, que facilmente abafam as coisas mais finas e profundas que também podem se mover na alma.

É característico das representações do além que nem mesmo as mais sedutoras dentre elas são fortes o suficiente para que o terrível espectro da morte não permaneça como uma possibilidade da qual alguém irá escapar, mas à qual *outros* sucumbirão com maior certeza ainda. A reivindicação de justiça desempenha um papel cambiante nessa distribuição do além: ela depende da missão ética especial da religião à qual pertence a promessa de uma continuação da vida após a morte. Ao lado do "Paradiso" já existia na Antiguidade o "Inferno", por exigência de uma polaridade inevitável. Somente quando os horrores da morte foram filosoficamente "superados" é que os temores, pelo menos em teoria, desapareceram. Neste caso, porém, com o "inferno" também se perde o "paraíso". Representações do além desse tipo extremo eram, contudo, fenômenos secundários ou periféricos na religião antiga. O primário e central do ponto de vista religioso antigo é a apreensão da realidade da morte, seu reconhecimento completo, não seu antecipado encobrimento por imagens terríveis ou agradáveis do além. Esse reconhecimento ocorre no culto às divindades antigas da morte.

7

O não-ser objetivo, concretizado na morte dos seres vivos, apareceu para nós, como necessariamente também apareceu para os antigos, em dois aspectos: como o final temido e como a moldura e borda de todos os seres vivos, onde eles começam e cessam de uma forma igualmente natural, chegando ao objetivo através de um agradável declive, por assim dizer. Mas para o homem antigo o não-ser tinha uma qualidade diferente daquela que nos é familiar. A ideia moderna do não-ser é de completo vazio. Para o homem religioso antigo, o não-ser, como moldura e borda da vida orgânica, é vazio e cheio ao mesmo tempo.

Não é uma ideia logicamente circunscrita e precisamente definida como o não-ser dos filósofos, mas uma realidade à qual todo vivente, por sua vez, é contíguo. Só pode ser apreendida de alguma forma em sua área fronteiriça, porque seu núcleo real continua sendo o incompreensível. Em nossa área limítrofe, porém, nós nos aproximamos do incompreensível, por meio de estágios intermediários, da mesma forma que nos aproximamos do não-ser. Entre a luz do dia e a absoluta falta de luz, para a qual os gregos têm o nome *Erebos*, está a noite; antes do estado formado dos organismos, está o germe; como fundamento de toda a vida em movimento, está a terra em repouso. Mas onde está o limite entre a noite, o estado do germe, a terra em repouso materno e um reino do não-ser concebivelmente sem luz, sem germe e *completamente* morto?

Pode ser denominado como reino da realidade o que se encontra, por assim dizer, no meio entre o reino do não-ser puro, completamente negativo e o reino do ser pleno, que abrange todos os estágios e possibilidades. Este reino intermediário de toda a pequena vida fervilhando na escuridão é a camada mais inferior no grande reino da vida[448]. Como área do inacabado e do maternalmente acolhedor, não está fechado para o reino do não-ser. Para o homem antigo, ele até mesmo pertence de tal maneira ao não-ser que este, unido a ele, não pode se escancarar como um mero vazio, mas aparece, completa e inseparavelmente conectado com a ideia da mãe terra, como um aspecto dela. Desse modo, a plenitude germinativa também se tornou, por sua vez, um aspecto do não-ser.

---

448. Cf. minhas observações em *Gnomon* 9, 1933, p. 365s.

Podemos falar aqui de um aspecto radical do ser[449]. "As raízes da terra e do mar" – esses dois reinos de seres germinantes e pululantes – seriam, de acordo com Hesíodo[450], visíveis para os Titãs no Tártaro se a escuridão total chamada *Erebos* não estivesse lá. É uma esfera materna que gerou o mundo e o sustenta e é capaz de gerá-lo continuamente, vista a partir da ideia da linha vital infinita do labirinto: uma etapa antes e depois da vida. O puro *me on* (não-ser) se separou do *on* (ser) apenas para o filósofo grego. A religião antiga adorava os deuses do céu e os do submundo, os olímpicos e os ctônicos. Seu mundo era um todo único, mais ainda do que o mundo da filosofia panteísta tardia. Ser e não-ser, na medida em que este também é *real* para a alma e um ser-distinto para o homem, eram igualmente fortes e capazes de aparecer numa dança de figuras divinas que circundavam e impregnavam o universo de brilho e significado.

1936/1962

---

449. *Dionysos und das Tragische in der Antigone* (ver nota 438), p. 10.
450. *Theog.*, 728.

Religião e mito na Grécia

A Grécia ocupa um lugar especial nos primeiros estágios da história da religião na Europa. Se desconsiderarmos religiões pré-históricas, as chamadas primitivas, a história da religião da Europa começa com religiões especialmente caracterizadas, que possuíam uma individualidade, como, além da religião israelita, também a grega. A romana também pode ser considerada um indivíduo especial entre as religiões. Em seu caráter distintivo, entretanto, a israelita e a grega se opõem nitidamente uma à outra num nível superior.

É possível apresentar alguns elementos da religião grega chamados primitivos. Para o caráter da religião grega, eles não oferecem uma coleção de escritos semelhante à do Antigo Testamento para a religião israelita. O material é ainda mais escasso na literatura clássica dos gregos e extremamente escasso nas fontes coerentes mais antigas da história da religião grega, na *Ilíada* e na *Odisseia*. Homero tinha um talento e uma capacidade de discernimento em observar a religião viva que realmente nos espantam. Ambas as epopeias mostram tal consistência e consciensiosidade no exercício desse talento que, justamente por isso, não se pode cogitar em vários poetas como autores para a *Ilíada* e a *Odisseia*. Apenas uma personalidade única, extraordinária foi capaz de descrever a religião na Grécia dessa maneira. E dificilmente é possível que ele não descreva em seus heróis o comportamento religioso que encontrou em seus contemporâneos, por volta do século VIII a.C. Tanto mais porque ele próprio assume uma posição especial em relação a este comportamento: o de quem sabe e vê mais. Foi precisamente por isso que ele determinou a religião dos períodos seguintes na Grécia.

O comportamento religioso é a coisa mais natural para Homero. Assim era, sem dúvida, na Grécia e na Itália antigas. A palavra latina *religio*, que hoje pertence à maioria das línguas europeias em seu significado específico conhecido, originalmente apenas expressa atenção, sem se limitar à religião.

A língua grega não tinha nenhuma palavra antiga simples para o comportamento religioso. Este não era entre os gregos um comportamento particular, mas um comportamento que se determinava com mais precisão exclusivamente por sua direção: "para quem?" Um comportamento superior, mais digno do ser humano segundo Homero, dependia do saber e do ver. É o próprio poeta que possui o saber supremo e a visão clara (esta palavra deve ser usada aqui no lugar da visão simples, apenas sensível, e não ao mesmo tempo espiritual).

O comportamento religioso que Homero descreve em seus heróis nada tem a ver com concepções mágicas. Ele corresponde ao pensamento das pessoas religiosas medianas: um pensamento que encontramos em qualquer época e que jamais seria definido como especial. Se traços do pensamento mágico ainda existissem entre os heróis homéricos, Homero certamente não teria sido capaz de erradicá-los por completo. Como melhor prova de sua existência foi citada uma cena que apenas atesta um pensamento religioso médio que não está vinculado a nenhuma época. Na *Ilíada* (7.190), Aias assume a liderança dos gregos e pede que eles rezem a Zeus antes do ataque. Devem fazer isso em silêncio para que o inimigo não ouça. Então acrescenta arrogantemente: "Ou bem alto, já que não temos medo de ninguém!" Ele se refere a si mesmo e ao fato de não temer sequer a Zeus. Mas anteriormente ele não temera, por exemplo, que alguém, caso conhecesse seu conteúdo, pudesse neutralizar magicamente uma oração! Ao contrário, temia que o inimigo pudesse conquistar Zeus com sua oração e talvez com a promessa de maiores sacrifícios.

Logo em seguida, Homero indica como se reza corretamente, deixando em aberto se a prece é feita em voz alta ou baixa. Quem era suficientemente sábio assim orava, com os olhos erguidos ao céu: "Pai Zeus, que governas desde o monte Ida, cheio de glória e grandeza, dá a vitória a Aias para que se orgulhe dela. Mas se também gostas de Heitor e te preocupas com ele, confere a ambos a mesma força e a mesma glória!" Aqui fica clara a diferença entre o comportamento religioso de Aias e um que, no sentido de Homero e quase já no de um Sócrates, seria o mais correto. A diferença que é particularmente característica da religião grega, que Homero desenvolve nas duas epopeias, reside, porém, no tipo de saber vinculado ao comportamento religioso.

Um dos tipos é expresso num nível inferior por quase todas as pessoas, o superior é o do poeta. Para o primeiro, "religião popular" ainda não seria, contudo, o termo certo, porque nesse grau inferior, tal como acontece com o poeta, que não ocupa aquele grau ele mesmo, mas apenas o percebe com atenção, fala-se do mesmo estado de coisas apenas com palavras escassas e vagas. O *estado de coisas* está fixo, apenas as palavras para isso são mais simples e menos numerosas no homem comum do que no próprio Homero. São, em casos iguais, as mesmas palavras utilizadas por *todos* os gregos e que expressam o "para quem?", e quase sem diferença alguma no que tange ao sentido: *theós*, o plural *theoí* e "Zeus".

Também é característico da religião grega que um poeta como Homero soubesse *melhor* essas coisas e pudesse ensiná-las aos outros, em sua maneira poética, sem apresentar uma doutrina! Isso tem a ver com o caráter do mito grego, do qual falaremos em breve. Mas nos privaríamos de uma fonte importante, que vai muito além de Homero na história da língua grega (e, portanto, também da religião grega), se usássemos sem reservas para *theós* a palavra que encontramos nos dicionários. Expressarei a reserva por meio de parênteses que empregarei ao traduzir *theós* por (deus)[451].

É significativo que (deus) na língua grega não tivesse um vocativo antes dos autores judeus que escreviam em grego. Não se podia chamar nem interpelar (deus). Em compensação, era natural em grego usar (deus) predicativamente. O exemplo mais antigo encontra-se em Hesíodo. Em seu *Os trabalhos e os dias* (764), ele diz que a difamação, se muitos difamam sobre a mesma coisa, é indestrutível: "Ela mesma é (deus)!" O que (deus) é pode ser expresso com um infinitivo: "Reconhecer os entes queridos também é (deus)!" – diz Eurípides (*Helena*, 560). (Deus) é um evento! Ele *acontece* e, no entanto, *é*; é até mesmo indestrutível! Mas o que acontece não pode ser interpelado. Portanto, (deus) não tem forma vocativa. Mas *theós* é um nome masculino e nesse sentido também um ser determinado, como outros masculinos. Um ser ainda mais determinado é o feminino *theá*, a deusa. Por sua vez, *theoí*,

---

451. O próximo estudo é dedicado mais extensamente a "deus" em grego, entre aspas, em vez de colchetes; cf. *Werkausg.* II, p. 139s. e a nota seguinte.

deuses, permanece menos determinado, visto que é dito no plural. Tanto o feminino quanto o plural pressupõem *theós* na língua. Antes de *theós* havia um neutro na língua grega, como é apropriado para um acontecimento. Só foi preservado em palavras compostas cuja primeira parte é *thes*: em *théspha-tos, thespésios, théskelos*. O segundo componente contém, em todas as três composições, um efeito maravilhoso, expresso mediante verbos do dizer, um efeito que emanou daquele neutro, *thes*, cujo desenvolvimento é *theos*. Aqui derivações de três verbos relacionados ao *dizer* estão vinculadas a ele. Mas, em grego, isso não pode ser concebido senão como neutro.

No entanto, algo positivo deve ser acrescentado: *daímon*, a forma grega da palavra "demônio", era ambivalente e podia se tornar maligno. Em grego, originalmente essa palavra era em grande parte sinônimo de *theós*, de (deus) em sua relação com um homem mortal, não condição de seu destino. (Deus) não era ambivalente nem negativo para os gregos. Mas tampouco o efeito maravilhoso que emanava de *thes* podia advir de uma mera força ou poder. Ela foi expressa naqueles três compostos com verbos do dizer. Nem mesmo como neutro (deus) era uma força ou poder mudo! O dizer é um elemento fundamental da religião grega: o dizer em todas as formas, especificamente como dizer o mitos, *mytheîsthai*, ou elaborando o mito como *mythologeîn, mythología*, mitologia.

Homero e Hesíodo usam o "dizer o mitos", *mytheîsthai*, numa relação fixa com *verdade*. "Mito" era originalmente a palavra do fato verdadeiro. Isso é totalmente claro em duas passagens na *Odisseia* (2.412; 4.744). Só mais tarde o significado de *mythos* se restringiu a narrativas religiosas, aos *mythoi*, mitos, cuja verdade era posta em dúvida. Além de *mythos*, significando "palavra", a língua grega também tinha a forma feminina *mytha*, com o significado de *phone*, tom, voz. A verdade do mito era a verdade de uma voz espontânea, provavelmente cantante.

O mito autêntico é verdadeiro assim como uma palavra épico-lírica autêntica é verdadeira: a verdade humana pertence a ele na medida em que ele não é produzido com certa intenção, ou seja, na medida em que não é um mito falsificado. Se um poeta como Homero desempenhou um papel determinante na religião grega, isso se deveu ao papel determinante do mito. O homem comum, no nível de seu saber, apenas dizia *theós, theoí*, Zeus, e no máximo pronunciava o nome de um deus determinado quando, instruído por um culto conhecido, podia conhecer a esfera de atividade desse deus. Os deuses no plural, Zeus e os nomes próprios dos deuses permitiam a invocação, a oração, a interpelação. Só o poeta (como isso é consistentemente executado na *Ilíada* e na *Odisseia*) vê os deuses, sabe quem atuava ou atua, e pode contar sobre eles, "dizer o mito". A fronteira entre poesia e mitologia, entre a arte de um contador de mitos e um poeta que apenas invoca e ocasionalmente menciona os deuses, é difícil de traçar. Em sua descrição dos deuses, Homero parece-nos um audaz humanista. Mas isso apenas porque ele deu preferência às possibilidades humanas da religião e da mitologia gregas e as configurou de acordo com tais possibilidades.

Foi possível constatar que Homero frequentemente usa as palavras "Zeus" e "os deuses" como sinônimas. Não foi ele quem estabeleceu essa relação de identidade aproximada. Ela também se reflete na religião do homem comum descrita pelo poeta. A religião grega era uma religião com muitos deuses, mas acima de tudo pode ser chamada de religião de Zeus. O que Zeus era em comparação com (deus) fica evidente numa passagem da *Odisseia*. Um homem simples e piedoso diz (14.444): "(Deus) dá ou não dá, como lhe apraz em seu *thymós*: pois ele tudo pode!" (Deus), que acontecia, dificilmente poderia ter algo como um *thymós*, o órgão dos impulsos interiores. Mas Zeus sim, e *ele* é mencionado antes (440)! Para o homem simples e piedoso, ele parecia todo-poderoso. Mas não para o poeta e outras pessoas que sabiam que o poder de Zeus é limitado pelos limites do próprio homem: por aquilo que é a parte, a *moira* de todo mortal na vida. É por isso que a Moira ou as Moirai estão acima de Zeus, que deve consultá-las quando decide sobre a vida humana. Em Homero, ele é caracterizado menos por atos de vontade do que pelo *nûs*, o órgão do pensamento, que está calmo e imóvel em sua posse, mas que espelha tudo o que *é* com todas as suas consequências inerentes. Nada escapa a esse espelho.

No entanto, o significado básico do nome "Zeus" revela um parentesco com (deus). Se traduzimos a palavra com precisão, Zeus significa o resplendor: o resplendor do dia, um resplendor no céu. Nesse sentido, ele é um deus celeste: a coisa mais importante que pode acontecer no céu. Se o chamamos de deus do tempo atmosférico, nós vulgarizamos e aplanamos o que ele realmente é. O resplendor era, em sua essência, mais importante do que qualquer fenômeno meteorológico. Havia um "Zeus do mar", ao lado do deus do mar Poseidon, pois no mar também existia um resplendor, por exemplo, o resplendor de uma felicidade inesperada; e um Zeus do submundo, pois havia também um resplendor no submundo, na noite da morte, quando Zeus reinava ali como esposo da deusa do submundo. Ele está na posse de um *nûs* que tudo reflete, porque o resplendor também ocorre na cognição e no pensamento, nos momentos altos dos reflexos.

A enunciação *theós* é um mito mínimo. No caso de Zeus, a forma vocativa está geralmente associada com a adição "rei" ou, como as línguas aparentadas tornam provável, ainda mais originariamente com "pai". Para Homero, ele é "o pai dos homens e dos deuses". Aqui reside um mito altamente humano, que, desenvolvido em muitas variações, desempenha um papel preponderante na mitologia grega: o mito de que Zeus é pai. Não um pai exigente e que dá uma missão, como Martin Buber descreve o deus dos israelitas: este exige, ordena e promete, aproxima-se das pessoas, dirige-se a elas, apresenta-se a elas, pede-lhes, passa-lhes encargos, acolhe-as em sua aliança! Também não é um pai no sentido de "pai nosso" e da doutrina de Jesus. Ele é um pai procriador, um coagente e visitante violento e nupcial. Sua coação se referia às forças naturais selvagens que atuavam no ser humano; sua visita, às mulheres e não aos homens, aos quais apenas deu leis gerais como a lei da hospitalidade. Além disso, protegia as várias leis dos diversos Estados gregos e as defendia com o caráter absoluto de um tirano.

Suas visitas a seletas filhas humanas não devem ser julgadas do ponto de vista da monogamia, para a qual o casamento de Zeus com Hera era modelo. Os modelos primevos têm função de indicar as formas de existência e o marco das instituições humanas. Mas os deuses não estão vinculados a eles como os homens. Às vezes, eles fazem o que é proibido aos mortais, mostrando assim os limites da existência humana. A base das narrativas mitológicas sobre os numerosos casamentos abertos e secretos de Zeus era o mito do caráter seleto das mulheres pelo qual elas se tornam receptoras do sêmen não de seus maridos mortais, mas de seres superiores: um mito que tem sua origem no matriarcado.

Na religião grega, o patriarcado e o matriarcado se mantêm quase em equilíbrio, com aquela preponderância que o pai Zeus dá ao lado masculino, enquanto a própria Grécia, na época histórica, é dominada pelo ponto de vista dos homens. "Todo antropomorfismo está relacionado" (segundo Martin Buber) "à nossa necessidade de preservar a concretude do encontro em seu testemunho, e isto também não é a raiz real do antropomorfismo: no próprio encontro abre-se para nós algo imperiosamente antropomórfico, um 'tu' absolutamente originário, que convida à reciprocidade". Buber se refere ao encontro com Deus, mas isso também explica por que apenas deuses antropomórficos eram invocados na Grécia, nunca (deus). Mas existe uma raiz igualmente importante e não menos verdadeira, dada com a própria natureza humana: a necessidade do ser humano de encontrar imagens que entendam as necessidades dele como as suas próprias, e de encontrá-las justamente onde se determinam as formas de sua existência. O cristianismo atendeu à necessidade do sexo feminino de uma imagem primeva imperecível mediante as várias etapas do culto a Maria, que ele gradualmente foi permitindo. A religião grega fez isso com tal intensidade que só se pode explicar por duas razões: pelo fato de que na Grécia já havia, vinculados a certos lugares, cultos que correspondiam a essa necessidade numa civilização anterior, mais dominada pelos pontos de vista das mulheres, e pelo fato de que o mito grego, por meio de seu antropomorfismo peculiar e refinado, por seu tipo que abarcava todo o humano, estava apta para dar palavra ao conteúdo desses cultos.

A forma na qual a mitologia dos gregos refletia as necessidades da existência grega em seu entrelaçamento era a família de deuses do Olimpo: uma imagem poética da residência e da reunião dos deuses na montanha mais alta da Grécia, que, independentemente da variedade de locais reais de culto, era válida como expressão desse entrelaçamento. Como família régia, essa imagem não possuía equivalente na Grécia após o período micênico, assim como não a possuía a posição régia de Zeus entre os deuses. Ela só pôde valer ao longo de toda a história grega por causa de seu caráter humano, como a imagem de uma família. A família está mais próxima do ser humano do que o Estado, e na Grécia ela nunca se desenvolveu para uma estrutura uniforme e completamente igual em todos os estados. Ela compreendia elementos patriarcais e matriarcais em várias combinações. Portanto, era adequada para reunir os deuses, não como divindades deste ou daquele Estado ou tribo, mas como os deuses e deusas de homens e mulheres em diferentes idades, formas de vida e ocupações, em todas as esferas da existência, com todas as pretensões, mesmo aquelas de origem matriarcal. Mas todas as pretensões dos deuses e homens eram adaptadas ao governo de Zeus. Não um chamado henoteísmo, mas a religião singular de Zeus, assim configurada, podia satisfazer as pretensões do tão talentoso povo dos gregos.

Na família olímpica dos deuses, Hera se vinculava a Zeus como esposa-irmã: um vínculo que era um dos mais proibidos na Grécia. Originalmente, Hera deve ter sido uma verdadeira rainha do céu. Sim, de *sua* figura pode-se depreender por que uma grande deusa que governa sobre o mundo inteiro não obtinha essa dignidade de sua qualidade de mãe! Ela, por acaso, era mãe. Ares, o deus da guerra, e Hefesto, um deus do fogo e do ofício associado ao fogo, eram seus filhos; Hefesto não tinha pai, e é provável que originalmente Ares também não. Ambos pertenciam a uma esfera inferior, fronteiriça com o submundo. O famoso Heraion na ilha de Samos, perto da Ásia Menor, foi por muito tempo o maior e mais importante templo do mundo grego. Em Olímpia, onde todos os gregos adoravam a Zeus conjuntamente, o templo mais antigo pertencia a Hera. Antes do período clássico, Zeus possuía ali apenas um grande altar ao ar livre, como correspondia à sua essência. O culto de Hera era um culto mais antigo na Grécia do que o culto de Zeus. Em Samos, ela já era adorada por uma população pré-grega. Ela também tinha a ver com as esferas inferiores, a que pertenciam seus filhos, e até mesmo com o submundo. A casa, em especial, estava sob sua proteção. Pequenas imitações de casas eram dedicadas a ela. Dentre todas as divindades, um templo era o que mais lhe pertencia; e na casa, a cama de casal, que, numa execução suntuosa, também lhe era oferecida em seu templo. Ela governava várias esferas do mundo, vinculada a uma periodicidade que seu mito expressa claramente. Ela merecia a dignidade de rainha do céu porque uma deusa lunar merece essa mesma dignidade. Uma noite de lua cheia na Grécia é algo que pode exemplificar o que é (deus). Hera só se tornou um fenômeno extremamente humano por meio do mito grego.

No início, a terra foi e permaneceu sendo, de modo sempre presente, a base da existência para deuses e pessoas. Ela foi a primeira mãe, inicialmente sem esposo, depois em união com seu filho primogênito, Urano, o céu. Ela era invocada sempre e em toda a parte por seu nome, Gaia ou Ge, a palavra para terra. Até mesmo os deuses lhe ofereciam libação. Por essência, ela não precisava de um lugar especial de culto. Como filha, a mitologia grega deu-lhe a grande mãe-deusa e deusa das montanhas Reia, originária da Ásia Menor e provavelmente também de Creta, cujo séquito extático originalmente consistia em seus próprios filhos (que eram ao mesmo tempo seus esposos). Ela foi reconhecida e adorada pelos gregos como a mãe dos deuses, mas sem um lugar significativo de culto na Grécia. Mas foi supostamente em seu lugar que entrou a terceira grande deusa-mãe da religião grega num culto e mito altamente significativos, o de Elêusis: trata-se de sua filha Deméter, cujo nome é uma variante de "mãe terra". Ela dava aos seres humanos, ou retinha e lhes devolvia, o fruto da terra, o grão. E o fazia na qualidade de mãe, mas não como mãe de todos, mas como mãe de sua filha, e possuía com ela, a rainha do submundo Perséfone, um culto que em virtude dessa relação tão feminina apenas se deve citar em segundo lugar na Grécia quando comparado ao culto de Zeus.

Há indícios de que o culto a Hera competia inutilmente com aquela religião peculiar em cujo centro estavam a mãe e a filha e seus mistérios, celebrados em Elêusis. Como Homero relata, o reino grego dos mortos era como o *sheol* hebraico, um reino de sombras. Homero demonstra grande reserva em relação aos mistérios. Ninguém na Grécia era obrigado a acreditar na dádiva dos mistérios que Deméter oferecia à humanidade e que não era idêntica à dádiva dos cereais. A filha dela foi raptada. Uma unidade que existia entre mãe e filha foi destruída à força. O raptor era o rei do submundo, o Zeus subterrâneo, Hades ou Plutão. Deméter chorou a ausência da filha, procurou-a e a encontrou como rainha do submundo. Ela a viu e se encheu de alegria. Aqueles que, na maior cerimônia dos mistérios de Elêusis, ouviam que Perséfone dera à luz um filho no submundo e eram capazes de vê-la também se alegravam. Eles podiam ter mais certeza de outra sorte após a morte do que os não iniciados. Uma espiga madura levantada confirmava-lhes isso. A misteriosa oportunidade de *ver* sem morrer a rainha do submundo, a governante mais poderosa sobre os seres humanos, e de conhecer sua essência foi parte integrante da religião na Grécia pelo menos desde o período micênico, durante cerca de 2.000 anos. Exigia uma habilidade visionária que era promovida por todos os meios, alguns dos quais também ocorrem em outras religiões, como o jejum, e que levava a um objetivo cujo efeito não pode ser posto em dúvida.

A própria Deméter estava presente em todos os lugares da Terra, na medida em que esta trazia grãos verdes ou dourados. Com seu amor, ela também agraciou um mortal no sulco e deu à luz Pluto, a "riqueza". Ela era a esposa e irmã de Zeus quando concebeu Perséfone com ele. Mas quem a *conquistou* foi seu irmão e irmão de Zeus, o deus do mar que fazia a terra estremecer. Ele trazia em seu nome a qualidade de ser o marido de Deméter: Poseidon é tanto quanto *posis Das*. No mar, ele celebrou seu casamento com Anfitrite, no meio das deusas do mar, que eram tão numerosas quanto as ninfas das fontes e das árvores. Estas também não viviam mais tempo do que suas fontes e árvores.

Virgens e meninas entre as deusas são uma característica da religião grega. Isso correspondia a ela enquanto religião patriarcal que mantinha um antropomorfismo feminino como expressão válida da divindade, mas, excetuando o culto a Deméter, empurrava tanto quanto possível para segundo plano o culto das grandes deusas, que exigiam uma religião matriarcal. Perséfone, no entanto, era a deusa dos gregos chamada *principalmente* Kore, "menina". Seu mito, bem como o sequestro da donzela como um difundido rito nupcial, refletiam o destino geral de meninas e mulheres, não apenas o destino de Perséfone. Ártemis se encontrava ao seu lado como uma figura de irmã: de irmã, na medida em que não apenas Leto, mas também Deméter lhe era atribuída como mãe. Neste caso, Poseidon era seu pai, mas, em geral, o era Zeus. Como caçadora e ao mesmo tempo como protetora de animais e pessoas jovens, ela habitava a selva, lagoas e regiões pantanosas, mas também se fazia presente nas altas montanhas. Ela preservava sua integridade virginal, dissuadia as virgens da maternidade com as dores do parto, e matava e salvava as mulheres em trabalho de parto. Outra virgem entre as grandes deusas era invocada como mãe: Palas Atena. Ela era filha de seu pai em todos os sentidos: aconselhava e protegia a família patriarcal. Para expressar essa relação da forma mais clara possível, o mito retinha um traço não puramente antropomórfico de épocas anteriores: a deusa brotou da cabeça de Zeus. Uma mãe virgem, como Palas Atena o era especialmente para a cidade que leva seu nome, Atenas, constituía a solução para necessidades aparentemente contraditórias: adorar, ao lado do pai como ser supremo, uma deusa materna a ele subordinada.

Deste modo, além de Hera, sua esposa, também uma filha se vinculava estreitamente a Zeus. Dos deuses que eram considerados seus filhos, Apolo era o mais próximo dele. Originalmente, ele estava unido numa família matriarcal com sua mãe e irmã, Leto e Ártemis. Sua essência o conectava a Zeus, uma essência em que luz e espírito formavam uma unidade. Ele era a favor da harmonia e da pureza e as produzia, ora musicalmente, ora como o aniquilador de tudo o que era impuro. Ele também atuava por meio de seus oráculos, principalmente em Delfos, que tinha uma autoridade na religião grega semelhante à de Roma na Idade Média. No hino homérico a Hermes, sua posição na religião de Zeus é expressa com máxima clareza quando ele diz a seu irmão Hermes que somente a ele cabe saber e guardar aquilo que o *nûs* do pai sabe.

Hermes, o filho de Zeus e Maia, uma das primeiras grandes mães empurradas para segundo plano, era um espírito mediador, um deus do meio entre acima e abaixo, entre o reino dos vivos e o dos mortos, um mensageiro entre os deuses e para os seres humanos, um deus do acaso, da sorte e do ganho, da perda imprevista e do roubo, pois em seu âmbito este também é visto do ponto de vista do acaso e da sorte. Ele protege os viajantes e os vagabundos, conduz as almas ao submundo e pode trazê-las para cima de novo. Sua essência não obscura, mas dúbia, extremamente masculina, mas tão compatível com a feminilidade de Afrodite que ela podia ser fundida com Hermes e Hermes com ela formando um único ser hermafrodita. Afrodite era adorada dessa forma em Chipre, uma ilha que já pertencia ao Oriente.

Afrodite, a grande deusa do amor, encontrou seu caminho até o Olimpo como a segunda grande rainha do céu. Em essência, ela não era outra senão aquela conhecida por muitos nomes, como Astarte e Ishtar, que no Oriente Médio estava ligada à estrela mais brilhante do céu, Vênus. Agradavam-lhe lugares de culto muito elevados, como Acrocorinto, e o mar de onde emergiu; como manifestação, ela era comparável às outras deusas meninas da mitologia grega. Onde nasceu, ela estava também presente como deusa do mar, mas apenas do mar calmo: presente principalmente em seu brilho quando há calmaria no Mediterrâneo. Mas se um poeta grego a chama de "Afrodite dourada", isso deve ser traduzido como "prazer dourado do amor". Na ordem patriarcal da religião grega, Afrodite se tornou filha de Zeus e esposa de Hefesto. Mas tinha ela como amante o outro filho de Hera, Ares, e rompia com isso a ordem patriarcal. Seu âmbito era o adultério não menos que o matrimônio.

Além do culto de Afrodite, havia na Grécia uma grande religião que, igualmente, só poderia ser subordinada de maneira externa à religião de Zeus – ao lado da qual existia: a religião de Dionísio. A subordinação é indicada no primeiro membro do nome "Dionísio": somente assim pode começar o nome de um ser que pertence a Zeus, como "Diógenes", por exemplo, exprime a descendência de Zeus. "Dionísio", contudo, não pode ser totalmente entendido com base na língua grega. Num período muito antigo, aconteceu que essa divindade se tornou filho de Zeus. O mito deles deve ter sido um mito cretense, já na época minoica, quando Zeus se apoderou dele *em parte*: ele puxou para si a história da criança divina que se passava numa caverna. Tratava-se de um mito cretense, originalmente pouco adequado a um deus que resplandecia no céu. Por aceitar Zeus como seu pai, Dionísio manteve a posição suprema na religião das mulheres que o serviam. Essa religião era extática, mas não tão exclusivamente dominada pela embriaguez como tem sido a opinião geral desde Nietzsche e Erwin Rohde. Em vez disso, Karl Otfried Müller, um estudioso mais antigo, deve ser citado aqui. "A natureza (cujo símbolo mais perfeito aqui é o vinho) que subjuga o sentimento humano e o arranca da calma da clara autoconsciência é que está na base de todas as criações dionisíacas. O círculo das figuras dionisíacas, que, por assim dizer, formavam um Olimpo separado, representa essa vida natural com seus efeitos sobre o espírito humano, em diferentes níveis, ora em formas mais nobres, ora em formas menos nobres; no próprio Dionísio desabrocha-se a mais pura flor, associada a um *afflatus*, que enche o ânimo de felicidade, sem destruir o calmo borbulhar das percepções."

Como "não nobres" aparecem os sátiros e silenos, os excitados seres masculinos com patas de bode e cavalo, que Dionísio acolhia em seu séquito. Além das ninfas, também perseguiam as acompanhantes de Dionísio antes que este as domesticasse. As acompanhantes, sejam ninfas ou mulheres extáticas, são conhecidas como mênades. O culto a Dionísio voltava-se, mais do que à "vida natural", à vida de todos os seres vivos individuais, que como (deus) aparecia em formas variadas: como cabrito e touro, como lactante e homem maduro. Essas eram as principais manifestações de Dionísio em seu culto e diante dos olhos visionários das mênades. Estas anelavam por um objetivo supremo: ser ama de leite do pequeno Dionísio e esposa do grande, tal como Ariadne, originalmente uma grande deusa ela também e mais tarde princesa cretense.

1966

Theós: "Deus" em grego

O pensador judeu e tradutor da Bíblia Franz Rosenzweig disse: "Não sabemos nada de Deus; mas isso é um não-saber de Deus". Com isso ele indicou a situação extrema a que a atitude *positiva* judaica, cristã e pós-cristã a respeito de "Deus" pode chegar na direção *negativa*. Até mesmo uma teologia negativa permanece, sim, ela permanece mais sob a influência de "Deus" de uma forma mais pura, mais notável e mais desafiadora da investigação do que qualquer teologia positiva. A situação não é diferente se a direção negativa ultrapassa esta situação limítrofe e conduz a uma *atitude* negativa em relação a "Deus": à negação, ao combate ou até mesmo apenas a uma desconsideração, que – do ponto de vista de Rosenzweig – seguiria sendo desconsideração de "Deus".

O ateísmo, em suas duas formas historicamente tangíveis hoje, não se relaciona ao "Deus" do qual nada se pode saber e do qual uma teologia negativa *fala* no limite do desenvolvimento judaico-cristão ou sobre o qual um misticismo correspondente *silencia*, mas sim a uma imagem de Deus que se encontra bem mais atrás dessa linha de desenvolvimento: ao Deus, que repercute não apenas numa teologia, mas numa teocracia, reinando e legislando, como o mandante e o legislador.

Já se percebe que nenhuma etapa de orientação no campo que adentramos é possível sem o uso de derivados da palavra *grega* theós – como teologia, teocracia, ateísmo. E pisamos nesse solo a partir da situação atual! Esta inclui o avanço daquelas duas formas de ateísmo que, no entanto, permanecem sob o círculo de influência do "Deus" negado, combatido e, de maneira indireta, *muito* respeitado, como se estivessem cravadas nele. Uma forma é o existencialismo sartreano; a outra, o marxismo. Por diferentes que sejam, elas são aparentadas precisamente naquele *traço* de que devemos estar particularmente cientes antes de nos voltarmos para a questão: O que é, de fato, isto: "deus" – em grego?

Sartre considerava seu existencialismo um humanismo justamente com base numa espécie de teologia negativa. Em sua obra *O existencialismo é um humanismo?*, ele diz que o existencialismo não é nada mais que "um esforço para extrair todas as conclusões de uma postura ateísta coerente". O existencialismo seria um humanismo, porque lembra ao ser humano que não há legislador além dele e que em seu abandono é ele que decide sobre si mesmo. Com o abandono do homem, sua tese pressupõe "Deus" de uma maneira negativa e, de fato, se baseia nele ou mais precisamente numa concepção teocrática de "Deus".

Mas o mesmo pode ser dito do marxismo, que na prática se apresenta totalmente absolutista, ao qual pertence como pressuposto histórico a pretensão do "Deus" legislador que exige submissão incondicional à lei: o pensamento teocrático em forma secularizada. É especialmente estranho que um escritor com conhecimentos psicológicos como Sartre só pudesse imaginar semelhante "Deus" e não tenha levado em conta que esse era e seguiu sendo *seu* "Deus", mesmo depois de ele lhe ter negado a existência. Sua atitude para com ele é – como a dos marxistas também – rivalidade, que por esse motivo desafia o ateísmo.

Portanto, todos os teólogos negativos – para não falar dos positivos – creiam ou não, sejam místicos ou ateus, atestam uma limitação de pensamento e atitude – da atitude positiva, bem como da negativa, que o humanista e o historiador da religião têm de romper se pretendem um dia formular de maneira séria e científica a pergunta: quando se fala do "deus" dos gregos, está se falando do "Deus" num sentido judaico, cristão ou pós-cristão, crente ou não crente? Então não seria também o "divino", o *theîon* que os filósofos gregos tanto apreciam usar no lugar de *theós*, apenas uma atenuação do "deus" que porta esse *mesmo* sentido? Há uma saída dessa esfera de influência, se nossas expressões de orientação científica como teologia, teocracia e ateísmo se baseiam na suposição não verificada de que *theós* é o mesmo que o "Deus" do mundo judaico-cristão e ateísta, na medida em que este está penetrando e avançando?[452]

---

452. Os textos para o que vem a seguir encontram-se em meus *Griechischen Grundbegriffen*, Zurique, 1964, p. 16ss. O linguista a que me refiro em primeiro lugar, embora não tenha percebido as consequências de suas observações linguísticas para a ciência da religião, é WACKERNAGEL, JACOB,

A saída só pode ser procurada lançando dúvidas sobre a autoridade do dicionário. O dicionário oferece equiparações: *theos* é igual a "Deus". Isso pode servir como hipótese de trabalho para uma compreensão preliminar dos textos nos quais a palavra ocorre. Cada texto grego pertence ao contexto mais amplo do mundo grego. Cada palavra grega habita esse mundo de maneira móvel e sonante, enquanto no texto individual ela se tornou imóvel, e no dicionário passou a ser um estranho entre estranhos. Os gregos também viviam num âmbito de influência que incluía pessoas religiosas e antirreligiosas em relação a seus deuses. Sua manifestação plástica na literatura e na arte torna o plural *theoí* muito mais palpável do que o singular *theós* e, portanto, também torna a tradução – "deuses" – utilizável para nós que conhecemos "deuses" dessa literatura e dessa arte, enquanto para o singular permanece aberta a questão que deve ser colocada de maneira ainda mais aguda do que antes: Quem ou o que é realmente *theós*, que os dicionários afirmam ser "deus" em grego?

O âmbito de influência que limitava o pensamento e a atitude dos gregos torna-se bastante compreensível para nós por meio de um evento histórico. Dicearco, almirante de Ptolomeu, o quinto governante grego do Egito (203-181 a.C.), travou uma guerra de conquista contra as ilhas Cíclades, em desrespeito ao direito internacional protegido pelos deuses. Ele professou sua hostilidade aos deuses e aos homens erigindo altares de *Asébeia*, o "desprezo pelos deuses", e de *Paranomía*, a "ilegalidade", em inúmeros lugares das ilhas conquistadas. A palavra *átheos*, que em grego tem não apenas um conteúdo subjetivo – negação dos deuses – mas, com maior frequência, um objetivo – o ser abandonado pelos deuses – deve ser aplicada ao almirante no primeiro sentido. Dicearco até mesmo forneceu a *esse* pensamento e *essa* atitude uma expressão cultual.

Às vezes, os filósofos quebravam o âmbito de influência do culto e se expunham a um processo judicial por causa da *asébeia*. Nem todos o fizeram, e sua atitude positiva em relação ao culto era, no entanto, sincera. O julgamen-

---

Vorlesungen zur Syntax, 1. Reihe, 2ª ed., Basel, 1943, p. 293. Meus estudos nesse sentido também pertencem a um contexto linguístico-filosófico; cf. meu estudo "Die Sprache der Theologie und die Theologie der Sprache", in *Zeitschrift Areopag*. 4, 1969, p. 81ss.

to contra Sócrates teve uma justificação fraca. Aristóteles é a nossa principal testemunha de como um grande filósofo, que também foi decisivo para o mundo cristão, era vinculado a esse âmbito de influência e foi processado a despeito dessa vinculação. Ele introduziu um culto à Areté, em homenagem a seu amigo Hérmias[453], que demonstrou sua virtude – sua *areté* – morrendo na cruz. Aristóteles foi acusado de *asébeia*. Mas nem mesmo acerca dos céticos e *átheoi* declarados se pode supor – especialmente após a experiência histórica com os ateus de hoje – que eles abandonaram a esfera de influência mais ampla em que *theós* possuía seu significado grego.

Devemos, em todo caso, falar de um círculo mais amplo do que o círculo de influência do culto grego, pelo menos um tão amplo quanto o mundo grego. Pelo que eu disse sobre a vinculação dos gregos com o culto, o fato de *theós* não ser uma palavra usada no culto é extremamente importante. Um conhecedor muito confiável, que pesquisou todo o material linguístico grego, fez a simples constatação de que na gramática do grego antigo não existia o caso vocativo para *theós*. Somente no grego tardio, entre os escritores judeus e cristãos, é que apareceu a forma vocativa exigida pelo culto e pela oração. Até o nominativo *theós* como invocação é tardio.

O linguista a quem devemos esta observação não deduziu dela quaisquer inferências quanto à religião grega, e menos ainda quanto ao que poderia ser *theós* se essa palavra era inútil para o culto. No vocativo em grego, os nomes próprios divinos são invocados. Só estes entram em consideração para o culto – um ou vários dentre os "deuses", ou todos os deuses de uma vez; *theós* só foi capturado no círculo de influência do culto dessa maneira – a maneira da representação por meio dos "deuses". A não ser por isso, ele permaneceu fora e significa, se não uma limitação do pensamento e da atitude gregos, pelo menos uma situação de partida muito concreta para ela e da qual se pode supor que continuou a atuar no mundo grego – novamente de acordo com nossa experiência histórica no mundo judaico-cristão e no ateu.

Outro conhecedor do estoque linguístico grego, um grande filólogo, fez a segunda constatação linguística importante: *theós* é um conceito predicati-

---

453. Cf. infra p. 242ss.

vo. Por certo, em grego também é possível afirmar algo sobre *theós* – e não é exatamente isso que é especificamente grego. Por exemplo, pode-se dizer que ele é *agathós*, bom. Na passagem em que a palavra *theología*, em sentido semelhante ao que falamos de teologia, aparece pela primeira vez na literatura grega, na *República*, de Platão (2. 379a), é precisamente isso que se registra, a partir da profundidade do sentimento linguístico dos interlocutores, Sócrates e Adimanto: como afirmação sobre *theós*, cabe-lhe predicativamente *agathós*, e não, por exemplo, *kakós*, ruim ou mau. Originariamente, contudo, parece que nada se afirmava sobre *theós*; ao contrário, afirmava-se que algo era *theós*. Não há neste caso nenhuma ousadia linguística. Com efeito, o aspecto especificamente grego é dizer a respeito de um evento: "É *theós*!"

Vou repetir dois exemplos: um oriundo de Wilamowitz, e o outro, extraio de meu livro *Griechische Grundbegriffe* (*Conceitos gregos básicos*). Ambos os exemplos vêm de tempos em que a filosofia grega já existia, mas não foi nenhuma das escolas filosóficas que os tornou possíveis, mas sim a língua grega. Helena, na tragédia homônima de Eurípides, exclama: "Ó deuses! Pois é deus quando se reconhecem os entes queridos". O acontecimento do reconhecimento dos entes queridos é *theós*. Outro exemplo nos foi transmitido em latim, em Plínio o Velho, que, creio, traduz o comediógrafo Menandro: *Deus est mortali iuvare mortalem* – "Para um mortal é deus ajudar um mortal". Ambas as frases podem aparecer como uma sublimação particularmente fina e tardia do conteúdo do *theós*. Não é o conteúdo, mas a forma de ambas que nos permite compreender por que *theós* não pode ter vocativo, e por que isso é uma peculiaridade inicial, não posterior, da língua grega. Um evento divino provavelmente será saudado com *Ecce deus! Theós!*, no nominativo, mas não invocado no vocativo.

Com isso escapamos do domínio autoritário do dicionário, em que *theós* equivale a "deus". Deve-se acrescentar: dinâmica e temporalmente, apenas no plural o termo é entendido como seres imortais, eternos e de vida leve! Com o *ecce deus* – como deve ser a tradução em latim de *theós*, posto absolutamente, como uma frase por si –, irrompe algo para o qual a filosofia grega tem a palavra derivada *theîon*, o "divino", mas não um "divino", que seria apenas uma atenuação de "deus"! Irrompe *o evento divino*: *theós* acontece, temporalmente neste mundo e está completamente nesse acontecer. Se borramos a fronteira linguística e, com isso, a fronteira entre os diversos círculos de influência, a frase é: *deus acontece*. Podemos fazer alguma coisa com ela hoje? Minha experiência com teólogos, mas também com outras pessoas em relação à frase, não é de que ela seria rejeitada por todos por conter algo impossível!

No uso linguístico homérico, *theós*, como palavra no singular, não é apenas gramaticalmente a precondição dos deuses no plural, mas sua precondição em geral, como um nível anterior mais amplo sobre o qual aqueles, por assim dizer, se erguiam – ainda não como suas estátuas, mas como imagens no espírito portadoras de nomes. No caminho desde o acontecimento até o agente, *theós* – como forma de palavra masculina e não neutra, para a qual há vestígios na língua grega – encontra-se muito próximo do nomear e do aparecer, que são a mesma coisa em duas esferas diferentes da percepção, aquela que fixa linguisticamente e aquela que é visionariamente sensível. Ouçamos, por exemplo, duas linhas da *Odisseia* (13 189/90). A primeira diz: "Pois deus o envolveu em névoa". Aqui, *theós* poderia ser tanto um deus como uma deusa. A próxima linha traz o nome: "Palas Atenea" – e logo se segue a aparição também.

Os deuses, no plural, permitiam a interpelação, a oração, a invocação. Mas se eles são privados da nomeação individual ou da aparência como um grupo de deuses ou da imagem poética de sua existência bem-aventurada no Olimpo, então quase coincidem em sua totalidade com *theós*, constituem sua forma invocável, como no verso citado da *Helena* euripidiana: "Oh, deuses, pois também é deus quando se reconhecem os entes queridos". Pode-se dizer que *theós* irrompe continuamente não como substância, mas como acontecimento na totalidade dos deuses, assim como em cada um deles; mas, na forma de acontecimento, ele não irrompe em nenhum deles tão com caráter de *theós* como em Zeus. Mas Zeus também é aquele cujo nome poderia ser usado de modo equivalente para *theoí*, os deuses: Homero faz isso com frequência incomum[454].

---

454. A estatística a respeito se encontra na tese de doutorado de Erik Hedén, *Homerische Götterstudien*, Uppsala, 1912. As conclusões concernentes a Zeus também foram extraídas em meu ensaio "Die Strafe des Prometheus", *Opuscula Romana VI des Institutum Romanum Regni Sueciae, Festschrift für Gösta Säflund*, 1968, p. 70ss.

Se extraímos as conclusões desta última constatação estatística, temos de perguntar: Quem ou o que Zeus, o deus supremo da religião grega, realmente era? Ele é aquele grande evento por trás dos deuses individuais e do qual os outros surgiam. Quando o grandioso acontece, é chamado de Zeus. Isso, assim expresso, está de acordo com o que ficou claro a respeito de *theós*: como acontecia *theós*, acontecia Zeus. Walter F. Otto achou significativo que, a julgar por seu nome, ele também era um deus dos indianos como Dyaus-pita, e dos germanos como Ziu. Mas, nestes casos, ele não era de forma alguma o "deus dos deuses", para retomar essa expressão de Hölderlin, como era entre os gregos: e quase sempre entre os romanos como Júpiter. Estes também o conheciam como Diespiter[455]. Todos os nomes mencionados têm algo a ver com luz. Seu parentesco com *dies*, dia, pode ser considerado linguisticamente comprovado. Até onde ele pode ser alcançado na história, Zeus certamente era mais do que a luz do dia. Seu nome, contudo, aponta um acontecimento como a luz do dia.

Este "quase como a luz do dia" ou "mais do que a luz do dia" pode, em seu caráter de evento, ser determinado linguisticamente de modo preciso. Zeus é um substantivo masculino, um pouco mais próximo da coisa concreta do que *théos*. Seus parentes linguísticos mais próximos incluem dois femininos: *dyau-*, céu, invocada como mãe e deusa na Índia antiga, e *dies*, dia, que oscila em latim entre o feminino e o masculino. Isso demonstra que o conteúdo concreto, mesmo neste caso de um acontecer, precede sua concepção como um ato de um agente e, até mesmo, sua concepção como um agente. Novamente, foi um linguista exato[456] que afirmou que o conteúdo original do nome, de acordo com sua propriedade linguística, deve ser o resplendor e só depois o iluminador. Pode-se acrescentar: o resplendor não só do céu e do dia, mas um resplendor feliz em geral.

Numa peça satírica de Ésquilo, os *Diktyulkoi*[457], *Pescadores à rede*, o poeta descreve como, da costa da ilha de Serifos, se podia observar uma cai-

---

455. Cf. acima p. 157.
456. ZIMMERMANN, HERBERT, *Das ursprüngliche Geschlecht von dies*, Glotta 13, 1924, p. 95ss.
457. *Supplementum Aeschyleum*, fr. 178.

xa no mar. Nela estava o pequeno herói Perseu com sua mãe. Quando um pescador avistou de longe a dádiva do mar – suspeitou haver um tesouro na caixa –, invocou além de Poseidon, o senhor do mar, outro deus: "Zeus no mar". Porque no mar *resplandeceu para ele*. Tratava-se de um acontecimento divino concreto, como logo se verificou. No entanto, um acontecimento nunca é inconcreto, mesmo quando se prescinde de seu conteúdo. Em vez disso, pode ser chamado de O Concreto Primevo, o concreto em si, destituído de todo o material. O resplendor é concreto – incluindo o resplendor nos pensamentos. O grande acontecimento que se chama Zeus é o resplendor sem distinção, seja ele qual for: a grande dádiva para os seres humanos que estão abertos a ele. É a epifania divina antes do mito efetuado, antes da revelação efetuada ou como quer que se queira chamar o efetuado.

A aparição de uma revelação *no* mundo não efetuada, de uma revelação nem mesmo pictórica: isso é *theós*, é o *theîon* dos filósofos gregos. Ele não apenas existe de uma forma imprevisível, mas também quando é reconhecido em sua capacidade de *theîon* brilha em toda a parte – através de tudo e em tudo. Brilha nas estações e fases da lua, em todas as idades e em todos os âmbitos da vida. Ele acontece quando nasce uma criança. O resplendor de um novo ser é como o resplendor do sol: é o filho divino[458], é o resplendor, formando uma imagem comum, do sol, dos seres humanos e dos deuses que nascem – como Zeus e Apolo, como Hermes, Dionísio e Cristo. Ele resplandece – um resplendor formando outra imagem, mas sempre um resplendor – na menina, na virgem e no adolescente. Resplandece na vida masculina e na sabedoria da velhice. Resplandece, plasmando-se em imagens especiais, como uma divindade especial. Onde resplandece de maneira primeva, no nascimento, pode se tratar ainda de todos os deuses: todos masculinos, porque no nascimento o feminino-divino é o que dá à luz. Mas Ártemis resplandeceu na garotinha; no jovem resplandeceu Apolo. E nos homens e mulheres maduras resplandecem diversas coisas que vão além desta consideração.

No entanto, o grande resplendor, quando se chama Zeus, também é interpelado como pai: *Zeû páter*! Ele é o pai dos deuses e dos homens. O

---

458. *Werkausg.* I, p. 68s.

pai também é invocado no nome de Júpiter. No entanto, as diferenças entre Zeus Pai e todo pai que ordena, exige e legisla são grandes demais para que o "Deus Pai", que Sartre e os marxistas combatam com ódio de rivais, pudesse ser inserido aí sem hesitação. O Pai Zeus era pai de maneira diferente. Hera faz parte de Zeus como sua esposa, dele fazem parte as deusas e heroínas que ele distinguiu com sua visita nupcial e com quem gerou deuses e heróis, como Dionísio e Hércules. Este pai procriador é diferente do pai que ordena, cujos traços "Deus" porta no Antigo Testamento, ou do pai a quem Jesus invocava como seu pai e como o "nosso". Zeus se tornou pai em seu acontecer, no evento particular como é a procriação de um ser divino: de um ser particular que até mesmo aparece entre os seres humanos como se fosse *theós*.

Zeus não dá ordens e não entra em contradição consigo mesmo permitindo o mal. Seu *nûs*, seu espírito que tudo reflete[459], a expansão do resplendor para além do momento: ele apenas prevê. Mas ele nem mesmo é onipotente. O poder de Zeus é limitado pelos limites do próprio homem: por aquilo que é a parte de cada mortal na vida. Parte significa Moira em grego, ela é a deusa que acontece em cada vida humana e está acima de Zeus, que não pode prolongar uma vida além de seus limites dados. Moira significa o âmbito atribuído a cada um, incluindo seu limite. Ao ser humano nunca cabe o todo, apenas *uma* vida, mas nesta vida também lhe cabe participar em diferentes esferas: ao filósofo na apolínea, mas também nas esferas que cada cidadão adentra de acordo com sua idade e o calendário festivo de sua cidade. Todas as esferas da vida eram ao mesmo tempo formas de manifestação de deuses. Cada deus era a origem de uma esfera, que brilhava a partir dele quando ele era reconhecido em sua particularidade. Esses reconhecimentos geraram, pela experiência de séculos – realizada em estátuas, adorada em templos e recintos sagrados –, os deuses da Grécia.

Estes, por sua vez, geraram uma ordem clara, cujo resplendor em sua necessidade – necessidade apenas aparente, se assim se quiser – era Zeus. A ordem também era protegida por lei. Zeus não fornecia essas leis. Ele nem mesmo protegia aquelas que representavam a regra da natureza fomentadora

---

459. Cf. acima p. 107s.

da vida: esta era uma área das grandes deusas. Caracteristicamente, ele aparecia onde as leis eram severas, como elas tinham de ser inevitavelmente para incutir nas pessoas a compreensão de que não apenas a vida, mas também o que é humanamente possível tem seus limites. Ou melhor, dizendo o inverso: a clara compreensão sobre a *condition humaine*, sobre a situação do homem no universo, esse *resplendor* fazia que esses limites parecessem duros e Zeus parecesse o detentor do poder onde esse resplendor possuía tal poder.

No *Prometeu acorrentado*, de Ésquilo, encontramos a frase que, com base nessa compreensão, ilumina o mundo que Zeus governa. É colocada na boca de um dos brutos esbirros de Zeus, que acorrentam Prometeu e personificam o poder e a violência. Ela diz (50): "Ninguém é livre – exceto Zeus!" Trata-se de uma afirmação de grande peso, que na religião viva de Zeus – pois assim se deve definir a religião grega – não implica, entretanto, a escravidão do ser humano em geral, nem mesmo sua submissão absoluta. Apenas Zeus é livre – e, portanto, ele é a origem e fonte da liberdade. Sua esfera era constituída pelas cidades e países livres dos gregos, no exercício de sua liberdade de Estado. A ele era dado o epíteto *Eleuthérios* numa vinculação consciente da *eleuthería*, a liberdade que eles desfrutavam, com o nome de Zeus. O sucessor de Polícrates de Samos ergueu um altar a Zeus Eleutherios quando dissolveu a tirania. Depois da vitória em Plateias, pela qual os gregos salvaram sua liberdade contra os persas, eles criaram, em agradecimento a Zeus Eleutério, um culto com festivais chamado Eleuthéria. Os templos colossais de Zeus em Selinunte e Agrigento são os monumentos dos colonos na Sicília à liberdade defendida com êxito. Augusto renovou o templo de *Iuppiter Libertas* no Aventino. Em Roma, o deus também era chamado de *Iuppiter Liber*. O nome *Iuppiter Libertas*, "Júpiter, a Liberdade", era a interpretação inequivocamente romana de Zeus Eleutério, que Augusto cita devidamente no texto grego de sua inscrição.

Como todo resplendor, que não é uma mera experiência ótica para o ser humano, mas uma experiência que se passa nele próprio, Zeus era *também o acontecer da liberdade*. O resplendor no espírito *é* um acontecer na liberdade! Sua elevação do instante à duração eterna do ser como uma qualidade de Zeus ensina algo muito importante. Mostra que a razão de ser e a função do deus supremo dos gregos, um "deus dos deuses", era precisamente isto: ser origem e fonte da liberdade. Testemunha a mais profunda confiança na possibilidade incessante desse acontecer, mas também um profundo saber acerca da imprevisibilidade de sua ocorrência. Os gregos possuíam palavras para isso, como *theós* – ou Zeus.

A SACRALIDADE DO FESTIM

A primeira grande impressão do que é característico e diferente, do que é diverso dos modos de vida que conhecemos, todos nós a obtemos com a leitura de Homero, quando no primeiro canto da *Ilíada* chegamos à descrião do sacrifício de reconciliação a Apolo. Até então, tudo nos era familiar, incluindo a ira do deus e seus motivos demasiado humanos. Mas esse tipo de expiação e piedade, que exige o abate e o consumo de cem belos bois, é bastante estranho para nós. A alegria do poeta ao descrever o processo sangrento já nos parece rara:

>Completa a rogativa,
>Esparso o farro, à vítima o pescoço
>Vergam atrás, e degolada a esfolam;

Os gregos que sacrificavam dobravam o pescoço dos bois para trás. E então o cuidado e a alegria dos próprios sacrificadores no preparo do alimento que cabia ao deus! Eles arrancaram as peles, segundo a voz prateada da tradução alemã de Voss, que tenta imitar o tom dourado de Homero:

>O gado isolam já, depelam e degolam,
>E as coxas que cortando estão cobrem de banha,
>Duas vezes carnes cruas por cima puseram,
>E em lenha coze o velho, e o negro vinho em cima
>Jorram, quinquidentadas brochas têm os jovens.

Uma espécie de lança de cinco pontas era o grande espeto de sacrifício no qual uma coxa inteira de touro, tornada mais facilmente combustível graças à gordura e ao vinho forte, podia ser mantida sobre o fogo. O cheiro intenso da gordura e da carne queimadas que circunda o grande sacrifício grego com os vapores de uma cozinha pródiga para gigantes indulgentes – vapores que agradavam aos deuses do Olimpo segundo a visão homérica –, todo esse clima de gordura em excesso e nutrição está longe daquilo que consideramos e percebemos como sagrado. Aqui encontramos pela primeira vez aquela sacralidade do banquete, que irradia o verdadeiro sacrifício e que preenche toda a cena da refeição sacrificial, a qual nos parece tão mundana e nada sagrada:

> Já assadas todas coxas, e, entranhas provadas,
> Cortam o resto que em espetos enfiaram,
> Com jeito cozem mais, retiram tudo do fogo.
> E findo esse lavor, para o festim se aprumam,
> E pronta a refeição magnânima, comeram.
> Saciada a gula de comer e de beber,
> Jovens vão coroando com vinho as crateras,
> e as primícias em copas à roda distribuem.
> E por todo o dia reconciliam ao deus com cantos,
> entoando belo peã, os jovens de Acaia,
> celebrando o poder do Arqueiro, alegre a ouvi-los.

Aqui, no próprio festim, há um clima diferente do que nos atos de matar e queimar, assar e comer o animal sacrificado: aqui há proximidade do deus; o deus Apolo, que acerta de longe, torna-se para os sacrificadores o conviva espiritualmente presente de seu festim, que nesse estágio também adquire para nós o caráter de uma festa verdadeira, não particularmente "sagrada", mas natural-religiosa. A festividade de um banquete preparado e consumido com devoção, no qual se elimina todo pensamento que desvie dessa devoção e só se permite o que se ergue do estado do consumo atento em direção a uma autoexpansão que se instala espontaneamente, tal festividade também pode ser experimentada com as mais simples refeições. Nesse sentido, a própria comida é matéria de uma festa possível. E a autoexpansão dos participantes encontra suas formas naturalmente dadas no canto e na dança, de modo tão espontâneo como ela se instala no banquete. O festim antigo – dos gregos, etruscos e romanos – nunca permanece puramente material e formal, mas está sempre relacionado a uma presença divina, a um ou vários participantes espirituais na condição de convivas, e se torna, precisamente por isso, uma festa plenamente realizada.

É bem possível que tenha sido a influência dos gregos a primeira a elevar o banquete etrusco e romano à posição de uma festividade que é algo mais do que apenas material e natural. Por enquanto, devemos recordar, ao menos brevemente, o aspecto essencial que atesta esse caráter festivo pleno do festim no sentido da religião grega. Grandes festins são chamados na *Ilíada* de "festins dos deuses". Não é dito que eles sempre têm o significado de festins especiais de sacrifício, como o descrito no primeiro canto da *Ilíada*. O festim era precedido do abate de um animal, mesmo que a pessoa quisesse oferendá-lo a si mesma e não à divindade, e esse abate sempre foi um sacrifício de animal para os gregos. Quando alguém abatia muitos animais, porque costumava e gostava de receber amigos, tal pessoa era chamada em grego de "disposta a sacrificar", embora fosse apenas "hospitaleira". Quer se tratasse de um festim sacrificial ou um banquete comum – profano, para nossa concepção –, o animal de abate seguia sendo um animal de sacrifício mesmo nos tempos urbanos, burgueses e civilizados da Antiguidade, e o cozinheiro e açougueiro que o abatia continuava sendo sacrificador. Mas é precisamente isso que constitui o fundo escuro do festim, do qual provém sua antiga sacralidade e que só será discutido mais adiante.

No festim dos seres humanos, os deuses ou uma divindade eram sempre invocados e, por assim dizer, convidados: eles recebiam sua parte pelo menos por meio de uma oferenda de vinho vertida simbolicamente. Se, por outro lado, imaginamos condições como as da época de ouro, quando deuses e humanos ainda se relacionavam diretamente, também concebemos um banquete festivo ideal. "Naquela época, comuns eram as refeições, comuns os assentos dos deuses e dos seres humanos": assim diz Hesíodo, o segundo grande poeta grego conhecedor do divino após Homero. Esta é, por assim dizer, a ideia platônica do banquete antigo, que era ao mesmo tempo profano e religioso e, em todo caso, festivo. Profano por se desenrolar da mesma forma que na vida social normal da humanidade, e religioso porque o banquete significava sentar e comer junto com os deuses, numa união mais frouxa do que seria uma união mística ou uma comunhão, mas ainda assim uma espécie de contato com o divino.

Os gregos tinham essa ideia de festim. Mas seus festins concretizados – e também os dos etruscos e romanos – baseiam-se numa invenção titânica: no sacrifício de animais como pré-requisito para um festim plenamente válido e como fonte de sua sacralidade. Aqui chegamos ao ponto onde – depois de termos falado da festividade natural do banquete, realizada no sentido grego – talvez possamos também determinar aquele tipo especial de "sacralidade" que era característico dele na Antiguidade e que leva a camadas mais profundas do que a festividade. O comensal já emergiu das profundezas onde ainda permanecem o sacrificador e o carniceiro, na verdade onde ainda permanece cada participante de um sacrifício sangrento. A palavra "sagrado" está associada a este ato sangrento tanto em grego quanto em latim. Ambas as línguas exprimem o "sacrificar" com a paráfrase "tornar sagrado" ou "fazer o que é sagrado". Este era aquele "ato" grandioso, terrível e, ao mesmo tempo, benéfico para o ser humano em busca de alimento – nem sempre se acrescenta a palavra "sagrado", mas ela mantém em latim esse duplo sentido como *sacer*; um ato que foi permeado primeiramente por um sentido titânico e por meio do qual, no matar, abria-se uma fonte para a conservação da vida humana.

Extraio a designação "titânico" da mitologia grega, que contém várias narrativas sobre a invenção do sacrifício de animais. Segundo o hino homérico a Hermes, desse deus, como um recém-nascido, um ladrão noturno, um ser titânico ainda impetuoso, provêm as duas invenções: a do fogo e a do banquete sacrificial, que ele é o primeiro a preparar com bastante esmero depois de ter roubado os bois de Apolo e abater dois deles. Sem roubo e derramamento de sangue, a humanidade não pode extrair vida – precisamente aquela vida expansiva que nos proporciona uma refeição farta – da vida dos animais. E os animais pertencem ao não humano que nos rodeia, ao qual pertence tudo ao nosso redor, toda a terra e as próprias estrelas: ao âmbito dos deuses. Não era fácil invadir ali à força: exigiu-se um inventor astuto e cruel que realizasse pela primeira vez o "ato" sagrado-ambíguo e conscientemente abrisse a ferida – uma nova fonte de alimentação.

A outra narrativa da fundação e primeira execução da grande cerimônia de sacrifício e do festim primevo dos gregos encontra-se na teogonia de Hesíodo: é a célebre história da separação e decisão iniciais entre deuses e homens pelo logro de Prometeu. Esse titânico "ato sagrado" é mais precisamente definido como prometeico. Como sabemos de outra fonte, Prometeu, o que "conhece de antemão" e avança astuciosamente, é, entre os seres primordiais claros e escuros da mitologia grega, os Titãs, o mesmo que Hermes entre os deuses do Olimpo. Hesíodo enfatiza seu espírito inventivo e ladrão, por meio do qual Prometeu pretendia enganar Zeus e os próprios deuses. Por isso, ele preparou o primeiro festim sacrificial de tal modo que os deuses escolheram a parte mais bonita e menos nutritiva, os ossos envoltos em gordura e deixaram a carne para o homem. A crueldade do ato de sacrifício, que o hino de Hermes não esconde, permanece ali em segundo plano, e o duplo sentido do ato sagrado aparece em nível puramente espiritual como um benefício de ladrão: um logro filantrópico semelhante ao roubo de fogo, o outro pré-requisito para a refeição festiva perfeita.

Os atos primevos nos quais se baseia o festim, o acender do fogo e o matar, são terríveis e ímpios para o homem antigo, são irrupções numa estrutura divina, significam separar, cortar e desmembrar o que cresceu – incluindo o fogo natural "crescido" – e é precisamente por isso que são, no fundo, sacrílegos. Mas o que ambos, o acender fogo e o matar, unidos num ato significativo, configuram juntos é mais sagrado do que o banquete festivo: é o sacrifício, do qual o festim extrai sua sacralidade. Purificar esta própria sacralidade e eliminar a iniquidade dos fundamentos do festim de tal forma que ele seja santificado por algo incruento em vez de sangrento, antes por uma espécie de comunhão do que por um desmembramento violento precedente: esta parece ser uma necessidade humana primordial, que também se faz valer na história do festim antigo.

O pão e o vinho são as duas fontes naturais das quais o grego começa a extrair a santificação da refeição muito antes do cristianismo. A santificação pelo pão pertence àquela bênção da humanidade por meio do grão, que o mundo grego conhecia e reconhecia como dádiva e missão dos mistérios de Elêusis desde o hino homérico a Deméter; ela até mesmo levou a que os animais de sacrifício fossem substituídos por figuras feitas de massa. E a santificação pelo vinho, uma dádiva da religião de Dionísio, trouxe à tona um novo aspecto do festim antigo: o do "simpósio", que – banquete dos coroados e serviço divino ao mesmo tempo – constitui um capítulo especial na história da cultura da Antiguidade.

1944

Retrato mitológico da menina

Para minha Lúcia, de nove anos

> Assim falou a criança e tentou tocar
> o queixo de seu pai. Mas em vão levantou algumas vezes
> as mãozinhas. Então o pai inclinou-se, sorrindo,
> acariciou-a e disse: "Se as deusas me presenteassem crianças
> como esta, a ira da ciumenta Hera
> pouco me importava. Terás, minha filhinha,
> tudo o que desejares..."
> Calímaco

O leitor familiarizado com mitologia grega já terá reconhecido nessas palavras o patriarca dos deuses, Zeus. Mas quem é a filhinha que está sentada nos joelhos do pai e não consegue alcançar seu queixo? Como nenhuma outra religião na terra, a religião grega é caracterizada por deusas juvenis. Sim, ela é mais caracterizada por meninas divinas do que pelo fato de que o domínio reconhecido de Zeus sobre deuses e pessoas a conecta com as grandes religiões do pai – em nosso âmbito cultural com as religiões israelita e cristã. A Grécia antiga nunca chegou a ter uma religião exclusivamente patriarcal. Até a cidade mais espiritual da Hélade, Atenas, possuía, ao lado do pai Zeus, a filha Atena, como a mais venerável divindade, proveniente desde os tempos de uma religião da mãe – uma religião mais antiga e com traços mais matriarcais – e invocava essa deusa virginal como mãe.

Por isso, a questão sobre quem poderia ser aquela filhinha nos joelhos de Zeus ainda faz sentido se revelarmos que a cena acima mencionada se encontra no hino de Calímaco a Ártemis. O que gostaríamos de esclarecer é o seguinte: poderia ser ela também outra das belas figuras femininas juvenis da família olímpica dos deuses? Por exemplo, a já citada grande filha de Zeus, com seu nome completo: Palas Atena? Os gregos associavam à palavra

"Pallas" – conforme a compreendiam como masculina ou feminina – a imagem de um jovem robusto ou de uma virgem imponente, talvez também uma jovem mulher, por exemplo a figura de uma cariátide. Os atenienses, no entanto, também falavam de sua deusa como *da* menina, da "Kore" ou da "Kore conosco" – para distingui-la da filha de Deméter, Perséfone, que era adorada na vizinha Elêusis sob outro aspecto da menina divina. Nessa situação, de uma garotinha sobre os joelhos do pai e que ainda não amadureceu para uma robusta "Palas", Atena ou Perséfone também não poderiam ter sido apresentadas?

Trata-se de uma situação humana, enfatizada com os meios maliciosos da poesia helenística todo-poderosa, na qual Ártemis aparece aqui como uma jovem na família patriarcal grega. A cena familiar pode ser uma criação original de Calímaco. Mas o poeta dificilmente poderia contradizer qual era a realidade humana daquela situação para os gregos: a "classe" real e a imagem correspondente de uma jovem menina grega. Devemos ser muito precisos aqui. Trata-se de uma etapa da vida e de uma faixa etária que, em circunstâncias próximas à natureza, entre os povos da Antiguidade e também muito mais tarde, não só eram representadas poeticamente, mas religiosamente, com suas próprias leis e consagrações. Houve e há, hoje em dia principalmente em formas atrofiadas, cerimônias de iniciação à maturidade que conduzem pessoas da mesma idade de um estágio para outro, de uma "classe" para outra; estas eram, originariamente, verdadeiras consagrações de mistérios, mesmo que nem sempre fossem chamadas assim.

Estar numa faixa etária – não vista como uma organização mais ou menos consciente, mas simplesmente como o ter a idade em questão – é, para todos aqueles que ainda não estiveram ali ou ainda não são maduros para ela, um mistério que não pode ser comunicado por palavras. O secretismo, como o uso de máscaras e roupas, que caracteriza as cerimônias de iniciação à maturidade, é a configuração desse mistério, às vezes sua caricatura, não raro seu abuso. Ter determinada idade é um verdadeiro segredo de mistério. Os mais jovens nunca podem ter um conceito correto disso; e os que têm a mesma idade nunca podem pronunciá-lo, mas no máximo insinuá-lo. As cerimônias de iniciação à maturidade são insinuações mais impressionantes para que aqueles que amadureceram também possam tomar consciência de onde estão. Na Antiguidade, a imagem de uma divindade poderia servir como insinuação para tal tomada de consciência.

Portanto, sejamos precisos e perguntemos pela idade de Ártemis, que Calímaco descreve, não sem razão, por meio das circunstâncias da existência de uma menina na família olímpica – e, com isso, *na* família em geral. Nem Atena, que com escudo e lança, vigia, por assim dizer, a fronteira da família patriarcal e se encontra por cima dela como sua protetora, nem Perséfone, destinada ao rapto e elevada acima da fronteira, poderiam tomar o lugar que pertence a Ártemis. A vida humana atravessa todas as fases da vida tornando-se e des-tornando-se. Não é assim para o ser dos deuses imortais. Ele pode, como um ser periódico, corresponder ao circuito de corpos celestes que se põem e reaparecem, ou às periodicidades naturais da vida humana, particularmente na vida das mulheres. Ele pode abranger opostos como a morte e o reinado da rainha do submundo Perséfone, ou pode ter alcançado misteriosamente a fase da maternidade e ainda ser virgem, como Palas Atena: o ser dos deuses permanece para sempre preso a uma única forma, ainda que contraditória. Se um poeta experiente caracteriza Ártemis por meio de uma idade feminina determinável, esta é provavelmente a fase da vida correspondente à sua forma de ser. E a deusa ajudava as meninas mortais a tomar consciência de tal fase da vida, ainda que ela mesma, como imortal, apareça nas representações conhecidas – excetuando o hino de Calímaco – mais adulta ou até mesmo mais desprovida de idade do que uma menina de apenas nove anos.

Ártemis pediu ao pai sessenta filhas de Oceano como companheiras de jogo: todas com nove anos. Uma idade que seria inexplicável se não se referisse a uma determinada faixa etária: aquela a que a própria deusa pertence e à qual deseja pertencer para sempre como protetora. O estágio de vida anterior também é indicado com precisão em Calímaco. Começou com Leto mostrando a filha de três anos aos parentes divinos e recebendo presentes deles, porque era a primeira vez que podiam ver a criança. Calímaco descreve a visita ao mestre Hefesto e seus ferreiros, os ciclopes, que não conseguem assustar a pequena Ártemis. Certamente algo semelhante era feito com as crianças humanas da mesma idade. Em Atenas, principalmente os meninos eram apresentados ao público aos três anos de idade. Eles recebiam de presente pequenos jarros de vinho e brinquedos.

A próxima etapa da vida começava aos nove anos de idade para as meninas. Ela correspondia à efebia dos meninos e provavelmente se chamava *parthenia*. É a idade que Ártemis professa ser a única que lhe é apropriada quando, em Calímaco, deseja de seu pai especialmente uma "eterna *parthenia*". Não deseja apenas o estado de virgindade – pois também se pode traduzir *parthenia* com esta palavra – mas o modo de vida especial e a plenitude de vida da menina entre o nono ano de idade e aquele não muito posterior, em que a virgem grega começa a usar o cinto das noivas. Para nós, uma menina de nove anos nos parece muito jovem para ser chamada de "moça" e não mais de "criança". É precisamente o estranho que nos obriga a olhar apenas para o essencial. Os nove anos, uma idade precoce para nossos conceitos, mas não muito cedo para as meninas gregas, são confirmados por um costume ateniense como o início da fase da vida anterior à fase da vida do noivado.

Diz-se que, antes do casamento, as virgens áticas eram consagradas à Ártemis de Brauron ou àquela de Muniquia. Com isso iniciavam um período de serviço à deusa, uma consagração num mistério – isso também é explicitamente relatado –, e não podiam ter menos de cinco anos nem mais de dez anos. Provavelmente acontecia que uma menina era alguns anos mais velha quando recebia esta consagração: no entanto, o nono ano parece ter sido considerado exemplar. É por isso que é a idade adequada para as companheiras de jogo de Ártemis no hino. Mas a modelo, a própria deusa, quão mais velha deve ter parecido outrora nos dois locais de culto consagrados a ela no país ático, em Brauron[460] e Muniquia, do que na delicada cena familiar com Calímaco! As meninas vestidas para esse culto a Ártemis, as representantes da faixa etária de que estamos falando, eram chamadas de *arktoi*, "ursas"; o

---

460. Meu ensaio é baseado nos dados reunidos por Deubner, Ludwig, *Attische Feste*, Berlim, 1932, p. 204-208. Desde que o escrevi, o santuário em Brauron (Bravrona na Ática) foi escavado e lá foi construído um museu, que também visitei diversas vezes. O material extremamente valioso, infelizmente, ainda não foi divulgado, como tampouco o pequeno "mosteiro" das "ursas" que foi escavado. É evidente que apenas um pequeno número de meninas das famílias mais distintas de Atenas podia ser enviado para lá.

serviço, a celebração de sua fase de vida, era chamado de *arkteia*, "ursismo", e a justificação é: "porque imitavam uma ursa".

Uma estranha selvageria é expressa aqui. No entanto, ela não está totalmente ausente na figura homérica da deusa que se tornou clássica. Não obstante, essa selvageria aparece em Homero na imagem de um predador mais meridional: Ártemis foi convertida por Zeus em leoa para as mulheres; foi-lhe dada a possibilidade de matar o que quisesse. E acrescenta-se outra possibilidade de exercer a mesma qualidade: ali estão os animais selvagens, as corças, que ela pode matar. Calímaco atribui o desejo de caçar à menina de nove anos e até mesmo a caracteriza por esse traço. A única razão pela qual ela não pede a seu pai arcos e flechas é porque ela mesma obterá as armas com os ciclopes. Mas ela pede para usar o vestido curto de caça: "Para matar os animais selvagens!" Ela fornece carne de caça para a família olímpica. Esse lado útil de sua caça diária só é importante do ponto de vista do voraz Hércules, ridicularizado pelos deuses. O outro lado parece mais importante: o matar. É um lado enfatizado igualmente em Homero e Calímaco; não há uma crueldade declarada, mas uma agressão incompreensível, que na caça se dirige aos animais – animais queridos, como os cervos – e, na relação humana, às congêneres, às mulheres. A Ártemis de Brauron, à qual foi consagrado um santuário na Acrópole de Atenas por causa de sua relação múltipla e próxima com o sexo feminino, recebia como presente as roupas das mulheres que haviam sobrevivido ao puerpério com alegria. A sacerdotisa herdava as roupas das que morriam nesse período: terríveis troféus de caça da caçadora.

A filha da casa, amadurecida até se tornar uma moça, como caçadora: esta imagem é quase tão surpreendente na Grécia quanto a representante da mesma idade como ursa. Nos tempos históricos que conhecemos, a caça não era um passatempo habitual das meninas gregas, nem mesmo era apropriado para a idade juvenil. Talvez seja assim que a caça apareça na saga da caçadora Atalante. Essa heroína, porém, é a manifestação humanizada da própria Ártemis: em sua transformação em leão, Atalante assume até mesmo uma das formas animais da deusa, tal como outra transformada do círculo artemísico, Calisto, que adquire a forma de urso. Uma espécie de consagração se vincula mais à existência como caçadores dos adolescentes gregos. Isso é corroborado pela instrução do livreto sobre caça de Xenofonte, segundo a qual a língua materna helênica deveria ser uma condição para a escolha dos futuros jovens caçadores. Isso também é indicado pelos sarcófagos de mármore de efebos adornados com cenas de consagração, que imortalizam o jovem morto em roupas de caçador. São adolescentes que, na lenda grega, portam esta consagração na mais pura forma artemísica, como Hipólito e outros caçadores virgens, dos quais às vezes só ouvimos o nome ou nem sequer o nome, pelo fato de serem bastante reconhecidos como um tipo puro.

Isso torna mais claro um traço da imagem da caçadora divina. É um traço próprio de meninos e ao mesmo tempo algo sororal, ou quase fraterno na relação com o sexo oposto. À caçadora Ártemis pertence como irmão o caçador Apolo; mas também pertence a ela, como um irmão mais novo, Hipólito. Antes da próxima fase da vida na qual Ártemis ainda ingressa, antes da transformação das companheiras da caçadora em presas de caça, há aqui, no estágio de *parthenia*, um prazer masculino com a caça. As mulheres gregas abatiam, elas próprias, os animais de sacrifício em seus cultos. Para isso havia cabras nos festivais de Brauron e Muniquia: eram, em certo sentido, as presas das ursas. Elas não usavam a saia de caça curta e franjada de Ártemis, mas outra peça de roupa característica que devia substituir a pele de urso dos tempos pré-históricos: o *krokotón*. As bacantes também usavam essa capa amarelo-açafrão igualmente no lugar de peles. Mas a capa do caçador Meleagro também exibia essa cor. Era a cor de uma esfera em que a caça e o êxtase, a dança e o sacrifício não eram dirigidos para os seres do submundo. (O vermelho remetia a todo âmbito mais escuro.) O amarelo-avermelhado prevalecia em Atenas nas festas e cultos femininos: em toda a parte em que a feminilidade se movia com mais liberdade.

Assim, o estágio da *parthenia* da vida mostrava-se como um verdadeiro estágio feminino, apesar do aspecto próprio de meninos. Na figura da grande caçadora, as pequenas ursas humanas encontram um novo aspecto de sua natureza feminina. Era o encontro com algo selvagem e poderoso que, se as leis não escritas das cidades excessivamente patriarcalizadas o permitissem, as capacitaria a competir irmãmente com os efebos em todos as provas e exercícios de meninos, tal como o faziam até certo grau as garotas espartanas. No entanto, esse elemento forte e agressivo nelas – o qual era contrabalançado, por exemplo, pelos trabalhos femininos realizados sob proteção de Atena – um dia se voltava contra elas, na forma daquelas dores ferozes, as dores do parto, que implicavam um maior desenvolvimento de força do que o de qualquer prova esportiva de que os homens eram capazes. Mas então elas não serão mais ursas, não serão abatedoras de cabras vestidas de cor açafrão, mas serão mulheres entregues à mesma deusa a quem começaram a servir em seu nono ano de vida.

Vestida com o *krokotón* para servir à deusa virgem, a jovem ateniense era, ela própria, uma chama brilhante. Não recebia arcos e flechas nas mãos, mas o outro atributo que a menina divina de nove anos, em Calímaco, pediu a seu pai, Zeus – além da *parthenia* e do vestido de caça: a tocha flamejante que era usada na procissão e na dança rituais durante a noite, nos contrafortes sagrados, entre o mar e o céu. Até mesmo os bolos que eram oferecidos à deusa em Muniquia vinham cobertos com velas acesas ao redor. Quão frio e desumano seria aquele divino que leva os nomes de Ártemis e Diana, tão entrelaçado com a lua, sem a adoração portadora de fogo dos florescentes seres femininos! "Mora no éter límpido dos cumes" – é assim que nos foi descrito nos *Deuses da Grécia*, de Otto – "no brilho dourado dos prados de montanha, no lampejo e na cintilação dos cristais de gelo e das superfícies nevadas, no espanto silencioso dos campos e florestas quando o luar os ilumina e, tremeluzente, goteja das folhas da árvore. Tudo é transparente e leve ali. A própria terra perdeu o peso [...] ele paira sobre o solo como uma dança de pés brancos". Este puro é algo sublime: "A dançarina e caçadora que leva no regaço o filhote de urso e compete na corrida com os cervos, letal quando puxa o arco dourado, estranha e inacessível como a natureza selvagem, e, ainda assim, tal como ela repleta de magia, movimento fresco e beleza reluzente". E, ao mesmo tempo, ele tem o seu equivalente em algo caloroso, inquietamente vivo em nossa própria casa: em nossa jovem filha.

1949

O Héracles cansado de Olímpia

Caro Sr. Burckhardt,

Foi estranho para mim viajar a Roma nos primeiros dias deste ano com o pensamento de lhe oferecer, em seus setenta anos de idade, algo que eu deveria trazer para casa como modesta colheita de meus esforços em filologia, arqueologia e ciência da religião. Estou acostumado a ver em sua figura um jovem anjo da guarda: primeiramente, o anjo da guarda de Hugo von Hofmannsthal, depois o anjo da guarda em Danzig e o anjo da guarda que atuou desde Genebra para inúmeras pessoas, entre elas para minha filha Grazia. Eu teria gostado de dedicar-lhe um trabalho angelológico, se não tivesse deixado essa área definitivamente para trás em minha juventude após escrever uma pequena obra sobre os anjos de Milton. Assim, pensando em você, eu me volto para uma figura salvadora na mitologia grega. Não poderei dizer mais sobre ela do que está dito em meus *Heróis dos gregos*, mas exporei e explicarei com mais minúcias o que foi apenas insinuado no capítulo sobre Hércules e o leão de Nemeia.

Apresento-lhe duas imagens da métopa do Templo de Zeus em Olímpia com a cena que se seguiu à vitória do herói sobre o leão: tal como seus fragmentos devem ser instalados lá no novo museu, e como eles eram expostos anteriormente (Figs. 3 e 4). A direção das cabeças parece mais acertada agora do que antes. Uma decisão final dificilmente será possível. As poucas peças – poucas, mas suficientes para transmitir a ideia do artista – foram encontradas ao longo de meio século. O leão se rendeu aos franceses em maio de 1829. O braço direito de Hércules caiu nas mãos dos alemães em 1º de maio de 1879. A reconstrução – na medida do possível – é obra dos arqueólogos alemães, cujo processo e motivações foram relatados por Georg Treu na grande publicação sobre Olímpia, quase vinte anos depois. Não posso deixar de mencionar os esforços despendidos durante anos pelos primeiros escavadores antes de tocar numa opinião interpretativa que partiu deles.

Possuía-se a cabeça de Hércules, afundada em sua mão direita, desde a escavação dos silhares do canto noroeste do templo de Zeus. Desde então, os arqueólogos puderam refletir sobre o significado desse gesto. Apenas aparentemente eles são auxiliados por obras de arte menores, pedras lapidadas, especialmente uma bela gema etrusca de cornalina[461], moedas e também um vaso pintado[462], nos quais eles julgaram ver sentado ali um Hércules cansado e triste: todos pertencentes a uma época posterior à métopa. Mas precisamente a mais antiga dessas representações, a primeira mencionada acima, poderia ter-lhes proporcionado o pensamento de que o herói não só estava cansado, mas quase dominado pelo sono: aquele escaravelho etrusco mostra o jovem Hércules sentado numa rocha perto de uma fonte, dormindo com a cabeça apoiada na mão esquerda. Ele dorme e não está triste! Chegou-se à seguinte interpretação, que repito com base na grande obra sobre Olímpia[463]: "Héracles, que entre Atena e Hermes" – esta segunda figura divina, da qual se acreditava ter apenas uma perna, não aparece nas reconstruções posteriores –, "seus consoladores e ajudantes, encontra-se de pé sobre o leão morto, com a cabeça apoiada na mão e em lúgubres pensamentos sobre tribulações vencidas e vindouras". Esta interpretação foi correta? Nem deste rosto, nem de nenhum outro criado pela arte daquela época se podem depreender pensamentos. Naquela época não havia possibilidades artísticas de expressão dos pensamentos.

---

461. FURTWÄNGLER, A., *Die antiken Gemmen* 1, Leipzig-Berlim, 1900, Taf. XVIII, 11.
462. Id. in ROSCHER, *Lexikon der Mythologie* I, p. 2160s.
463. TREU, G., *Die Bildwerke von Olympia in Stein und Thon, Olympia, Textband III*, Berlim, 1897, p. 157.

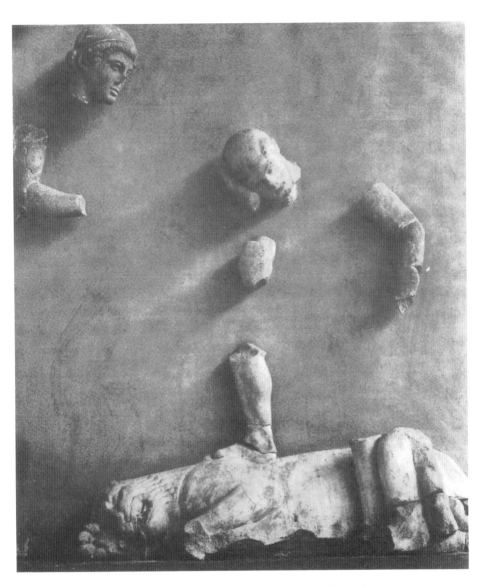

3 Palas Atena e Héracles com o leão. Relevo de métopa. Olímpia, Museu Antigo.

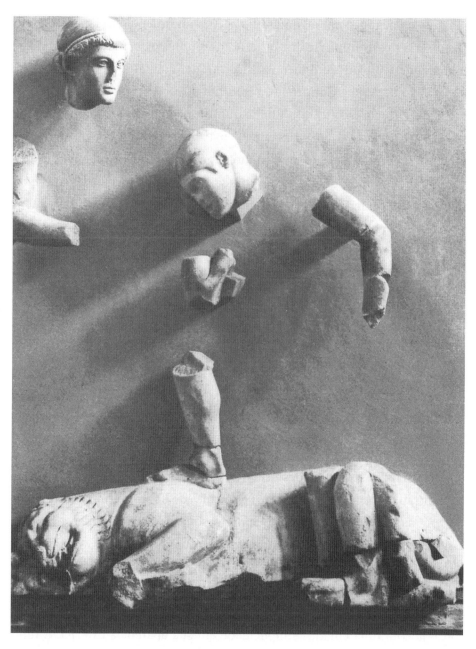

4 Palas Atena e Héracles com o leão. Relevo de métopa. Olímpia, Museu Novo.

Eu apenas toco em algumas afirmações ditas depois levianamente: do gesto seria possível inferir que o herói mais provavelmente medita e se lamenta, que seu cansaço é menos físico do que mental e, portanto, precisa do consolo de Atena. Com efeito, a tradição poética havia registrado que os olhos de Héracles só ficaram úmidos uma vez: quando conheceu no submundo Meleagro, a jovem vítima de sua mãe repleta de ódio. Sua lamentação certamente teria se tornado um assunto famoso! Para a expressão do cansaço mental, procuramos em vão algum fundamento na linguagem da arte e da literatura do século V, cuja primeira metade produziu essas esculturas. Quem sustenta o céu com tanta calma, limpa o estábulo de Augias com tal ímpeto como Hércules nas outras métopas do templo, e quem também não sabia que tudo isso seria sua tarefa, como poderia ter pensamentos lúgubres sobre isso de antemão? E por último: não importa como as cabeças são posicionadas, nunca se poderá descobrir na imobilidade dos rostos a preparação para um encorajamento e consolo.

Mas devo citar Arnold von Salis, porque no programa de Winckelmann de 1956 em Berlim ele intensificou a concepção referida a tal ponto que revelou toda a sua dubiedade e, sem querer, despertou a demanda por uma interpretação diferente. O que ele diz tem pelo menos esse mérito e certamente não foi dito em vão: "Cansado e desanimado, como se suspeitasse que ainda o esperam muitas dificuldades pela frente, de modo tal a realmente precisar do consolo da deusa, o jovem herói está curvado sobre o animal morto, cabeça apoiada na mão direita, enquanto a esquerda deixa afundar a potente clava. O que o atormenta é uma 'antevisão': seu olho interior vê tudo diante de si, a montanha de carga que leva nos ombros, as batalhas com dragões e outras feras que ele ainda deveria enfrentar. Tudo isso é apresentado de maneira humana, direta, impressionante, sem nenhum *pathos* ou pose heroica, já com uma enfática simplicidade em sua aparência externa. E tudo embebido num sumo especial: esse rosto juvenil, quase de menino ainda, cuja testa se franze com preocupação e inquietude" – mas ela deve então ser franzida verticalmente, não horizontalmente, como nesta cabeça! – "e o rosto calmo da ajudante, sobre o qual jaz algo como o luar frio. Ela se aproximou em silêncio, e não diz uma palavra. Um traço austero se faz notar em sua boca firmemente fechada. Mas emana dela uma força secreta, e seu olhar se dirige com um encanto irresistível sobre o herói hesitante". (Isso depende da reconstrução.) "Esta 'paixão' do herói divino e a ajuda divina, que ele deseja e lhe é inesperadamente concedida, evocam em nós imagens e ideias familiares de um mundo completamente diferente, mas aparentado! Não é blasfêmia estabelecer um paralelo entre a visão grega e o poema *Getsêmani* de Annette Droste-Hülshoff:

> Quando Cristo no bosque do Getsêmani
> Jazia sobre a face com os olhos fechados.

Então assomam, uma após a outra, as premonições de tormentos vindouros com inaudita clareza sensível. Então Cristo suspira, e o suor brota de todos os poros. Mas, finalmente, depois de todas as provações, a redenção se aproxima:

> A lua flutuava em silêncio no azul, um talo de lírio
> diante do Salvador no verde orvalhado;
> E de seu cálice o anjo saiu
> E o fortaleceu."

Os "pensamentos lúgubres" se condensam em uma "antevisão", o que gera o problema de antevisão dos sofrimentos próprios: não, por exemplo, a questão da possibilidade de uma visão de um vidente, de um adivinho da Antiguidade, que olhava para o futuro e previa tudo, menos normalmente o que afetava a ele próprio! Semelhante visão teria sido possível com um herói adivinho, mas dificilmente com Héracles, que não o era. A premonição dos sofrimentos próprios tem seu significado essencial e característico na história sagrada do cristianismo. Esta, por tal motivo, também difere em sua maneira especial do mito grego, incluindo o mito do herói. A mitologia dos heróis está cheia de personagens sofredores, que são atormentados vivos e também, às vezes, no submundo. Héracles pertencia às suas fileiras, antes de ser levado ao Olimpo com o corpo rejuvenescido. Os sofrimentos dos heróis são, no entanto, apenas mito, no máximo uma quase história e não história nesse sentido concreto da história sagrada do cristianismo. A diferença é a mesma ou pelo menos do mesmo tipo que Aristóteles indica entre poesia e história.

Do ponto de vista grego, também se pode dizer que o mito deve ser visto como algo mais sério e, em certa medida, também mais "filosófico" do que a história, embora não tão refletidamente voltado para o geral como a poesia segundo Aristóteles: "Porque"– assim diz ela na *Poética*[464] – "a poesia diz mais o geral, a história, mais o individual e o particular. Quem dirá ou fará o que é provável ou necessário é o geral, que a poesia estabelece como seu objetivo, associando-o a nomes. Aquilo que Alcibíades fez ou sofreu é o individual e particular". É precisamente a isso que a história sagrada dos cristãos não pode renunciar: o individual e particular que Jesus fez e sofreu. Para ilustrar este ponto essencial com um exemplo oposto: em sua doutrina dos deuses, o neoplatônico Salústio observa o seguinte a respeito dos sofrimentos de Átis: "Semelhante coisa nunca aconteceu, mas sempre é!"[465] Dizer isso sobre os sofrimentos de Cristo seria impossível para o cristão, tão impossível quanto o ditado albigense reproduzido por Bertram em seu *Nietzsche* ao citar Lenau:

> Para cima! Despertemos da morte a história sagrada,
> Que só ganha vida no espírito e em sua luz;
> Com esta lâmpada, o homem deve percorrer o poço
> profundo, maravilhoso e sagrado, o coração do Salvador.
> O Cristo pleno não apareceu na terra,
> Sua imagem divina do homem ainda precisa ser concluída.

A história concreta que a história sagrada cristã pretende ser, em contraste com o mito poético puramente espiritual, é aquela "que aconteceu na carne". O cristianismo adotou dos judeus esta definição muito específica – na carne, *en sarki*, em contraste com "no espírito", *en pneumati*. Podem-se ler a contraposição e a união dessas duas esferas numa inscrição judaico-grega do século II a.C. – uma inscrição proveniente do povo humilde da ilha de Delos, constituído da conjunção de diversos elementos[466]. A carne também existia para os gregos e seu mito: ela florescia – e a quem mais tanto como para eles? – e envelhecia, mas nunca teve para sua religião o mesmo e imenso significado que teve para a religião cristã. O que diz a frase joanina – a palavra inicial da criação não era só Deus e em Deus, o Criador, não trazia apenas a

---

464. Cap. 9.
465. *De dis et de mundo* IV.
466. Dittenberger, *Sylloge*, 3. ed., n. 1.181.

vida e luz ao homem, mas, para dizê-lo já em latim, *verbum caro factum est* – é a característica da Cristandade.

A essa frase corresponde, nos outros três evangelistas, a cena no monte das Oliveiras, no lugar chamado Getsêmani, que João provavelmente também conhece (18,1), mas não narra. Em Mateus (26,41) e Marcos (14,38), a palavra do Senhor é: "O espírito está pronto, mas a carne é fraca!", pronunciado a partir da "antevisão" do espírito e da carne. Em Lucas, a carne fala sua própria linguagem (22,44): "E o suor era como gotas de sangue que caíam sobre a terra". Assim teve de ocorrer "nos dias de sua carne", como diz expressamente a Epístola aos Hebreus (5,7). A antevisão da carne antecipou até mesmo o *caput cruentatum*, do qual a arte cristã primitiva não podia registrar sequer a sombra[467]. O "mundo" realmente "completamente diferente" do cristianismo, só depois de muitas centenas de anos, criou a arte que lhe era apropriada. O novo mundo não explica de modo algum o humano geral, o análogo a todo o humano. Para compreendê-lo, é necessária uma excitante história sagrada, a qual sabe que é uma *história na carne*. E onde estava esta na Olímpia do clássico século V a.C.?!

Em compensação, existia o mito, com *suas* histórias, os *mythoi*. O explicador deve se ater a eles, assim como o intérprete de obras de arte cristãs deve se ater às histórias da Bíblia. Até agora, era costume levar as histórias sagradas do mundo grego muito levianamente, porque se apresentavam apenas como histórias mitológicas, por mais que a arqueologia tentasse recorrer a elas como instrumento da arte interpretativa. Era bom quando elas se faziam presentes. Se não existiam ou quando se pensava que não existiam, recorria-se com frequência a fantasias e modificações do que já existia. Também neste caso, acreditava-se apenas que não existia a narrativa que tornaria compreensível essa cabeça de Héracles. Daí a suposição primeiramente dos "pensamentos lúgubres" e depois da "antevisão". No entanto, a história explicativa está ali, só um pouco encoberta, porque algumas palavras desapareceram do trecho da narrativa ou precisam ser melhoradas. Mas a ordem foi há muito restaurada no texto pertinente, e o gesto pode ser reconectado a seu mito.

---

467. Cf. GERCKE, F., *Christus in der spätantiken Plastik*, Mainz, 1948.

O excerto pode ser lido nas notas marginais às *Geórgicas*, de Virgílio, atribuídas ao gramático Probus. No início do terceiro canto, referindo-se às competições de Nemeia, o poeta mencionou o bosque de Molorco, que ficava naquela região. Deve ter sido uma tradição do próprio lugar que alegava ter preservado fielmente detalhes da aventura do leão em conexão com Molorco, um dos habitantes primevos da região. O intérprete de Virgílio acrescenta que Calímaco também mencionou Molorco em suas *Aitia*, e foram encontrados fragmentos que se encaixam bem na versão feita pelo poeta alexandrino[468]. Não se sabe quão extensa e exatamente ele reproduziu a tradição, nem até onde lemos Calímaco no trecho do excerto. Conhecemos por outra fonte o detalhe[469] de que o próprio Héracles havia fixado o período de trinta dias em que queria derrotar o leão na caverna próxima e retornar a Molorco: o que significa que ele teve de penetrar fundo em passagens subterrâneas para encontrar e matar o monstro.

O excerto afirma claramente: *experrectus mira damnum celeritate correxit* ("desperto, recuperou a perda de tempo com rapidez prodigiosa"). Isto é, depois de matar o leão, ele foi dominado por um sono similar à morte na região subterrânea. As palavras precedentes também começam de forma bastante compreensível: se o herói retornasse vitorioso, Molorco sacrificaria para ele, como se fosse para um deus, seu único carneiro, que ele intencionava oferecer ao convidado – *immolaturus vel victori tamquam deo*. Isso é seguido por um trecho confuso: *vel victo et interfecto cum solutus esset*. No entanto, seguindo uma sugestão semelhante do arqueólogo Otto Jahn, isso foi, no essencial, colocado em ordem pelo filólogo Heinrich Keil; depois de *tamquam deo*, creio, podemos continuar lendo assim: *vel victo et interfecto Manibus. Leone interfecto cum sopitus esset, vel odio Junonis, ne ei caelestes honores cotingerent, vel fatigatus, experrectus* etc. – "ou, se fosse ele morto, para seus Manes" – o carneiro deveria ser sacrificado. "Depois de matar o leão e adormecer, seja por causa do ódio de Juno, para que não participasse

---

468. Todos os textos em P<small>FEIFFER</small>, R., *Callimachus I*, Oxford, 1949, p. 60-64.
469. Apolodoro, *Bibl.* 2.5.1.

das honras celestiais, seja porque cansado estava, desperto" – ele recuperou a perda de tempo e retornou a Molorco no trigésimo dia.

Na métope, Hércules não está dormindo; está apenas cansado: *fatigatus*. Seu gesto, entretanto, resume o acontecimento subterrâneo e indica o sono de morte ao qual quase sucumbiu e do qual ainda estava embriagado. Ou também podemos imaginar que Hércules ainda está na caverna subterrânea, já que uma descrição mais precisa do lugar é tão alheia à arte das métopes quanto um rosto pensativo ou preocupado. Nesse caso, o herói seria primeiramente ameaçado pelo sono, mas se pode ter certeza de que este não lhe será letal. Pois no fundo se encontra Palas Atena, e talvez Hermes também estivesse ali, na condição de anjos da guarda.

1961

O MITO DA *ARETÉ*

1

No círculo de George, tentou-se introduzir, em alemão, uma nova palavra para a *areté* grega, pois *Tugend* (virtude), até então utilizada, às vezes soava falsa nos textos antigos devido ao seu matiz cristão. Contudo, a palavra "Tucht", uma forma mais intensa do termo abstrato "Tüchtigkeit" ("eficiência", "capacidade") não se impôs. Um homem com *areté*, como Hérmias de Atarneu, de quem falaremos, deve ser chamado de "tugendhaft" ("virtuoso") em vez de "tüchtig" ("capaz") em nossa língua.

Não se traduz *mythos*. O conceito que se pode ter dele é comparável ao que se pode formar da música. É codeterminado por um fator que, se fosse possível expressá-lo em números, teria de indicar o grau de sensibilidade: a sensibilidade para a música em um caso, para o mito em outro. Se este fator for igual a zero, o termo permanece vazio e o valor da afirmação também é zero. No entanto, não seria fácil expressar esse fator em números, porque o mesmo grau de sensibilidade pode conter diferentes graus de capacidade para evocar o mito. A evocação sempre tem algo de criativo, mesmo que seja apenas recriação. Não se lhe pode negar qualidade – distinta da mera quantidade; e então não é mais tão fácil expressá-la por meio de números.

O filósofo italiano Enrico Castelli, meu amigo romano, que em determinada ocasião[470] apresentou esse tema, falou em sua língua nativa sobre *mito della virtù*, que também não quero traduzir. *Virtù* deve ser deixada em sua ambiguidade italiana – antiga e cristã ao mesmo tempo. Antes de Castelli mencionar *l'ineluttabile* – forte como o destino – *mito della virtù*, ele falou

---

470. *Colloquio internazionale su demitizzazione e morale*, Roma, 1965.

de forma mais geral dos mitos que a história traz à luz e que, em última análise, sempre nos colocam perante o mistério: perante o mito da morte, *il mito della morte*. Seus exemplos eram retirados de brasões de família: "Potius mori quam foedari, vincendum aut moriendum" – "Melhor morrer do que ser desonrado; vencer ou morrer!" Para Castelli, o que parecia essencial no caso do *mito della virtù* era sua ligação não apenas com a morte, mas com o "mito da morte".

Mas o que é o "mito da morte?" Assim temos de perguntar, e logo em seguida obtemos uma resposta à pergunta por que o "mito" às vezes deve ser dito. Aqui, certamente "mito" não significa uma mentira, uma afirmação infundada, um mero conto de fadas! Portanto, uma verdade? A verdade de que a morte é alguma coisa? Ou a verdade de que a morte não é nada? Ou, antes, uma verdade mais elevada e abrangente: a morte é alguma coisa e não é nada? É isso que esse mito deve significar, em vista daquela *virtù mítica*, para a qual a morte é algo e ao mesmo tempo é nada. Mas a morte em si, não mítica, como objeto da ciência, da biologia ou da medicina? Essa verdade superior e contraditória a afeta da mesma maneira que afeta a morte dos heróis e mártires? A morte só se torna mítica *pela atitude em relação a ela*.

Uma atitude – mas não apenas em relação à morte – é *virtù*, é "Tugend" (virtude), é *areté*. No dicionário, esses três aparecem como se fossem a mesma coisa em três línguas diferentes. Nenhuma investigação científica pode começar com essa hipótese grosseira, que só é boa para orientação geral. Escolho *areté* e exponho o que é necessário para entender sua epifania como deusa Areta num poema de Aristóteles – poema que provocou a acusação de sacrilégio contra o filósofo. Será o verdadeiro tema desta breve consideração.

2

Areté não é uma palavra que seria transparente em relação a um certo círculo mais restrito da vida. *Virtus*, a palavra usada para *areté* na literatura filosófica dos romanos, é transparente. O que "soa" em *virtus* é *viri virtus*, a masculinidade do homem. Nem tudo o que se poderia ser chamado assim forma o conteúdo da palavra: não o poder procriador do homem, mas apenas

• 243

o círculo determinado e limitado da vida masculina – apenas o que se espera do homem na guerra e no combate. Pode-se falar em expansão de um *conceito*: *virtus* – um nome feminino e, segundo a formação da palavra, um assim chamado abstrato – era um termo mais restrito antes de se tornar um termo filosófico. Ela possuía seu culto em Roma, e desde 205 a.C. seu templo em Roma. Adorada religiosamente, ela era, segundo dizem, uma daquelas "personificações de conceitos abstratos" de que a religião romana tinha uma longa série[471].

Não se poderia dizer algo mais errôneo. Além de Virtus, a série inclui Honos, Pietas, Spes e muitas outras chamadas "personificações", que tinham um culto em Roma. Se fossem realmente baseados em conceitos abstratos – e não em *res*, "coisas", "realidades", como diz Cícero – os romanos deveriam ter tomado *consciência* de tais conceitos antes e fora da formação filosófica, e, de fato, deveriam ter ficado tão impressionados com meros *conceitos* que lhe dedicaram um culto religioso: duas suposições que são igualmente incríveis. Em vez disso, deve-se supor que, quando formaram tais palavras, eram mais conscientes de uma feminilidade do que de um conteúdo abstrato. Os conceitos não eram primeiramente personificados, depois deificados; mas, sim, realidades da vida eram expressas por meio de uma palavra que as "ressoava" – e não outra coisa! Isso era *mythos* – se quisermos dizê-lo em grego – no sentido originário, ainda não especificado, da palavra *mythos*: "afirmação verdadeira"[472]. Se a mesma realidade se mostrava *in actu* tal como quando seus deuses se manifestavam aos romanos[473], então algo havia ali para o culto: Virtus, Honos, Pietas, Spes como *mythos* específico e como *mythos* romano. As três fases que se deveriam assumir caso se tratasse da "personificação de conceitos abstratos" – abstração, personificação e divinização – não são atestadas. O culto atesta o mito: a ver-

---

471. Wissowa, G., op. cit. (nota 149), p. 327ss.; Latte, K., *Römische Religionsgeschichte*, Munique, 1960, p. 233, também não é melhor; em contrapartida, Cícero, *De nat. deor*. 2.61: *quarum omnium rerum quia vis erat tanta, ut sine deo regi non posset*, ipsa res *deorum nomen optinuit*.

472. Otto, W. F., op. cit. (nota 407), p. 68ss.; cf. meus *Griechischen Grundbegriffe*, Zurique, 1964, p. 59ss.

473. Otto, op. cit., p. 356; cf. acima 168s.

dade avassaladora das realidades Virtus, Honos, Pietas, Spes, verdade esta sempre historicamente demonstrada *in actu*.

O exemplo de Spes mostra que, mesmo nesse caso, a realidade teve de se mostrar *in actu*, como uma atividade, para estabelecer um mito e um culto. Spes é esperança, uma realidade da vida. Uma realidade, por certo – mas não uma atividade. Mas se a esperança é cumprida e se esse cumprimento não é percebido como algo inesperado – como ele também não pode ser concebido, já que era esperado –, a Spes também se revela para os romanos *in actu* – mas só então! Em Tibulo se diz[474]:

nec Spes destituat, sed frugum semper acervos
praebeat et pleno pinguia musta lacu –

"Que não nos abandone a esperança, mas sempre ofereça grãos em abundância e mosto grosso na cuba cheia!" Isso é o que Spes faz – não porque ela é uma deusa da agricultura, mas porque os fazendeiros não só trabalham, mas também têm esperança. O mito da Spes, que exigia e promovia um culto em Roma, não é apenas o mito da esperança camponesa! A divina Spes elevava a vida ao convertê-la em tempo de cumprimento – entre os romanos, e ela ainda pode fazer isso hoje.

No culto romano, a Virtus está vinculada, por um lado, ao Honos, "honra", embora eles não pudessem ter um templo conjunto, e, por outro lado, a Bellona, a deusa da guerra. O Honos mostra-se *in actu* e inequivocamente em face da morte: as ações de seu portador, o homem com Honos, tornam-se sob a ameaça de morte atos de honra. No entanto, isso significa uma relação com a morte diferente da relação da Virtus romana. Expressões poéticas como "Virtus sepulcrum condidit" ("A virtude construiu-lhe o túmulo") ou "morti contermina Virtus [...] ardet inexpleto saevi Mavortis amores" ("A Virtus, contígua à morte, arde em amor insaciável pelo cruel deus da guerra")[475] são as expressões mais naturais da Virtus romana. Ela é o que "soa" nela: a virilidade do homem, a qual cria a morte *in actu* – para os outros e para si. Existem realidades cuja verdade é totalmente expressa por meio do

---

474. 1.1.5; cf. Wissowa, op. cit. (nota 149), p. 330.

475. Horácio, *Epod.* 9.26 e Estácio, *Theb.* 4.702; cf. Wissowa, G., in Roscher, *Lexikon der Mythologie* VI, p. 336.

mito – antes mesmo que o pensamento conceitual se aproxime delas, por pouco que seja! Uma dessas realidades é a *Virtus* não filosófica dos romanos. Não devemos substituí-la por um *conceito*, mesmo que não entremos em seu templo, nem a tenhamos adorado. Mas agora estamos preparados para ganhar clareza sobre a *areté* em seu estado pré-filosófico.

3

O que é *areté*? Parece que essa questão, que se relaciona exclusivamente com o conteúdo pré-filosoficamente dado, já era a questão de Sócrates. Na verdade, é pré-filosófica entre os gregos. O caminho para uma afirmação conceitual, não mítica sobre o que era *areté*, foi percorrido antes do advento da filosofia – precisamente porque o mito grego, ao contrário do romano, não tornara a questão supérflua desde o início. *Areté* estava dispersa por toda a parte – entre os deuses, os seres humanos e os nobres corcéis de Homero: todos tinham suas *aretaí*[476]. As partes individuais do corpo as tinham, como os olhos ou os pés. Havia um estímulo – não para abstrair, mas para unir e fazer uma única *areté* das muitas *aretaí*. O objetivo da união não era atingir algo abstrato, mas sim aquilo que estava dado de maneira concreta: nos deuses, dos quais se diz que sua *areté* é maior que a dos humanos, bem como sua honra e força; ou nos seres humanos, nos quais se observava que metade de sua *areté* é perdida se eles caírem na escravidão[477].

Linguisticamente, *areté* pode ser vista como uma derivação de *areskein*, "agradar": aquilo que agrada, um feminino e abstrato, mas antes algo feminino do que abstrato. Esta avaliação da *areté* não é de forma alguma "subjetivista"[478], porque se trata de algo que era geralmente capaz de agradar *em geral* e, portanto, tinha de existir objetivamente. *Charis* se oferece para comparação na medida em que é também feminino e antes algo feminino do que abstrato – correspondente à *gratia* e ao *venus* dos romanos, este último como substantivo e originalmente um neutro. *Charis* é uma dádiva derra-

---

476. JAEGER, W., *Paideia* I, Berlim, 1934, p. 26.
477. *Il.* 9.492 e *Od.* 17.322; JAEGER, op. cit., p. 26.
478. Como pensa Jaeger, op. cit., 26,3.

mada desde cima, por assim dizer, sobre o ser humano, enquanto a *areté* tem caráter de mérito. Está firmemente enraizada em seu possuidor: uma posse que traz ao seu possuidor estima e honra merecidas. O que *charis, gratia, venus* são para o ser humano é expresso como mito: através de mitos e figuras divinas, através das deusas chamadas Charis, Charites, Gratiae, Venus. A realidade da *areté* não foi expressa por nenhum mito inicial; ao invés disso, ela se ofereceu cedo ao pensamento. Sabemos pela história da filosofia grega de que maneira ela deu o que pensar também mais tarde.

Um monumento do pensamento e do dizer pré-filosóficos da *areté* é a elegia do poeta espartano Tirteu, do século VII a.C., que assim começa: "Não nomearia, não consideraria um homem digno de menção pela *areté* de seus pés..." A habilidade na luta, a estatura, a beleza física, a riqueza e a dignidade régia, o poder no discurso – todos eles são inúteis de acordo com Tirteu, se não há coragem de se defender e resistir: a coragem para até mesmo instigar os outros e esquecer completamente que se pode fugir da luta – e morrer, quando, apesar disso, não há como seguir vivo[479]: isso *é a areté*! Significa algo grande, mas apenas o significa, descreve e determina mediante representação como atitude passiva, sim, *apenas* como atitude e não outra coisa – é claro, como atitude em relação à morte. A Virtus dos romanos era completamente diferente. Lá, a entrega à morte era ativa e excessiva. Ela fazia esquecer o *aut* na alternativa *vincendum aut moriendum* e da sentença extraía o seguinte: "Vencer ou morrer? Tanto faz – mas lutar e matar!" Para os gregos, o *aut* quase foi substituído por um *et*: *vincendum et moriendum*. A alguém pode caber a sobrevivência, mas não como um bem maior do que a própria *areté* que se mostra em tal atitude.

Era uma afirmação correta[480]: "Em certo modo, portanto, a Arete heroica só se completa na morte física do herói. Ela está no homem mortal, sim, ela é ele mesmo, mas dura mais do que ele em sua glória, ou seja, na imagem ideal de sua *Arete* mesmo após a morte, assim como já estava ao lado dele e o seguia durante sua vida". Diante desta última frase, porém, temos de pergun-

---

479. Cf. Otto, op. cit. (nota 407), p. 372ss.
480. Jaeger, op. cit., p. 32.

tar: Onde essa ideia é atestada na Antiguidade? Em lugar algum. No entanto, algo parece não ser nomeado em Tirteu. Desde sua descrição da *areté* como pura *atitude*, uma linha reta conduz através da filosofia grega até a definição de Aristóteles: *areté* é "atitude seletiva em direção ao centro correto"[481]. Mas será que basta falar de mera atitude – ainda que seja uma atitude seletiva em relação à morte – *em vista da realidade* que Tirteu tem em mente: a realidade da *areté*? Quando Aristóteles se confrontou com ela, ele próprio recorreu ao mito, e o filósofo recuperou o que faltava no discurso sobre a *areté* na Grécia antes dele. É um verdadeiro hino de culto, o canto de Aristóteles a Areta, que agora devemos ouvir.

4

Hino à Areté: em memória de Hérmias de Atarneu[482]

Areta, presa custosa para a raça humana,
A mais bela para a vida,
Morrer por tua forma virginal[483]
é um destino cobiçado na Hélade
E suportar, sem descanso, esforço consumidor:
Isto concedes ao espírito,
Um fruto igual à imortalidade
E mais valioso que ouro
E que os ancestrais e o sono de brilho suave.
Por ti, os rebentos de Zeus,
Héracles e os filhos de Leda,
Muito suportaram com atos,
Caçando o que tu podes[484].
De anseios por ti
morreram Aquiles e Aias,

---

481. *Ética a Nicômaco*, 1106b, 36.

482. Diógenes Laércio 5.1.7; *Athen.* 696; fr. 625 Rose 2ª ed., 675 Rose 3ª ed.; p. 147 fr. 4 Ross. Diels; Schubert (orgs.), *Kommentar des Didymos zu Demosthenes*, 1904, p. 6, 23s..

483. Literalmente: "Virgem, por tua figura", mas neste caso o termo "virgem" seria tão enfatizado que não seria tomado apenas pela aparência externa de Areta, mas por algo que era, em si, importante para o poeta: como se ele quisesse representar uma *virgem* divina chamada Areta.

484. Em grego, "tua *dynamis*", mas a tradução "teu poder" seria grosseira.

Por causa de tua figura querida, o homem de Atarneu
fez a luz do sol tornar-se solitária[485].
Por isso, seus atos o tornam digno do canto,
as musas, filha de Mnemosina,
o fazem crescer e se tornar um imortal,
fazem crescer o temor do hospitaleiro Zeus[486]
E a honra da sólida amizade.

5

A ocasião para o poema foi a crucificação de Hérmias, o filosófico governante da cidade de Atarneu, na Ásia Menor[487]. Ele foi crucificado na capital persa, Susa, em 341 ou 342 a.C. Os persas se apoderaram dele de uma forma que também foi posteriormente usada por tiranos desinibidos, capturando-o depois de atraí-lo para fora da cidade que ele defendia para uma negociação. Durante a tortura que se seguiu, ele não revelou nada do que, juntamente com o rei Filipe da Macedônia, havia planejado contra eles. Ele impressionou o rei persa, a tortura foi interrompida e foi-lhe perguntado que última graça ele pediria. Hérmias respondeu: "Informai aos meus amigos e companheiros que não fiz nada feio ou indigno da filosofia!"[488] Seus amigos e companheiros eram Erastos e Corisco, que o haviam apresentado à filosofia platônica e ao próprio Platão, com quem se comunicou por meio de cartas[489] – e Aristóteles. Quando Hérmias morreu na cruz, este já trabalhava como tutor de Alexandre na Macedônia. Sua esposa, Pítias, era sobrinha e filha adotiva de Hérmias. A realidade da *areté* foi reforçada para Aristóteles por uma morte na cruz ocorrida em sua própria família.

---

485. A luz do sol se tornou mais vazia porque Hérmias se afastou dela ao morrer.
486. As Musas fazem crescer o medo de Zeus Xenios.
487. Cf. Wilamowitz-Moellendorff, U. v., *Aristoteles und Athen II*, Berlin, 1893, p. 406 e a reconstrução do fato histórico por Jaeger, op. cit. (nota 180), p. 117, com base em Dídimo, interpretado por Körte, A., *Rhein. Mus.* 60, 1905, p. 393ss. As fontes se encontram em Düring, I., *Aristoteles in the ancient biographical tradition*, Göteborg, 1957, p. 272ss., também as fontes sobre a acusação, às quais Wilamowitz deu muita atenção, mas que Jaeger, infundadamente, ignorou.
488. Dídimo 6, 16.
489. Cf. Platão, *Carta VI*, cuja credibilidade é estabelecida contra os falsos dados; cf. também, além de Jaeger, Brinkmann, A., *Rhein. Mus.* 66, 1911, p. 226ss.

Como discípulo de Platão, Aristóteles havia seguido e participado nos esforços de pensar corretamente sobre *areté* – o que ela é, e se pode ser ensinada – com base nos diálogos socráticos publicados e provavelmente também em conversas com seu mestre até a morte deste. Eram esforços pelo conceito, pelo pensamento da *areté*, com a ajuda de uma definição e na forma de uma definição. Aristóteles continuou esses esforços até a definição citada anteriormente. O "centro" como norma certamente dava a tais definições certo conteúdo. Mas o que a realidade da *areté*, do Hérmias torturado e crucificado, tem a ver com "centro"?[490] As tentativas socráticas de uma definição não deram em nada, acabaram no vazio. O vazio também permaneceu inerente às definições de Aristóteles, com as quais ele estava certamente lidando, quando Hérmias foi executado. "A *areté* do homem seria a atitude" – disse uma vez[491] – "pela qual o homem se torna *agathós* e executa corretamente seu trabalho". Esta frase teria um conteúdo se se soubesse o que é *agathós*, "bom", e o que é "corretamente"! Hérmias era *agathós*, sua atitude era correta – no ecúleo. De que forma a realidade desse *ser* – do ser-Hérmias – poderia ser acolhida no *pensamento* da *areté*? Sócrates e Platão também haviam tentado uma passagem do pensamento ao ser: a passagem para o real e, portanto, também para o divino, para a ideia de *areté*, para sua forma eterna. Quando Hérmias foi torturado e crucificado, era digno pensar em tal figura divina que não podia se ajustar bem em nenhuma definição. E *havia* outra forma de dizer que não era uma definição: "Areta, presa custosa para a raça humana..."

Assim começa o poema, que não é fácil de classificar entre as formas da lírica grega. Como não existe um termo seguro, é melhor chamá-lo de *Hymnos*, "hino". A acusação levantada contra Aristóteles por causa dele e do culto em que era cantado[492] considerava-o um peã, um canto que, estritamente falando, só se podia cantar em homenagem a Apolo. Formalmente

---

490. A *akrotes*, "rendimento excelente", na *areté* é enfatizada por Aristóteles, mas ele não a incorpora em sua definição, cf. *Ét. Nic.* 1107 a 8, no máximo na *sophrosyne* e *Andreia*, *Ét. Nic.* 1107 a 23.
491. *Ética a Nicômaco* 1106 a 22.
492. *Athen.* 686 b.

o poema não o era. Mas tinha uma função semelhante no culto que o filósofo fundou em honra a Hérmias. Seus discípulos formavam o coro, que supostamente o cantava nas refeições comuns e, assim, as elevava à posição de uma refeição cultual repetida diariamente. Não sabemos os detalhes da acusação contra esse culto ao herói[493]. Ela partiu de um hierofante de Elêusis no ano 323, quando Alexandre Magno estava morto e nenhuma mão macedônia protegia o filósofo em Atenas. Para Aristóteles, foi um motivo que o levou a deixar sua escola em Liceu e se mudar para Cálcis. O canto coral à *Aretá* servia em sua escola ateniense para exaltar e sublimar o culto, em si permitido e normal, ao herói Hérmias, e provavelmente sempre foi um escândalo para quem não suportava o que significava: a existência de um mito que antes não estava ali.

Personificar a *areté* era fácil e não afetava a esfera da religião. Antes de Aristóteles, isso aconteceu no famoso "mito" do sofista Pródico sobre Hércules na encruzilhada[494], que não era um mito no sentido de um mito identificado como tal por um culto. Nota-se a diferença: como Pródico inventou um "mito" e o usou como um tipo divertido de instrução – e como *o* mito, não inventado, mas como a única afirmação possível de uma realidade geralmente indizível, entrou no espaço vazio que em cada descrição e paráfrase, em cada definição da *areté*, foi necessariamente deixado aberto antes que *ela própria* aparecesse. Ela – "a própria *areté*" – a forma que Sócrates e Platão haviam exigido e buscado e que só poderia ser comparada com a das deusas gregas. A palavra *morphé*, "forma", que ocorre duas vezes no hino, é uma espécie de intensificação do *eidos* ou da ideia, como era chamada a "ideia" platônica, e é adequada ao mito. Mas unicamente o mito – o mito autêntico, que exige um culto, por meio do qual ele desce entre os seres humanos – era não só adequado à realidade da *areté*, mas também digno dela, depois de atestada por uma morte como a de Hérmias. Uma morte

---

493. Em termos de conteúdo, a "luz solar que se faz solitária" recorda o peã de Píndaro: ali o próprio sol "se priva" e assim prejudica as pessoas. Aqui a luz do sol é danificada pelos assassinos de Hérmias, que o forçaram a se subtrair à luz solar.

494. Xenofonte, *Mem.* 2.1.21-35.

na cruz suscitou o mito da Areté – uma "mitologização", diria alguém que não sabe o que é um autêntico mito. Em Aristóteles encontramos um mito autêntico. Mas, mesmo que fosse apenas mitologização, isso deveria nos dar o que pensar! Alguém poderia des-mitificar outra morte na cruz e, não obstante, mantê-la para uma religião?

A RELIGIÃO GREGA É UMA RELIGIÃO DA SALVAÇÃO?

A pergunta que escolhi como título é ao mesmo tempo a expressão que concretiza uma questão mais geral: a salvação é, como necessidade, expectativa e estado de redimido – eu gostaria de chamar esta tríade de complexo da salvação –, um coeficiente básico do fenômeno histórico e psíquico da religião? Sempre esteve essencialmente ligada a este fenômeno, ou este é um fenômeno da história humana com o qual o fenômeno da religião só foi posteriormente lastrado – "lastrado" entendido num sentido neutro, como "aumentado por algo", sobre o qual nenhum juízo de valor deve ser implicado. Também cunhei a expressão "complexo da salvação" de maneira neutra, sem vínculo de antemão a alguma corrente psicológica ou mesmo *à* psicologia em si.

Em todo caso, eu parto do axioma de que toda religião deve ser remontada a *realidades psíquicas*. A ênfase aqui recai sobre a realidade – não menos do que no aspecto psíquico. Quando apresentei esse axioma – em 1937, no meu *Apollon* –, eu o ilustrei mediante uma definição da psicologia da religião, que não deveria ser uma ciência das "ilusões da alma", mas ciência das "realidades da alma"[495]. Eu agora retomo o axioma formulando-o de forma negativa, ao afirmar que meras ideias – como a própria ideia de salvação poderia ser – ou representação que não são realidades psíquicas não desempenham papel algum na história da religião. Apenas as realidades psíqui-

---

495. Cf. *Werkausg.* IV, p. 22: "Nossos conhecimentos das verdades matemáticas ou das distâncias dos corpos celestes podem ser muito precisos e ainda nos deixar muito frios, e carecer de qualquer realidade psíquica para nós. Por outro lado, uma experiência mística pode diferir de uma alucinação, por conter uma realidade psíquica muito especial. Mas também é possível que uma verdade matemática fria nos cause entusiasmo. Nesse caso, também empenhamos nossa personalidade por isso. Já aconteceu na história que alguém tenha morrido por tais realidades psíquicas – independentemente de serem ideias científicas ou religiosas. E sempre se vive por essas realidades. Toda religião é um sistema de realidades psíquicas, e toda vida vivida num comprometimento contínuo da própria personalidade por deuses, ideias ou o que quer que seja atestado como realidade psíquica por meio de tal comprometimento, pode ser chamada de vida religiosa".

cas entram na história da religião. Representações, de fato, realidades que desempenharam um papel na religião até mesmo abandonam a história da religião quando deixam de ser realidades psíquicas: quando não são mais realidades para a alma.

Dois exemplos devem ser mencionados: eles se encontram particularmente próximos em Jerusalém. A rocha sobre a qual foi construída, como cúpula, a mesquita de Omar é em si suficientemente real. Mas a mesquita não teria sido construída se aquela rocha não tivesse aparecido como realidade psíquica em alguns momentos na história da religião. Não era uma rocha comum, tendo em vista que a tradição fez dela o local de sacrifício de Abraão e que teve de ser escolhida como lugar para construir um templo! As rochas desempenharam um papel especial na história religiosa da antiga região adjacente da Ásia Menor, que abrangia a Grécia pré-histórica. O deus hurrita Kumarbi gerou seu vingador com uma rocha, o deus frígio do céu gerou Agdistis, a mãe andrógina dos deuses, com a rocha Agdos, que era a verdadeira mãe primeva; Hefesto engendrou Erictônio na rocha que seria convertida na Acrópole de Atenas; Poseidon, o corcel primigênio no Colono: em todos esses casos, a rocha era a mãe. Para aqueles que possuíam esses mitos, essas rochas não eram apenas realidades constituídas de pedra, mas realidades psíquicas. Na história religiosa de Israel, esse caráter era próprio da futura rocha do templo após o desprendimento da mitologia ou o era por si mesmo e desapareceu da superfície quando o templo já estava de pé. O islamismo, entretanto, acolheu em seu próprio cerne um culto à pedra. E sobre uma rocha – mesmo que apenas na parábola – Jesus também construiu, conhecendo muito bem o solo rochoso do templo de Jerusalém.

Um segundo exemplo é a *areté* dos gregos: uma realidade da existência grega que é difícil definir em outras línguas. Até mesmo os cavalos ou os pés dos corredores possuíam sua *areté*. Essa realidade cotidiana tornou-se tarefa e problema na história da filosofia grega. No entanto, ela teve seu culto durante certo tempo: quando se tornou uma realidade psíquica para Aristóteles e seus amigos com a morte de Hérmias de Atarneu na cruz. Aristóteles introduziu o culto da deusa Areté depois que Hérmias, com sua morte, atestara a *areté* como uma realidade psíquica. O filósofo, por esse motivo, enfrentou um processo por sacrilégio. Isso acabou com a escola de Aristóteles em Atenas e a religião da Areté[496]. No lugar de uma realidade espiritual, ficaram a tarefa e o problema, não para a história da religião, mas para a história da filosofia.

A direção que estou seguindo não é psicológica, mas realista. Aqui deve ajudar-me a adesão estrita a outro axioma: as línguas são – cada uma por si – insubstituíveis e não intercambiáveis na história da religião, e isso de forma obrigatória para o estudo da religião[497]. Isso é involuntariamente exemplificado de forma negativa, para dar o exemplo mais próximo, pela indicação do tópico sobre o qual estou falando na versão em inglês: "Types de Redemption". Este título é um recurso de emergência. A palavra *redemption* contém provavelmente algo que foi e ainda é uma realidade psíquica na história, mas o incorpora a uma palavra que implica e faz soar sua própria história, desde o *redemptio* latino. Precisamente porque a palavra ainda tem o seu sentido material original, do *redimere* latino, "comprar de volta, resgatar com dinheiro", ela tinge a doutrina cristã com toda a sua seriedade e sua concretude paradoxal, uma realidade psíquica para os cristãos, mas com uma estrita limitação na história das ideias e dos dogmas, tal como é resumida em sua singularidade por São Jerônimo: *Cristo redemptio, idem redemptor ac pretium*[498].

Este conteúdo da palavra é inteiramente histórico, é um indivíduo enquanto doutrina entre todas as outras doutrinas. Se também estivesse presente em outro lugar, fora do cristianismo, seria um indivíduo histórico diferente. A historicidade é essencial para a realidade da *redemptio*, até mesmo entre aqueles para os quais é uma realidade psíquica, ou seja, entre os cristãos. Qualquer um que diz *redemptio* e não usa a palavra de modo acientífico, ou seja, de maneira imprecisa, fala de algo único, historicamente concreto, não de uma experiência geral, da qual se poderia presumir que não é apenas típica em si mesma, mas também que existem diferentes tipos dela.

---

496. Cf. acima p. 248-252.
497. Cf. minha conferência *Wissenschaft und Sprache*, Weltgespräch 7, Herder Verlag 1969.
498. *Epist.* 66, 8.

A investigação que Gershom Scholem colocou no início de sua importante conferência "Sobre a compreensão da ideia messiânica no judaísmo" vai além dos limites impostos pela palavra *redemption*[499]. Precisamos estar cientes não só dessa distinção, mas também do fato de que ela foi feita graças à língua empregada por Scholem na conferência. A língua alemã possui a palavra "Erlösung": uma palavra própria, não emprestada; única entre todas as línguas da Europa Ocidental. Antes de citar Scholem, gostaria de começar com algumas frases de Wilhelm von Humboldt, aqui com uma ênfase muito realista: "Porque os pensamentos e as palavras são interdependentes, fica claro que as línguas não são propriamente meios para representar a verdade reconhecida, mas muito mais para descobrir a verdade antes desconhecida. A diferença delas não é de sons e signos, mas de visões de mundo"[500]. Eu gostaria de dizer que ela nos apresenta diferentes recortes da realidade.

"É um conceito de salvação completamente diferente" – aponta Scholem[501] –

> que determina a postura frente ao messianismo no judaísmo e no cristianismo, e precisamente o que parece a um como um título glorioso de seu entendimento, uma conquista positiva de sua mensagem, é veementemente desvalorizado e contestado pelo outro. O judaísmo, em todas as suas formas e contornos, sempre aderiu a um conceito de salvação que a concebia como um processo que se desenrola em público, no cenário da história e no meio da comunidade, em suma, que se desenrola decisivamente no mundo do visível e não pode ser pensado sem essa manifestação no visível. Em contraposição, há no cristianismo uma concepção que entende a salvação como um processo no âmbito espiritual e no invisível que transcorre na alma, no mundo de cada indivíduo, e que suscita uma transformação secreta que não precisa corresponder a nada externo no mundo. Até mesmo a *civitas dei* de Agostinho – que, sob as condições da dogmática cristã, foi a que foi mais longe na tentativa de manter e ao mesmo tempo reinterpretar no interesse da Igreja as categorias judaicas

---

499. *Judaica*, Frankfurt a. M., 1963, p. 7s.

500. Über das vergleichende Sprachstudium in Beziehung auf die verschiedenen Epochen der Sprachentwicklung 1820, *Ges. Schriften* IV 1905, p. 27.

501. P. 7/8.

de salvação – é uma comunidade dos inexplicavelmente salvos dentro de um mundo não salvo.

Haveria aqui uma contraposição de dois tipos – que, claro, não são tipos, mas fatos históricos característicos. Essa contraposição resultou da palavra alemã "Erlösung". Como palavra de tradução, ela também nos auxilia além dos limites da língua alemã, indo diretamente para as línguas originárias da Bíblia, sem mediação romana ou romano-eclesiástica. Só tenho um caminho aberto em direção ao grego, desde o grego neotestamentário até o mais antigo e pagão. Mas este também é o caminho adequado ao meu assunto. Já forneci de passagem e continuo fornecendo a resposta prática à pergunta se a tarefa da história da religião consiste em tipificar, ou melhor, em caracterizar os fenômenos: Na ciência, a caracterização deve ocupar o lugar da tipificação, levando em consideração as realidades psíquicas e a não intercambialidade das línguas.

No dicionário dos Grimm, o verbete "Erlösung" tem os seguintes significados: "*liberatio, losmachung. 1. ablösung*" (liberatio, soltura. 1. desprendimento). Cito aqui a primeira referência no dicionário para esse significado, já que a comparação com o grego é instrutiva também neste ponto: "weil ihm die unsrige mit abhauung der bäume, erlösung der früchte usw. seine wohnung ruinierten (porque os nossos, com poda das árvores, arranca dos frutos etc., lhe arruinaram a morada). *Simplicissimus* 1, 6, 25 (1695 e 1713)". Em seguida, vem o segundo significado: "2. *befreiung, redemptio*: sein leben zu einer erlösung für viele. Mt 20,28" (libertação, *redemptio*: dar a sua vida em resgate de muitos. Mt 20,28). Além disso: *Tag der Erlösung* (dia da salvação), Ef 4,30: δοῦναι τὴν ψυχὴν αὐτοῦ λύτρον ἀντὶ πολλῶν e εἰς ἡμέραν ἀπολυτρώσεως. Na tradução de Jerônimo: *dare anima suam, redemptionem pro multis* und *in diem redemptionis*. Como terceiro texto, ainda há o início da profecia de Zacarias, Lc 1,68s.:

>Εὐλογητὸς κύριος ὁ θεὸς τοῦ Ἰσραήλ,
>ὅτι ἐπεσκέψατο καὶ ἐποίησεν λύτρωσιν τῶι λαῶι αὐτοῦ,
>καὶ ἤγειρεν κέρας σωτηρίας ἡμῖν ...
>
>Segundo Jerônimo:
>*Benedictus Dominus Deus Israel,*

> *quia visitavit et fecit redemptionem plebis suae:*
> *Et erexit cornu salutis nobis...*

Segundo Lutero:
> *Gelobet sei der Herr, der Gott Israels!*
> *Denn er hat besucht und erlöset sein Volk und hat uns aufgerichtet ein Horn des Heils...*

(Louvado seja o Senhor, Deus de Israel!
Porque ele visitou e redimiu seu povo e nos levantou um chifre da salvação...)

Por meio de uma expressão extremamente arcaica – "chifre" da *soteria* –, que também poderia ser próprio da região compartilhada do Mediterrâneo[502], até mesmo do Mediterrâneo antigo –, prepara-se o anúncio que virá em seguida (2, 11):

> ἐτέκθη ὑμῖν σήμερον σωτήρ
> *quia natus est vobis hodie Salvator*

em que *soter* soa cristão apenas nas traduções – *Salvator* e *Heiland* – e para os exegetas sempre constituiu a ponte para a religiosidade grega. Eu não pisarei nesta ponte e gostaria de elaborar o que é diferenciador e característico.

Há uma diferença tangível entre o enunciado dos textos citados e o conteúdo da palavra alemã "Erlösung" (salvação), a mais próxima para a tradução, que sempre foi apenas um ato de aproximação. Essa diferença é palpável no termo *lytron*, para o qual Lutero fornece "Erlösung" e a partir do qual se formaram *lytrosis* e a *apolytrosis*. *Erlösung*, como tradução, chega perto desses termos – mas apenas perto! *Lytron* é o preço pago para libertar alguém do cativeiro. *Lytrosis* e *apolytrosis* referem-se a isso: tanto ao preço quanto ao cativeiro. Em Atos dos Apóstolos (7,35), Moisés é chamado de *lytrotes*, em referência ao cativeiro no Egito; e por isso é chamado de *redemptor* por Jerônimo; *Erlöser*, por Lutero.

A palavra alemã "Erlösung" em si não indica um preço nem uma prévia condição de cativeiro: para isso, seria preciso dizer "Auslösung" (resgate). Em alemão, em "Erlös" não soa o que é pago, mas o lucro líquido que se saca. A

---

502. Cf. Horácio, *Carm.* 3.21.18; KLOSTERMANN, E., *Handb. z. NTV* 1929, p. 26.

"Erlösung" dos frutos é – na citação do *Simplicissimus* – a extração lucrativa das árvores frutíferas. No reino das realidades psíquicas, em "Erlösung" também soa lucro: a realidade psíquica da liberdade como lucro. Ela deve ser atribuída a um "Erlöser" (salvador), também a Moisés como libertador, mas não em relação ao Egito, mas a Canaã. Em virtude desse conteúdo, "Erlösung" também deve ser usada para a tradução alemã das palavras gregas derivadas de λύειν, "soltar", nas quais faltam o elemento do preço e o cenário do cativeiro, mas nas quais, em compensação, soa liberdade.

Lytra aparece, entre os gregos, nas histórias dos heróis. Ἕκτορος λύτρα, "Resgate do cadáver de Heitor", era o título do canto 24 da *Ilíada* e uma tragédia de Ésquilo. A "Erlösung", por outro lado, no sentido de "liberdade como ganho", pertence ao âmbito dos deuses. Caracteristicamente, no hino órfico à *Physis*, à deusa natureza, diz-se que ela é πεπαινομένων λύτειρα, "aquela que livra tudo o que amadurece"[503]. Em grego há também, portanto, a "Erlösung" das frutas, mas não por arrancá-las da árvore, em benefício do colhedor, mas pela superação da madureza. Essa superação torna-se possível e converte-se em realidade psíquica no culto a Dionísio: para os participantes do culto, em estado de excitação e êxtase. Por isso, Dionísio é chamado de *Lyaios*, *Lysios*, *Lyseus*[504]. Aqui a tradução como "salvador" também é apropriada por causa do perfil da figura evocada por esses epítetos.

Plutarco[505] dá sua explicação a respeito da faculdade da fala, que vale também para as demais faculdades do ser humano, já que todas pertencem ao âmbito de Dionísio: Se, entre tudo mais, Dionísio é Lysios, e Lyaios, e sobretudo elimina as rédeas da língua e concede máxima liberdade à voz..." O orador Élio Aristides[506] (século II d.C.) relata um sonho bastante impressionante em que "era preciso adorar o deus e invocá-lo como Lysios dobrando o joelho direito". Num discurso a Dionísio, ele concretiza seu poder libertador: "Nada será tão firmemente preso, nem pela doença, nem pela raiva, nem por

---

503. *Orph. Hymn.* 10. 17.

504. Lyaios sobretudo na anacreôntica e em Nono; nas *Inscr. Gr.* V 2, 287; Lysios: *Orph. Hymn.* 50; Lyseios: *Orph. Hymn.* 42.4; Lyseus 52.2.

505. *Quaest. conv.* 613 c.

506. Citado por Weinreich, O., *Arch. Rel.-Wiss.* 17. 1914, p. 529.

qualquer destino que Dionísio não seja capaz de soltar". Nisto se anuncia a ideia cronologicamente mais tardia do deus que salva e liberta, ideia esta que desliza da religião para a mentalidade grosseira da magia e da superstição. Uma ideia anterior foi preservada em "Lyaios", por meio do radical *lya*. Politicamente, em *lya* soa rebelião contra a ordem existente[507], a liberação – religiosa, sem rebelião, o estado de soltura – como era permitida e desejada na religião grega.

Os testemunhos mais antigos do culto de Dionísio no continente grego integram esse estado à *religião de Zeus*, como a religião grega deve ser caracterizada. Eu procedi a essa caracterização em *Religião e mito na Grécia*[508]. Não poderíamos enfatizar o suficiente a presença de Zeus como a realidade psíquica de um deus acima de todos os deuses em qualquer culto particular. A religião de Dionísio, como religião especial não completamente separada, indica sua subordinação a Zeus no primeiro componente do nome *Dio-nysos*. Dois dos mais antigos testemunhos dele são tabuletas de argila com o genitivo: *di-wo-nu-so-jo*. O terceiro testemunho é também uma tabuleta de Pilos, do período micênico, com o nome *e-re-u-te-re di-wi-je-we*, "Eleutero, filho de Zeus"[509]. Esse nome é inseparável de *eleuthérios* e *eleuthér* e deve ser colocado ao lado de *Lyaios* e *Lysios*. A ocorrência posterior do mesmo nome também fala em favor de um nome dionisíaco. Eleutero é o nome do herói dionisíaco de Eleutera, um desbotado duplo do deus. A localidade Eleutherai, assim chamada por causa da forma feminina de Eleuther, Eleuthera, ficava na fronteira beócio-ática: num dos caminhos do culto de Dionísio, que levava a Atenas e cujo trajeto se pode traçar com máxima probabilidade[510].

O espaço em que estamos nos movendo é o espaço da religião de Zeus. Acima de Eleuther, que se tornaria Lyaios e Lysios se ainda não o fosse, estava o pai Zeus, a quem correspondia, como a nenhum outro deus dos gregos, a designação geral de "salvador", *Sotér*, mas também *Eleuthérios*. Os dois as-

---

507. Alceu, *Suppl. Iyr.* 2ª ed., 23.10; 5.11; Píndaro, *Nem.* 9.14.
508. Acima p. 196ss.
509. Puhvel, J., in Bennet, Jr., E. L., *Mycenaean Studies*, Univ. of Wisconsin Press 1964, p. 161ss. *di-wi-je-we* é *diogénes*.
510. *Werkausg.* VIII, p. 108ss.

pectos "salvador" e "doador da liberdade" estão reunidos em Zeus. Os gregos eram totalmente cientes disso[511]. *Sotêres* também se chamavam outros deuses, que os exegetas de *sotér* no Novo Testamento nunca deixam de enumerar[512]. Nessa concordância falta o que é particularmente característico. *Eleuthérios*, por outro lado, era *apenas* Zeus, e o era de maneira tão notável que *Zeus Eleuthérios*, no texto grego paralelo do Monumentum Ancyranum, foi reproduzido em latim como *Iuppiter Libertas*, "Júpiter, a liberdade", embora os romanos também tivessem à sua disposição *Iuppiter Liber* e *Iuppiter Liberator*[513]. Em Roma, a identidade dos nomes Iuppiter Liber e Liber Pater – este para Dionísio – se manteve desde os primórdios de sua religião, que sempre foi enriquecida pela Grécia.

Seria completamente não antigo pensar que alguém, ante tais designações, deve – e pode – fazer uma distinção rigorosa entre a existência estatal e a humana na Antiguidade e atribuir a Zeus exclusivamente a liberdade política. Um exemplo clássico da unidade indivisível da existência é o povo judeu, antes e agora. Entre os gregos, Estados individuais não podiam se permitir uma dissolução política: suas leis eram baseadas no governo de Zeus. E sua liberdade, não menos. O Eleutherios permitia, em virtude de sua própria essência, a *eleuthería* da religião de Dionísio – sejam quais forem as razões históricas da associação desta com a religião de Zeus. Ele se dava bem com Eleuther, Lyaios e Lysios. Podemos nos ater a essa simples constatação histórica, embora fosse possível aprofundar essa concepção de Zeus[514].

Sobre esse plano de fundo, já se pode responder à pergunta: "A religião grega é uma religião da salvação?" Sempre se presumiu que a resposta só pode ser negativa, mas as circunstâncias nunca foram compreendidas com precisão. Uma breve análise mostrou que a religião grega não carecia de uma realidade psíquica perfeitamente comparável ao estado de libertação – sempre que nos referimos a esse estado independentemente da forma como é realizado. Os gregos não tinham o complexo de salvação. A esse complexo

---

511. Cf. as passagens em Roscher, Lexikon VI p. 617, sob "Athen".
512. Cf. H. Linssen, THEOS SOTER, Diss. 1929, p. 120.
513. Wissowa, op. cit. (nota 149), p. 120; acima, p. 218.
514. Cf. acima p. 216-219.

pertence – como agora também pudemos estabelecer entre os cristãos com base na análise linguística –, além da necessidade e expectativa que os cristãos adotaram dos judeus e têm em comum com eles, algo que poderia ser melhor chamado de "consciência do cativeiro". Sua origem histórica é clara. Uma situação histórica básica explicativa deve ser primeiramente buscada onde apareceu uma religião com a pretensão de ser uma religião de salvação. Aqui salta aos olhos o contato necessário com o método de psicologia analítica. O psicólogo também deve trazer à luz o fundamento histórico – em seu caso, o biográfico – dos fenômenos problemáticos em seus pacientes. Um limite comum é estabelecido pelos próprios humanos para ambos os tipos de investigação. Sem uma violação, o historiador também não pode simplificar a pessoa que em sua história produziu tantas coisas aparentemente supérfluas em sua história; não deve ignorar suas pretensões – que também incluem as religiosas. Ele encontra o homem necessitado de salvação – que me seja permitida essa afirmação mínima – numa fase da história humana posterior à do homem que estava simplesmente a serviço de meras pretensões religiosas. A este último era suficiente a religião grega – sem ser uma religião de salvação.

Mas dá o que pensar quando um psicólogo usa a expressão de religião de salvação. "Diante dele" – disse Ludwig Binswanger em seu discurso de aniversário sobre Freud[515] –

> vemos, como o outro *extremo*, os muitos, os demasiados, dos quais ele extraiu e desenvolveu a ideia de "homo natura", os improdutivos e os fugitivos perante a verdade, os *não salvos* e aqueles que fogem do sofrimento, os incapazes de mudar e os *não livres*, os demasiado bons e os demasiado maus, que não ousam subir nem cair, os atolados no desejo desmesurado e fracassados por um destino que impõe medidas: os neuróticos e os fanáticos.

A realidade espiritual da salvação não parece perder seu sentido para a humanidade enquanto houver *cativeiro* – de qualquer espécie – e prisioneiros, cujo estado é sempre também um estado psíquico real.

1968

---

515. *Erinnerungen an Sigmund Freud*, Bern, 1956, p. 113 (apenas o primeiro sublinhado provém de L. Binswanger).

O mito da fé

1

A própria história da religião oferece ensejo para dedicar uma consideração conjunta – investigação e reflexão – ao mito e à fé. Ambos desempenham um papel fundamental na história da religião, independentemente de quando e com que difusão apareceram os nomes para eles. Em nosso círculo cultural, tais nomes foram primeiramente as palavras gregas e latinas μῦθος, πίστις, *fides*. A consideração deve partir deles, mas apenas tendo em vista a coisa, que é o mais importante aqui. Uma distinção deve ser feita entre eles, como o reformador ilírio Michael Flacius (Francowitz) fez em sua obra *De voce et re fidei* em 1549. Sim, o que eu particularmente quero adotar dele e continuar no sentido de minha pesquisa anterior sobre palavras como θεός e μῦθος é a conexão e a separação de *vox* e *res*, em vez de *nome* e *coisa*, *nomen* e *res*. A palavra latina *vox*, da qual se diz com grande naturalidade: *vox sonat*[516], oferece um ponto de apoio clássico para um tipo de perguntar que considero correto: o que "soa" nas *voces* μῦθος, πίστις e fides a respeito de ambas as coisas, a respeito dessas *res* – a coisa mito e a coisa fé, que desempenham um papel facilmente identificável na história da religião?

Eu expus da forma mais ampla, com base no uso grego e no uso atual da palavra, como o mito deve ser definido para uma compreensão generalizada[517]: como uma expressão que surge com uma pretensão de verdade, até mesmo de uma verdade importante, sem corresponder às exigências da verdade. A diferença entre o mito autêntico e o inautêntico – os mitos da história da religião e os mitos da história política, juntamente com todos os outros

---

516. Cícero, *De finibus* 2.2.26: *dico Epicurum non intelligere, qui sonet haec Vox voluptatis, id est, quae res huic voci subicitur.*

517. *Werkausg.* V 1, p. 86s.

pseudomitos – pode ser resumidamente indicada dizendo que a aparição e a pretensão de verdade do mito autêntico são espontâneas, enquanto as do pseudomito são fabricadas. Esta definição estabeleceu uma distinção entre "verdade" e "exigências da verdade". As "exigências da verdade" só aparecem na reflexão acerca da verdade. Servem para comprovar a verdade. Mas se as verdades sempre aparecessem em nosso mundo ao mesmo tempo que a necessidade de sua comprovação, isso levaria à sua transformação num mundo de sombras – como já ocorreu na história da filosofia e até mesmo da religião. As exigências da verdade são estranhas ao mito autêntico. O pseudomito – ou mais corretamente: seus representantes – quase sempre conhece essas exigências, mas preferem contorná-las e deixar que um "mito" atue sem levar em conta a exigência da verdade.

Mas em que se baseia a pretensão de verdade do mito autêntico, se tais exigências lhe são estranhas? A fé não constitui a base mais ampla para todas as religiões, uma base da qual o mito também extrai a força para sua pretensão de verdade? Mesmo se assim fosse – o que absolutamente não pode ser assumido como certo de antemão – a pergunta ainda deveria ser feita: que fé? Aqui nos referimos apenas à fé em si, independentemente daquilo em que se acredita em cada caso. A história das religiões certamente não implica uma pluralidade de "fés". Ouso recorrer ao plural da palavra por causa da colocação da pergunta, depois de ele já ter sido ousadamente empregado em italiano como *fedi*: uma audácia, especialmente porque nossa cultura se tornou cristã e tanto "fé" como *fede* soam uma coisa cristã. Richard Reitzenstein, grande filólogo que acreditava que o termo *pistis* proveio do persa para as religiões do período helenístico, comentou em 1927[518]: "Há pouco tempo era considerado um ataque ao cristianismo afirmar que uma força ou sentimento religioso semelhante à fé já poderia ter existido no paganismo". Outro estudioso, que deu ao seu trabalho sobre a religião dos gregos o título de *A fé dos helenos*, disse que tinha o direito de fazê-lo, uma vez que já existia em grego o termo πίστις, traduzível como "fé". De acordo com ele, a *pistis* é de tal natureza que não pode objetivamente reivindicar um caráter obrigatório, mas nem por isso perde sua força vinculativa.

---

518. *Die hellenist. Mysterienrel.*, Leipzig 1927, p. 234.

É principalmente de Platão que Wilamowitz[519] havia tomado esse conceito de *pistis*, que mostra uma semelhança notável com o conceito de fé de um agnóstico de sua própria época. Em sua epistemologia, πίστις assume a posição subordinada que lhe corresponde. Por isso mesmo, duvidei que a *pistis*, que eu também só havia considerado deste ponto de vista, pudesse ser nomeada entre os fundamentos da religião grega[520]. Minhas reflexões não partirão agora do conceito para o qual Platão é a fonte principal, mas lidarão primeiramente com *de voce et re* da πίστις grega.

2

Pistis é uma palavra derivada que, por sua formação, é posterior às numerosas gradações do comportamento humano entre o confiar e o não confiar, o crer e o não crer, que soam nas várias formas do verbo "πείθειν πείθεσθαι, persuadir, seguir". Persuadir, deixar-se persuadir e seguir é um processo entre os seres humanos, bastante prático e totalmente social. É estendido aos deuses desde a esfera humana quando se assume que também está presente entre os deuses a coisa que torna esse processo possível entre os homens. A *vox* πίστις soa tal coisa, não de maneira primária, visto que só se chega a ela por meio da reflexão, não por meio da experiência nua; e a soa derivadamente de modo similar à palavra italiana *fedeltà*, que pressupõe *fedeli*, como πίστις pressupõe os πιστοί. Em alemão, πίστις seria, expressa com várias palavras, ao mesmo tempo *Vertrauenswürdigkeit* (confiabilidade) e *Vertrauensfähigkeit* (capacidade de confiar). A língua alemã, no entanto, também possui a palavra primária "Treu", da qual se derivam tanto "die Treue" (a fidelidade) e "die Treuen" (os fiéis), na mesma inter-relação que existe entre πίστις e πιστοί; e a possui até mesmo na expressão idiomática: "auf Treu und Glauben" ("em boa-fé", ou literalmente: "na fidelidade e na fé").

Todo persuadir e todo deixar-se persuadir se baseiam "na fidelidade e na fé", na "fidelidade" – isto é, na πίστις – não só de quem se deixa persuadir,

---

519. Op. cit. (nota 59), I p. 14s.
520. *Werkausg.* IV, p. 34; cf. acima, p. 72.

mas também daquele a quem se segue. Uma pessoa é fiel ao fiel; *pistis* pressupõe *pistis*, ela se manifesta primariamente à *pistis*. Ou tentemos expressá-lo com um verbo simples! O verbo é *pisteuein* em grego, *credere* em latim e italiano e em alemão, *glauben*. Em πιστεύειν soa a distância em relação ao imediatismo de πείθειν e πείθεσθαι, de "persuadir" e "seguir". É uma palavra ainda mais derivada que πιστός e πίστις. Ela soa a atitude, o estado interno do πιστός que acredita na πίστις. O πρώτιστον, a primeira coisa que acontece implicitamente quando alguém acredita – seja qual for a relação: se se crê em alguém, se se crê algo, ou em algo –, pode ser expresso com um verbo simples numa frase simples. Não a encontrei em grego até agora, mas ela também é impecável como frase grega: πιστεύεται ἡ πίστις – em alemão: "geglaubt wird der Glaube" (crê-se na fé), em italiano: *si crede nella fede*, se quisermos ficar perto do latim e não utilizar *credenza*, palavra tardia derivada de *credere*.

Se não fosse o fato de que sobretudo se crê na fé – πρώτιστα e implicitamente –, não no sentido de que o indivíduo "a considera verdadeira", mas no sentido de que a permite em si mesmo, no seu íntimo (o verbo alemão, *erlauben* [permitir] se relaciona etimologicamente com o termo "Glaube" [fé]), então nada poderia ser baseado na fé, nem mesmo o mito. Nossa pergunta sem resposta é se o mito é realmente baseado na fé e se ele extrai dela a força para sua pretensão à verdade. Depois de analisar a πίστις, não há muito que indique que ela possa obter resposta afirmativa. Não apenas as exigências da verdade são estranhas ao mito. Este também está longe de atender à demanda da *pistis* por *pistis* – de fidelidade até mesmo por parte dos deuses. Tal exigência, *sem restrição*, decorre do caráter e do sentido práticos e sociais da *pistis*. O mito está tão seguro em sua pretensão de verdade que subordina a ele a exigência geral da *pistis* e apenas lhe dá espaço parcialmente em sua própria esfera – a esfera dos deuses, para os quais o mito levanta a pretensão de verdade: os deuses nem sempre são fiéis. A esfera do mito como expressão e ação é maior do que a esfera da *pistis*, mesmo depois de esta ter se estendido para os deuses. O mito é o mais abrangente: tão abrangente que – *entre outras coisas* – diz à sua própria maneira a respeito da coisa que soa em *voces* tais como πίστις, *fides*, *Glaube* (fé).

3

Havia até mesmo um culto à Pistis na Acrópole de Atenas[521]: não sabemos de que época, nem em que recanto afastado, nem enfileirado entre quais outros altares insignificantes – como poderíamos indagar. Pode muito bem já ter sido a *Fides* dos romanos com um nome grego, como se vê numa moeda da cidade grega de Lokroi, situada ao sul da Itália, onde ela coroa a entronizada deusa Roma[522]. *Fides* era a *vox* que em latim permaneceu como substantivo verbal de *credere*, à qual esse verbo se vinculou, embora ela já tivesse ao seu lado outros importantes como *fidere* e *confidere*. Isso é um testemunho linguístico do fato de que a *coisa* que também pode ser expressa verbalmente por *credere* sempre foi, originariamente e depois sobretudo para os romanos, o que *fides* soava, a saber, a fidelidade, ao passo que "*credentia*", o radical em latim vulgar de *credenza*, produziu finalmente a mera *croyance*. *Fides*, como fidelidade à palavra entre um ser humano e outro, como fidelidade às alianças entre Estados, fazia parte do mito dos romanos.

O fato se encontra no *De natura deorum* (2. 61), de Cícero, colocado na boca de um estoico, mas sem relação com a filosofia estoica, e apresentado de maneira tão fiel e objetiva que os historiadores da religião que acreditavam que tinham de falar de conceitos personificados[523] foram exemplarmente refutados:

> *tum autem res ipsa, in qua vis inest maior aliqua sic appellatur, ut ea ipsa vis nominetur deus, ut Fides, ut Mens, quas in Capitolio dedicatas videmus* – então a coisa mesma, à qual é inerente um poder próprio superior, é chamada de tal maneira que este poder próprio se chama deus, como Fides, como Mens, cujos santuários consagrados vemos no Capitólio.

E depois, um pouco mais nuançado: "*quarum omnium rerum quia vis erat tanta ut sine deo regi non posset, ipsa res deorum nomen obtinuit*" – "visto que todas essas coisas tinham um poder próprio tão grande que sem deus não poderiam ter autodeterminação, a coisa mesma recebeu nome de deuses".

---

521. Diogeniano 2.80, Apostolius 4.25.
522. HEAD, B. V., *Historia nummorum*, Oxford, 1911, p. 88.
523. WISSOWA, op. cit. (nota 149 acima), p. 149; LATTE, op. cit. (nota 47), p. 233.

Aqui não se pode falar de personificação – se não queremos saber mais do que Cícero – nem de um poder mágico, em vez do próprio poder das coisas. *Fides* e *Mens* – a razão – têm seu próprio poder e autodeterminação, bastando que pessoas permitam que atuem entre elas. Desejamos até mesmo que a fidelidade e a razão alcancem seu poder; e podemos imaginar um tempo em que afirmem esse poder e, portanto, também a sua autodeterminação! O mito da *Fides* e da *Mens* exprime isso entre os mitos romanos ou, dito de outra forma, no quadro daquele mito peculiar próprio dos romanos atestado pelo culto romano. Ele proclama à sua maneira e com pretensão de verdade o que também queremos e aquilo em que cremos. Se nos perguntarem em que se baseiam esse desejo e essa fé em nós, também nós teríamos de nomear algo menos subjetivo a respeito do desejo e da fé: as realidades *Fides* e *Mens*. Elas são desejáveis em si mesmas e merecem fé – no marco de qualquer religião ou filosofia; merecem precisamente este tipo de fé que só se apresenta como subjetiva, mas é basicamente um saber objetivo baseado na experiência e no pensamento.

A expressão do mito também pode se apresentar como subjetiva de uma maneira semelhante. Mas não o faz, porque é direta – reta e ininterrupta: tão direta que muitas vezes pode ser substituída por uma ação. A expressão do culto romano constitui em grande parte o mito romano. No que diz respeito à *Fides*, essa expressão não era tão vaga quanto as imagens que poderiam surgir de nosso desejo e nossa fé. Era uma expressão na imagem, realizada ritualmente, mas nem por isso era em menor grau uma expressão precisa de como a *Fides* é verdadeiramente quando ela corresponde à sua "autodeterminação" ou "autogoverno". Na época de Cícero já existia um templo da *Fides* nas imediações do templo de Júpiter no Capitólio. Antes era apenas um *sacrarium*, um pequeno edifício para os adereços e neste caso também para a celebração do culto. Para ali se dirigiam uma vez por ano, em carruagem totalmente coberta, os três grandes Flamines – sumos sacerdotes da religião romana – para realizar sacrifícios. Sua mão era envolta num pano branco até a ponta dos dedos[524]: a mão direita, porque – como

---

524. Otto, W. F., "Fides", in Pauly-Wissowa, *Realenc.* VI, Stuttgart, 1909, Sp. 2281.2286.

diz Lívio (1. 21. 4) – "é também sede consagrada da *Fides* (*sedem eius etiam in dexteris sacratam esse*)". "*Religio* é inerente a outras partes do corpo também (*inest et in aliis partibus quadam religio*)" – acrescenta Plínio o Velho (*Nat. Hist.* I. 251) – "como à mão direita [...] mas, quando faz juramento, ela se estende à fidelidade (*in fide porrigitur*)".

A mão direita é a corporificação da *Fides* – como o mito romano geralmente prefere a expressão por meio do corpo[525]; o invólucro garante a pureza e a integridade que pertencem à sua essência. A *Fides* é tal como a mão e o invólucro exprimem. É assim que ela deve ser entre os seres humanos. Os idos dos meses, em que o dia é ampliado pela luz branca da noite de lua cheia, mostram como ela é entre os deuses. É por isso que *Idus*, de acordo com uma explicação antiga, é chamado *Iovis fiducia*, a "fidelidade de Júpiter"[526]. *Fides* recebeu desde cedo um nome divino especial. Esse nome – *Dius Fidius* – foi traduzido para o grego como Zeus Pistios. Mas certamente não se pensou que a Fides, como Dius Fidius, havia se separado do deus supremo, que originariamente também a continha. Os poetas romanos, que se apropriaram da maneira grega de expressão mítica, indicam uma relação diferente entre Fides e Júpiter.

Em Ênio, "o juramento de Júpiter" é invocado ao mesmo tempo que Fides. Mas o poeta lhe deu asas:

O *Fides alma apta pinnis et iusiurandum Iovis*[527]

Entre os gregos, Aidos tinha tais asas, a deusa do pudor, que abandonou a terra na Idade do Ferro com Dike, a deusa da justiça. O texto grego em que a deusa Pistis também aparece ao lado de Dike e atrás das divindades primevas "Noite" e "Dia", o Proêmio do hinário órfico, é posterior a Ênio, mas atesta a intercambialidade de Aidos, uma deusa do mundo primevo, com outra chamada Fides entre os romanos e, a partir destes, chegou aos gregos com o

---

525. Cf. acima, p. 149-152.
526. Macróbio, *Sat.* 1.15.
527. Cícero, *De off.* 3.29.104; Ênio, *Trag.* fr. 410 Vahlen.

nome de Pistis. Fides era uma potência primeva para os romanos. Júpiter se apropriou dela. Trata-se de uma concepção romana quando Virgílio a chama de uma deusa idosa, a *cana Fides* (*Eneida* 1. 292), e quando Sílio Itálico (p. 484) afirma que ela é mais velha do que Júpiter: *ante Iovem generata*. O mito romano da *Fides* – agora em estilo grego – expressa seu papel fundamental na ordem mundial romana, não sem razão no caráter romano.

4

Os gregos não tinham um mito da fé. Conceder à *pistis* um poder tal que ela pudesse aparecer na esfera dos deuses contradizia o sentido de verdade dos gregos. Os romanos possuíam um mito de fé. Qual fé? O mito romano responde a esta questão à sua maneira, por meio do rito das mãos cobertas. O mito como expressão com uma pretensão à verdade – entre os romanos como um mito romano que não continha apenas o mito da Fides – não precisava da *fides* nem de qualquer outro tipo de fé como base, no qual pudesse se fundamentar e do qual extrairia força para sua pretensão à verdade. Em vez disso, parece que a Fides e qualquer outro tipo de fé necessitavam o mito, com sua expressividade e sua audaciosa pretensão de verdade (mitificação, como costumamos dizer hoje). Ele precisava do mito para ir além de seu papel social e alcançar um papel religioso em geral e talvez poder se tornar fundamental para uma religião.

A pretensão de verdade do mito autêntico é tão espontânea quanto o próprio mito. É uma espontaneidade indivisível e ininterrupta, que não permite outra fonte de poder senão aquela que foi capaz de produzir todo o fenômeno – uma espontaneidade comparável à da *vox*. O que a vox μῦθος soava, antes que o som se convertesse no oposto, era "palavra" e "fato" a um só tempo. Não preciso repetir as investigações que levaram a essa conclusão[528], mas apenas citar as formulações particularmente felizes de Walter F. Otto: segundo ele, μῦθος é a palavra "no sentido consagrado pelo tempo, que não distingue entre palavra e ser". Também se supôs que o mito extrai da "palavra mágica"

---

528. Otto, W. F., op. cit. (nota 407 acima), p. 66ss.; meus *Griechische Grundbegriffe*, acima, nota 452, p. 59ss., cf. acima p. 199.

a audácia com que ele se apresenta e se "funda" a si mesmo. O mito pode se tornar a palavra mágica. Mas desde muito um detalhe linguístico passa despercebido[529]. Para a vox μῦθος, a "*vox* do fato", havia no antiquíssimo dialeto cipriota a forma feminina μύθα. Esta é traduzida por Hesíquio, em sua enciclopédia, como φωνή, a palavra grega para *vox*. O mito também podia ser um movimento mudo de dança ou uma ação ritual, e assim o era nas religiões antigas. Ele buscava imagens e assimilava visões a seus contextos. Mas quando soava – creio que cantado –, ele era a *vox* que soava todas as coisas e o mundo inteiro. O neoplatônico Salústio disse corretamente sobre o conteúdo do mito: ἔξεστι γὰρ καὶ τὸν κόσμον μῦθον εἰπεῖν – "mito também se poderia chamar o mundo"[530]. O mito como *vox* era a *vox religiosa* – principalmente!

Daí a estranheza do mito em relação à rigorosa exigência da simples verdade – para dizer com mais precisão agora; uma característica que seu peculiar legado manteria em tempos posteriores. Ele se sabia verdadeiro, como toda *vox* se sabe verdadeira em sua espontaneidade, mesmo que sua forma sonora não ofereça uma base para uma comparação com o que ela soa. Análises talvez não possam demonstrar, em casos individuais, por que um mito real é tão convincente a ponto de que alguém "se deixava persuadir" por ele: "acreditava" nele sem que o mito se baseasse nessa fé. Uma parte do legado do mito era sua própria arte de persuasão, uma espécie de mitopoética[531] à qual os fundadores de religião poderiam recorrer em sua língua. No entanto, reconhecemos o mito autêntico sobretudo pela ousadia, que entretanto não parece ousadia para quem "segue" – anteriormente para o πειθόμενος, mais tarde para o πιστεύων, o "crente".

5

O πιστεύων se encontra no Evangelho de Marcos numa asserção bastante significativa: "Tudo é possível ao crente – πάντα δύνατα τῶι πιστεύοντι (9,23 *omnia possibilia sunt credenti*)". É evidente que a fé adquiriu com isso

---

529. Observado por WELCKER, F. G., *Griechische Götterlehre* 1857, I, p. 75.
530. *De diis et de mundo* 4.9.
531. Cf. *Werkausg* V 1, p. 94s.

uma importância que nunca teve entre os gregos e romanos. A questão é se ela nunca teve tal importância antes, nem mesmo no Antigo Testamento? Martin Buber se dedicou à hermenêutica da expressão em sua obra *Duas modalidades de fé* [532]; de fato, sua obra se baseia nessa fala de Jesus, de modo que eu gostaria de segui-lo até certo ponto.

Do Antigo Testamento ele extrai o versículo de Is 28,16 para comparação, precisamente a última frase, uma passagem linguisticamente difícil, que confio à tradução de Buber. É ponto assente que o profeta se exprime a respeito do "crente": ὁ πιστεύων, na Septuaginta. Segundo Buber: "O crente não se apressará". E acrescenta à guisa de explicação:

> isto implica que ele não vai querer se apressar. Aqui parece prevalecer um aspecto do crente que é praticamente o oposto do que Jesus disse: em vez do efeito milagroso sobre o acontecer, é atribuída ao crente uma reserva rigorosa em relação a esse acontecer. Mas isso demonstra sua relação com a onipotência: somente se e porque o "apressar-se" lhe é em si possível, pode-se explicar que ele, o crente, não o exerça, ou seja, que não o peça com a força da oração na alma, ao passo que os incrédulos pedem zombeteiramente (5,19) que Deus "acelere" sua obra prometida para que possam "vê-la". Mas notamos imediatamente que ainda não alcançamos a compreensão correta. Pois o que é possível para o crente, incluindo o apressar-se, só lhe é possível em sua condição de crente; mas, no Antigo Testamento, crer significa andar sempre na vontade de Deus, e isso também no que diz respeito à realização temporal da sua vontade: o crente atua no ritmo de Deus.

Isaías nos comunica – se a tradução de Buber está correta – um simples fato empírico do culto judaico existente, o comportamento e o estado interno do crente que pratica o culto, como é correto de acordo com o profeta. Se o culto com todo o seu conteúdo espiritual não existisse, não poderia ser fundado no fato de que "o crente não desejará se apressar". O estado existe e corresponde ao caráter da *emuna*, a fé do Antigo Testamento, e à situação básica que ela torna compreensível. Era a situação do povo peregrino dirigido por um Deus fiel, um povo que, se tivesse abandonado a fidelidade em seu guia, teria perdido o guia fiel. Era uma fidelidade indivisível: a fidelidade de Deus e

---

532. *Werke* I, 1964, p. 661ss.

do povo. Quando Buber observa[533] que a *emuna* abarca os dois lados de uma reciprocidade, o ativo, a "fidelidade", e o receptivo, a "confiança", não é fácil dizer quem aqui é "ativo" e quem é "receptivo", isto é, "que recebe". Uma única palavra, fidelidade, parece ser suficiente aqui, como acontece com *pistis* e *fides*. A *emuna* parece estar particularmente próxima da Fides dos romanos: a expressão da mão direita encoberta corresponde à aliança de Abraão com Deus, com a diferença de que aquela mão aponta para alianças seladas sem coerência, enquanto a aliança de Abraão incluía toda a existência de um povo numa aliança única e abrangente de fidelidade e a levantava de um modo incomparável. Sem fidelidade à fidelidade – a fé na fé – este caso histórico, o exemplo de Israel na história mundial, não seria compreensível. Ele indica, com pureza clássica, que a fé *existe*, com os diversos aspectos históricos que as *voces* – *pistis*, *fides*, *emuna* – soam.

Apenas sobre essa base se torna claro o significado histórico da frase: "Tudo é possível para o crente". Antes de me aproximar da cena em que é pronunciada, lembro-me das frases de Jesus que em essência dizem a mesma coisa. Trata-se de asserções que, em parte, empregam linguagem de parábola, como em Lc 17,6: "E disse o Senhor: Se tivésseis fé como um grão de mostarda, diríeis a esta amoreira: Desarraiga-te daqui, e transplanta-te no mar; e ela vos obedeceria" (*si habueritis fidem* – πίστιν – *sicut granum sinapis, dicetir huic arbori moro: Eradicare, et transplantare in mare: obediet vobis*). A linguagem de parábola se apresenta com o "grão de mostarda", e também poderíamos supô-la para a "amoreira", porque essa suposição é a mais lógica. Deixemos aberta a questão de saber até onde vai a parábola em toda a passagem e perguntemos apenas o que significa o símile do grão de mostarda. Aparentemente, significa o mínimo de crença. No entanto, o símile retorna em Mt 17,20 no ponto em que Jesus repreende seus discípulos por sua pouca fé. No texto grego encontramos ὀλιγοπιστία, como em Mt 14,31 e 8,26 há ὀλιγόπιστος e ὀλιγόπιστοι. Observa-se com razão que deve se tratar de uma palavra peculiar a Jesus, já em aramaico, embora também ocorra num

---

533. P. 670.

pitagórico tardio[534]. Mas a expressão sobre o "grão de mostarda" certamente também é peculiar a Jesus. Pouquíssima fé não lhe era suficiente – mas o mínimo lhe era suficiente? Por isso, Jerônimo e Lutero põem incredulitas ("incredulidade") no lugar de ὀλιγοπιστία em Mt 17,20, embora digam nos outros dois lugares *modicae fidei* e *kleingläubig* ("de pequena fé"). A dificuldade se dissolve quando a "pouca fé" significa a falta de fé na fé, de confiança na confiança, de fidelidade à fidelidade. Expresso em grego, o que Jesus exige é: πίστιν πιστεύεσθαι.

Que ele está se referindo a essa πίστις plena no sentido do Antigo Testamento é corroborado pela frase de Mc 11,23, que começa: ἔχετε πίστιν θεοῦ – *habete fidem Dei*. Nem o texto grego nem a tradução de Jerônimo fornecem uma base para a diferenciação que é vista em Lutero: "Habt Glauben an Gott" (Tende fé em Deus). O genitivo pode ser *subiectivus* e *obiectivus* ao mesmo tempo e pode ser traduzido da melhor forma assim: "Tende a fé que é a fé de Deus", ou: "Tende a fidelidade que é a fidelidade de Deus". Por meio de outra imagem, a continuação diz a mesma coisa que foi dita com a imagem da amoreira, e descreve a fé comparada com o grão de mostarda mediante uma virada negativa de tal modo que reconhecemos a "fé na fé":

> Porque em verdade vos digo que qualquer que disser a este monte: Ergue-te e lança-te no mar, e não duvidar em seu coração, mas crer que se fará aquilo que diz, tudo o que disser lhe será feito (*amen dico vobis, quia quicunque dixerit huic monti: Tollere, et mittere in mare, et non haesitaverit in corde suo, sed crediderit, quia quodcumque dixerit, fiat, fiet ei*).

No texto grego, no lugar de "duvidar" (*haesitaverit*), encontra-se διακρίθηι, "tornar-se discrepante". Quando alguém diz: "Ergue-te" e "lança-te", certamente crê, caso contrário não o diria; mas se a pessoa se torna discrepante, ela não crê na sua fé e não move a montanha.

Não pergunto – como também não perguntei no caso da "amoreira" – até que ponto o mover a montanha é *apenas* um símile. Aqui se trata mais de um modo intensificado de expressão do que de símiles, o que é demonstrado pelo contexto em que a frase se encontra em Marcos: imediatamente após o

---

534. Sexto, *Sententiae* 6.

relato da figueira que havia secado por uma palavra de Cristo. Em todas essas passagens é proclamada a mesma coisa que foi expressa de maneira bastante direta na asserção "Tudo é possível ao crente". Em todo caso, parece haver ali um motivo para discussão. Um menino possesso – eu sigo Mc 9,14-29, a versão mais detalhada – foi primeiramente conduzido por seu pai aos discípulos de Jesus. Eles não foram "fortes o suficiente" – οὐκ ἴσχυσαν – para curá-lo. Jesus então repreende as pessoas entre as quais tem de viver, dizendo que são uma "geração incrédula" (*generatio incredula*), e faz vir o menino.

Não vou entrar na descrição da obsessão, que contém sintomas inconfundíveis de epilepsia. Toda a cena é da maior credibilidade histórica. O pai acredita numa força mágica – por isso disse antes que os discípulos não eram "fortes" o suficiente – e procura-a em Cristo. Nesse sentido, ele lhe diz: "Mas, se podes alguma coisa (εἴ τι δύνῃ!), vem em nosso socorro, compadecido de nós!" Ao que Cristo retruca – devo citar em grego e traduzir eu mesmo: τὸ εἰ δύνῃ "Se podes!" Tudo é possível ao crente! A asserção também poderia ser entendida desta forma – e é assim que geralmente é entendida: "A mim, Jesus, tudo é possível porque creio que posso curar o menino!" Martin Buber acha essa visão intolerável[535], porque ela aproxima bastante Cristo de Simão o Mago, como se Ele quisesse, tal como este, se exibir na frente do público. No entanto, Simão o Mago, que queria voar, caiu, ao passo que o menino é curado.

Jesus se distancia da opinião do pai do garoto de que se trata de um poder mágico. Sua asserção deve ser entendida como uma frase de validade geral, que também o inclui. O pai o compreende imediatamente e exclama: "Eu creio! Ajuda minha incredulidade!" Isto é, sua fé é discrepante, sendo ao mesmo tempo fé e incredulidade; não é fé na fé, desejada por Jesus. Em seguida, ele dá a seus discípulos o conselho: "Esta espécie de espírito, nada o pode fazer sair, a não ser a oração!" Se enfatizei a credibilidade histórica antes, devo agora enfatizar também a credibilidade psicológica.

Mas o que dizer da "verdade" à qual aspira a asserção "Tudo é possível ao crente"? A asserção extrai essa aspiração de seu próprio conteúdo, da

---

535. P. 662s.

realidade da fé, que se expressa diretamente nela. Mas atende às exigências estritas que impomos às verdades? É realmente verdade que *tudo* é possível para o crente? É uma doutrina como as doutrinas do Sermão da Montanha? A tese de que "a fé é suficiente" certamente não está nela. Trata-se de uma mera asserção sobre a fé – sem qualquer distinção dos "modos de fé", como distinguidos por Buber: fé como confiança de um lado e, de outro, fé como fé num conteúdo. Trata-se da *fé plena*, que inclui a fé na fé, e a respeito da qual Jesus conhecia mais do que ninguém. Não sabia Jesus que em nosso mundo nem tudo, *entretanto*, é possível para os crentes? Era uma asserção de uma audácia peculiar, mas com pretensão à verdade.

Não me resta senão dizer que ela é o mito da fé, um mito com o qual começa uma nova época de religiosidade. Normalmente, essa religiosidade rechaça o mito. Por causa da fé, o conteúdo dos Evangelhos é história sagrada para os cristãos e não mito. Mas nem mesmo essa religiosidade foi fundada sem um mito fundamental.

1966

O QUE É O TEMPLO GREGO?

Fala-se do espírito religioso da arquitetura grega, de uma inspiração de cunho religioso que atua nela, como se se tratasse de uma obviedade. Se quisermos dizer com mais precisão qual era essa atuação, teremos de falar de algo concreto: de uma das duas estruturas que são características da arquitetura grega como nenhuma outra. Caracterizam apenas esta e nenhuma outra arquitetura e foram herdadas pela idade moderna como um legado grego. Pode-se dizer que a história da arquitetura ocidental dificilmente seria imaginável sem essas duas criações dos gregos (Heinz Kähler). As duas estruturas são o teatro e o templo, mas, a rigor, o espírito religioso atua em apenas uma delas, na estrutura do templo, não na do teatro.

O espírito religioso atua na dança e no drama, nos movimentos e na linguagem do drama, que o teatro abarca como estrutura. Na arquitetura do teatro, ele atua apenas na medida em que sua estrutura serve para que o público se concentre na dança, na ação e na linguagem. Em geral, serve à comodidade do público: serve às pessoas e não a um deus – Dionísio – ou aos deuses. O templo grego, por outro lado, é a estrutura mais concentrada que não atende à comodidade de nenhum ser humano, nem mesmo à do sacerdote ou de outros celebrantes e participantes de um sacrifício. Não importa como o sacrifício era compreendido e intencionado pelos gregos, a relação entre a divindade e as pessoas que ele estabelecia acontecia ao ar livre, independentemente do templo, ao qual o sacrificante dava as costas.

Que não era apenas costumeiro, mas possível, oferecer o sacrifício com as costas voltadas para o templo e a estátua erguida no templo é um fato bastante notável. Dois outros fatos históricos são a prioridade do culto sem imagens e também do culto num altar sem templo antes do culto associado a um templo e uma estátua após a migração dórica. Este fato permite extrair uma conclusão inequívoca para a religião dos gregos pós-micênicos: enquanto eles imaginavam os deuses vivendo em algum lugar, não é o templo que se deve considerar sua morada, mas tudo o que se encontra fora de um templo. Qualquer pessoa que – como ainda é prática comum na ciência hoje – designa o templo grego como a morada da divindade acha-se diante de uma contradição que deve explicar. Geralmente se oferece tal explicação atribuindo a contradição à própria religião grega, que permite aos deuses morar fora dos templos e ao mesmo tempo em seus templos. Essa contradição pode existir. Mas, antes de admiti-la, teríamos de esclarecer qual é o significado do templo como "morada"? Apenas os gregos podem responder a isso em sua própria língua.

Se quisermos apurar a resposta dos gregos com estrita cientificidade, devemos também prestar atenção à nossa própria língua. O que disse na introdução pode ser dito claramente em todas as línguas europeias. A definição do templo grego como "Wohung der Gottheit" (morada da divindade) implica o perigo de nos levar a pensar involuntariamente o templo grego sob influência da língua alemã. "Wohnen" em alemão tem um sentido muito mais intenso do que as palavras que são usadas nas línguas românicas – incluindo o italiano. O sentido alemão pode servir de fundamento para uma meditação como a do filósofo alemão Heidegger sobre "Bauen Wohnen Denken" (Construir Habitar Pensar), que, com base na linguagem e no pensamento, vê uma inter-relação entre *wohnen*, *bauen* e *bin* ("habitar", "construir" e "sou") e chega à seguinte definição: "O habitar é o *traço fundamental* do ser, de acordo com o qual os mortais são".

O *abitare* italiano, o *habiter* francês, o *habitar* espanhol e português vêm do latim *habitare*. Essa palavra é um frequentativo de *habere*, em que se expressa a "posse", o "tomar posse" e o "manter a posse": *Habitare* é sempre um "tomar posse" e mais intensamente "manter a posse". A inscrição pompeana "*Hic habitat felicitas*" está dizendo o seguinte: "A felicidade tomou posse aqui e a mantém". Trata-se de uma tomada de posse que está ligada a um lugar e a um indeterminado tempo. O dicionário traz a seguinte definição do italiano *abitare*: *aver stanza in un luogo, dimorarvi*; e a de *stanza*: *luogo dove si dimora*. Tanto *dimorare* quanto o francês *demeurer*, outra palavra para *habiter*, vêm do latim *mora*, um retardamento indeterminado do tempo. Tomada de posse temporária de um lugar: também pode ser entendida como o traço fundamental do ser, segundo o qual os mortais são – mas então como uma limitação. Se Felicitas ou uma divindade grega se apoderam temporariamente de um lugar, isso não significa qualquer limitação de seu ser, mas, no máximo, um lugar delimitado e arquitetonicamente enfatizado da presença repetida e temporária da divindade, lugar que de todo modo pertence a ela.

A palavra grega para templo é *naós*. Em primeiro lugar, duas coisas devem ser observadas. O conceito mais aproximado é provavelmente "casa". Mas *naós* nunca aparece em nossos textos gregos para uma morada humana: para os gregos dos tempos históricos, essa palavra soa algo especial, algo reservado aos deuses. Mas ela deve ser uma palavra muito antiga, pertencente ao período micênico. A forma plena *navos* é atestada por uma inscrição em Delos para os espartanos. Mas isso não significa que a palavra seja dórica. Em vez disso, é micênica e foi mantida como nome originário para templo com a vocalização *naos* (ao lado do *neos* jônico) na tragédia ática, como também na prosa ática, em Platão e Xenofonte. Nos textos micênicos, que formam apenas uma pequena fração da língua, somente a raiz *nau* – equivalente ao grego *naûs*, em latim *navis*, "navio" – foi encontrada na composição: na-u-do-mo, "construtor de navios". O que um navio e um templo grego têm em comum é que ambos são obras de *tektones andres*, de mestres construtores engenhosos. *Naus* era uma construção para seres humanos, a fim de que tomassem posse temporária do mar; *navos*, uma construção naqueles lugares dos quais os deuses tomavam posse de uma maneira excelente. Representações encontradas em vasos cretenses de pequenos santuários em montanhas, caracterizados por uma arquitetura especial, são provavelmente exemplos de tais construções *anteriores* aos templos gregos.

Na obra fundamental de Heinz Kähler, *O templo grego* (1964), não foi necessário pôr o conceito – o conceito alemão – do *Wohnen* acima da construção de uma estrutura a serviço exclusivo dos deuses com o fim de atestar a recorrente presença deles. A língua grega atesta a conexão entre *naós* e os verbos do *habitare*: *naíein* e *naietáein*, que muitas vezes são usados no sentido frequentativo. Mas ela atesta a ordem inversa: o "Wohnen" se segue à edificação de construções às quais pertencem, além do *naûs* e do *naós*, também *dómos* e *dómata*, *oîkos* e *oikía*, "casas" que não servem apenas para ser habitadas, mas também para a tomada de posse de um pedaço de terra. Templos podem ser chamados *domos* e *domata*; *oikos* pode ser o nome da grande sala de um templo. Se a palavra *naos* sempre sofreu uma mudança de significado, foi como aquela que sofreram *duomo* em italiano e "*Dom*" (catedral) em alemão, que depois passaram a significar apenas a "casa de Deus", *domus domini*. Assim como *Dom* não encerra em si o "Senhor" do cristianismo, o *naos* também não encerra um deus dos gregos, embora os gregos e os cristãos erguessem a construção correspondente como uma propriedade especial da divindade.

O que caracteriza o espírito religioso dos gregos em geral está presente em termos concretos no templo grego: a atenção concentrada na divindade que se acha fora do templo e para a qual, se quisesse estar mais presente do que já estava, era preparado um lugar digno. É apenas aparente a contradição que consiste no fato de o sacrifício ser celebrado do lado de fora, de costas para a imagem cultual, enquanto o templo era o lugar da divindade enfatizado e circundado por um realce arquitetônico especial. Pois a porta do templo se abre na mesma direção para a qual se volta o sacrificador, e não se pode presumir que um sacrifício era realizado diante das portas fechadas do templo.

A obra de Heinz Kähler, ela própria o resultado de uma concentração extraordinária, mostrou-nos em cada detalhe da arquitetura o milagre natural de concentração que é o templo grego. Ele também lembrou que as atas de fundação dos templos antigos repetidamente se referem a eles como anátemas, "como se fossem oferendas transformadas em arquitetura". Este é realmente o caso das casas do tesouro em Delfos. Kähler observou que o comprimento do antigo *hekatompedoi naoi* corresponde às hecatombes: "Um templo tem cem pés, depois duzentos, trezentos pés de comprimento, assim como cem bois e um múltiplo deste número são sacrificados ao deus". Com isso, o templo demonstra, de acordo com seu próprio sentido, estar aparentado com o sacrifício que é oferecido diante dele e que invoca o deus. Para a natureza concentrada da arquitetura do templo, Kähler considerou a palavra alemã "Schrein" ("santuário, sacrário") – do latim *scrinium*, em italiano *scrigno* – mais apropriada do que "casa". De fato, o templo grego em sua forma dórica estrita é construído de tal forma que pode ser levantado como um todo por um gigante e colocado em outro lugar. Heródoto fala dos templos de madeira dos egípcios, que podiam ser colocados em carros e transportados de um lado para o outro. Ele chama essas construções de *neos*: ou seja, *naos*.

O termo "como um porta-joias" – francês *écrin*, uma palavra que corresponde ao latim *scrinium* – sempre pareceu óbvio quando se comparava um templo grego com os imponentes complexos de templos orientais. A comparação com um porta-joias – independentemente das dimensões – também está de acordo com o significado do templo grego, se o concebemos como um presente de consagração à divindade. Como um salão de trinta metros de comprimento, consagrado como lugar sacro por esta medida, o templo mais antigo de Hera em Samos ou o templo de Apolo em Eretria também poderiam ter sido, em si mesmos, um presente para a divindade. O verdadeiro presente oferecido aos deuses e que os convidava para esse espaço era algo contido no templo. Mantendo a comparação com o porta-joias, esse presente era uma joia, um *gioiello* em italiano, uma *gioia*, alegria para quem o recebia. Era a imagem de culto, que em grego é, por assim dizer, uma tradução de *gioiello*: o *agalma*[536].

Agalma vem de *agallo*, *agallomai*, do qual formações posteriores também são derivadas: *agalliama*, *agalliasis* na Bíblia grega; em latim, *exultatio*. Baseia-se no acontecer da alegria, seja qual for a coisa que o desencadeia. Quer se trate de uma oferenda ou de uma imagem de culto: isso suscita alegria, como um *gioiello*. A estátua de um homem, uma das figuras sentadas de Mileto do final do século VI a.C., traz a inscrição: "*Chares eimi* [...] *agalma tou Apollonos*", "Sou Cares [...] estátua e alegria de Apolo". *Agalma* deve ser, portanto, traduzida por várias palavras. A estátua também pode ser chamada de *charoudi* no grego moderno: proveniente de *chara*, alegria.

Por conseguinte, todas as estátuas de rapazes erguidas em homenagem a Apolo, ou todas as estátuas de moças erguidas em homenagem à deusa Atena, eram *agalmata*: estátua *e* alegria do deus ou deusa. Uma imagem de culto que representava o próprio deus certamente não era menos uma "está-

---

536. Cf. meu estudo EIDOLON, EIKON, AGALMA, in *Griechische Grundbegriffen* (acima, nota 452), p. 39-41.

tua e alegria do deus": era aquela alegria que um templo grego abrigava em si – uma alegria ainda maior do que o próprio templo, para deuses e pessoas igualmente. O espírito religioso dos gregos criou uma estrutura em sua arquitetura – o templo grego – que continha em seu cerne essa alegria especial, a alegria com a imagem e que ao mesmo tempo convocava e convidava desde fora a divindade.

Os indivíduos visitavam o deus no espaço interior. A comunidade voltava-se para ele por meio do sacrifício e do próprio templo que ela lhe havia oferecido, que poderia estar em qualquer lugar, poderia erguer-se como qualquer outro presente votivo, e se encontrava aberto a todos. O conceito correto do templo grego também amplia nosso conceito da religião grega. Quando se entra num templo grego, deve-se pensar numa possibilidade especial da religiosidade humana em geral, da existência histórica singular de uma religião espiritual da natureza. Mas o templo deve ter o efeito – e também o tem, onde ainda existe – como é observado em *Eupalinos ou l'architecte*, de Paul Valéry: "Il faut, disait cet homme de Mégare, que mon temple meuve les hommes comme les meut l'objet aimé" – "meu templo, disse este homem de Megara, deve mover as pessoas como o objeto de seu amor as move".

1969

Notas

Referências aos volumes publicados de "Werke in Einzelausgaben", de Karl Kerényi

Werkausg. I: Humanistische Seelenforschung. Munique-Viena, 1966

Werkausg. II: Auf Spuren des Mythos. Munique-Viena, 1967

Werkausg. III: Tage- und Wanderbücher, 1953-1960. Munique-Viena, 1969

Werkausg. IV: Apollon und Niobe. Munique-Viena, 1980

Werkausg. V, 1: Wege und Weggenossen I. Munique-Viena, 1985

Werkausg. VIII: Dionysos. Urbild des unzerstörbaren Lebens. Munique--Viena, 1976

[Nova edição como parte de Werke in Einzelausgaben, Stuttgart, 1994.]

Bibliografia
(limitada às versões originais em alemão)

O que é mitologia?

1. In: *Europäische Revue*, 15 de junho de 1939, p. 3-18

2-4. *Die antike Religion. Eine Grundlegung*. Pantheon Akademische Verlagsanstalt (ed. alemã 1940; edição holandesa 1942) e und *Die antike Religion. Ein Entwurf von Grundlinien*. Eugen Diederichs Verlag. Düsseldorf/Köln (ed. revista 1952)

5. No volume: *Die Eröffnung des Zugangs zum Mythos. Ein Lesebuch*. Org. Karl Kerényi. Wissenschaftliche Buchgesellschaft Darmstadt, 1967, p. 214ss.

O traço mitológico da religião grega

Die Religion der Griechen und Römer. Droemer-Knaur (Munique/Zurique 1963)

Da natureza da festa

1. Vom Wesen des Festes: Antike Religion und ethnologische Religionsforschung. In: *Paideuma* 1, 1938, 59ss.

2-4. *Die antike Religion* (todas as três edições)

5. *Die Religion der Griechen und Römer* (cf. supra)

Dois estilos de experiência religiosa

1-3. *Die antike Religion* (todas as três edições)

4. *Die Religion der Griechen und Römer* (cf. supra)

Pontos altos da experiência religiosa grega e romana

1. Religio Academici. In: *Pannonia* 4, 1938, p. 3-12

2-4. *Die antike Religion* (todas as três edições)

5. *Die Religion der Griechen und Römer* (cf. supra)

Homem e deus segundo Homero e Hesíodo

1-3. *Die antike Religion* (todas as três edições)

4. *Die Religion der Griechen und Römer* (cf. supra)

Homem e deus segundo a concepção romana

1-3. *Die antike Religion* (todas as três edições)

4. *Die Religion der Griechen und Römer* (cf. supra)

A ideia religiosa do não-ser

1-3. *Die antike Religion* (todas as três edições)

4. *Die Religion der Griechen und Römer* (cf. supra)

Religião e mito na Grécia

(Para: *Encyclopaedia Hebraica*, verbete "Griechenland")

Theos: "deus" em grego

In: *Wer ist das eigentlich - Gott?* Ed. por Hans Jürgen Schultz. Munique: Kösel-Verlag, 1960, p. 123-133

A sacralidade do festim

1. In: *Du. Schweizerische Monatsschrift*. 4 de outubro de 1944, p. 6ss.

2. In: Kerényi, Karl. *Die Geburt der Helena samt humanistischen Schriften aus den Jahren 1943-145*. Albae Vigiliae Neue Folge III. Zurique, 1945, p. 84s.

Retrato mitológico da menina

1. In: *Du. Schweizerische Monatsschrift*. 9 de maio de 1949, p. 11ss.

2. In: KERÉNYI, KARL. Apollon. Studien über antike Religion und Humanität. Neuausgabe mit einer Folge von Betrachtungen über Mysterien des Humanen. Düsseldorf: Eugen Diederichs Verlag, 1953, p. 271ss.

O Héracles cansado de Olímpia

DER MÜDE HERAKLES IN OLYMPIA

Hercules fatigatus. In: *Dauer im Wandel. Festschrift zum 70. Geburtstag Von Carl J. Burckhardt*. Munique: Verlag Georg D.W. Callwey, 1961, p. 214ss.

O mito da areté

(Para: *Colloquio Internazionale su demitizzazione e morale*, Roma, 7-12 de janeiro de 1965)

1. In: *Freundesgabe für Max Tau. Gratulationen zu seinem 70. Geburtstag*. Rothenburg ob der Tauber: Verlag J. P. Peter, Gebr. Holstein (1966), S. 166ss.

2. In: *Theologische Forschung XXXIV. Kerygma und Mythos* VI 3, 1968, p. 117ss.

A religião grega é uma religião da salvação?

(Para: Study-Conference, realizada em Jerusalém, 14-19 de julho, 1968)

In: *Types of Redemption*. Leiden: E. J. Brill, 1970, p. 26ss.

O mito da fé

(Para: Colloquio Internazionale su mito e fede, Roma, 6-12 de janeiro, 1966)

1. In: *Studies in Mysticism and Religion presented to Gershom G. Schole on his Seventieth Birthday*. Jerusalem: The Hebrew University, 1967, p. 141

2. In: *Theologische Forschung XXXIV. Kerygma und Mythos* VI 4, 1968, 59ss.

O que é o templo grego?

(Para: XVI. Congresso Internazionale di Storia dell'Architettura – Atenas, 20 de setembro-5 de outubro de 1969)

In: *Neue Zürcher Zeitung*, 9 de novembro de 1969, Nr. 666 (ed. internacional n. 308)

ÍNDICE

Abelha 91
Abraão 136, 140, 254, 273
Abrahamsson, H. 179
Academia platônica 116, 118s.
Acrocorinto 207
África / africano 30, 179
Afrodite 91, 145, 147, 206s.
Agállo / agallíama / agallíasis 281
Ágalma 281
Agamenon 77
Agathós 213, 250
Agdistis 254
Agdos 254
Agens 169
Agnóstico 265
Ágos 78s.
Agricultura 131s.
Agrigento 218
Aias 197, 248
Aideîsthai 76s., 86s., 96
Aidós / aldeîsthai / aidoîa 86-98, 109, 113, 115, 125, 175, 269
Aitias / etiologia 24, 28
Akrótes 250
Alceu 260
Alcibíades 238
Alcínoo 135s.
Alegoria / alegórico 26s.

Além 45, 174, 183-185, 192s.
Alétheia 139, 176
Alexandre o Grande 249
Alfieri, N. 63
Alma 174, 179s., 192s., 206, 253, 256
Altar 134, 203, 218, 277
Altheim, F. 123, 157, 163, 164, 169
Anaxágoras 115
Ancestrais
  culto aos 127, 157s.
Andrógino 254
Anfitrite 205
Animal
  sacrifício de 28, 32, 57, 130-132, 205, 221-224
Anósios 80
Anquises 82, 91
Antestéria 66, 129
Antropomorfismo 34s., 202, 205
Apeles 91
Apex 160, 165
Aphosiûsthai 81
Apolo 42, 77-80, 96, 133, 157, 206, 216, 220s., 230, 250, 281
  templo 281
  teoxenio 133
Apolodoro 18, 240
Apolytrosis 258

• 287

Aquiles 85, 88, 100s., 105, 143, 147, 248
Arbor felix 160
Arcesilau 118s., 121
Arctino 146
Ares 145, 203, 207
Areskein 246
Aretá / areté / areté 242-252, 254s.
Aretalogia / aretalógico 25
Argei 162
Ariadne 208
Aristófanes 82
Aristóteles 73, 103, 105s., 112s., 115s., 119, 175, 212, 237s., 248-252, 255
Arktoi / arkteia 228s.
Arquétipo / arquetípico 40, 43, 171
Arte / obra de arte 16, 18, 33, 50, 58-60, 67, 69, 99-101, 125s., 150s.
Ártemis 42, 77-79, 86, 146, 205s., 216, 225-231
Arunta 51s., 57
Asclépio 133, 147
  santuário 33
Asébeia 211s.
Ásia Menor 38, 78, 141, 154
Astarte 207
Atalante 229
Ateísmo 209-212
Atelana 52
Atena / Palas Atena 63, 91, 206, 225-227, 231, 236, 241, 281
Atenas 50, 66, 129-131, 206, 225, 230, 260

Acrópole de 64, 229, 261
  Liceu de 251
Athanatízein 112, 119
Athemitomixía 92
Athenaia 63
Átheos 211
Átis 238
Augias
  estábulo de 236
Áugure 117
Augusto 218
Aures religiosae 115
Austrália 29, 51, 53, 132
Ave 30s.

Bacante 230
Banquete / refeição / festim 100, 132-137, 220-224, 251
Basileús / basileía 75
Baumann, H. 179
Beleza 7, 63, 85
Bellona 245
Bennet, E.L. 260
Beócia 64
Berdiajew, N. 182, 183
Bertram, E. 238
Bía 75
Bíblia
  Antigo Testamento 69, 72, 78, 133, 136, 140s., 272
  Novo Testamento 238s., 257s.
Binswanger, L. 262
Bios / *bíos* 39-41, 118, 123, 171, 178
  praktikós 113

Blinkenberg, C. 91
Boesch, P. 111
Böhme, J. 102, 106, 107, 108, 109
Boi; cf. Touro
Bolkestein, H. 73, 80, 82, 84
Boll, F. 110, 113, 114
Bolo de sacrifício 166
Bóreas 20
Bräglah 29s.
Brauron 42, 228-230
Brelich, A. 184
Brinkmann, A. 249
Brunetière, F. 190
Buber, M. 34, 201s., 272s., 275s.
Búbrostis 48s.
Búlimos / bulímu exelasis 48s.
Buphónia 64s., 130s.
Burckhardt, C.J. 232
Burckhardt, J. 10
Buschor, E. 52, 180
Buttmann, P. 25-27, 29

Cabra 158, 163, 208, 230
Caça / caçador 158, 205
Cacho de uvas 159
Cachorro 158
Cálcis 251
Calendário
  de festas 63, 126s.
Calendas 162s.
Calímaco 49, 91, 225-229, 231, 240
Calisto 229
Camilli / camillae 155
Capitólio; cf. Roma

Cariátide 226
Carnéades 118s.
Carneiro 130, 240
Caronte 180
Cassandra 92
Cassirer, E. 46
Castelli, E. 242
Catulo 187
Cavalo / corcel 80, 107, 147, 157, 246, 254
Cegueira 91
Cereais 129, 131s., 204s., 220, 224
Ceres 158
Cerimônia de entrada na maturidade 226
Cervo 229, 231
Céu 19, 29, 64, 133s., 138, 157, 166, 195, 200s., 203, 207, 215
  corpo celeste 31, 179, 227; cf. tb. Lua; Sol
  Deus celeste 167, 200s.
Cevada; cf. Cereais
Charis 246s.
Charites 247
Chipre 206
Cícero 69s., 80, 82, 93, 115-118, 120, 122, 150, 267-269
Ciclope 105, 227, 229
Civitas Dei 256
Classicismo 8, 13
Cnídios 91
Cnossos 128
Cobra 35, 123
Colono 254

• 289

Comédia 66
Confarreatio 156, 159, 161, 164
Confidere 267
Consagração 226-231, 281; cf. tb. Iniciação
Consul dialis 157
Conto 22s., 27s.
Cora
   índios 54s., 57, 187
Cordeiro 159
Corisco 249
Cós 33, 91
Cosmo / cósmico 31, 43s., 47, 57, 64, 66, 95, 162, 164, 167, 172, 174
Cosmogonia / cosmogônico 26, 28, 167
Cosmologia 24
Cotta, C.A. 116-118, 120
Credere 267
Creta / arte cretense / escrito cretense 34s., 38, 83, 128, 204, 207s.
Criação do mundo 39, 56, 60s., 153
Criança exposta 22, 216
   divina 35, 207, 216
Crisipo 119
Cristianismo / cristão 39, 46, 59, 71s., 111, 117s., 202, 209-212, 225, 237-239, 255-258, 262, 264, 280
Cristo 39, 201, 216s., 238, 255, 272-276
Cronos 30, 75, 139, 146, 195
Cton / ctônico 195
Culto / imagem cultual 14, 21-24, 28, 32, 35, 55-57, 62-65, 73s., 78, 99, 111s., 117, 124, 127, 129s., 132-137, 144, 149-154, 156-159, 166-172, 193, 200, 202-205, 207s., 212, 218, 228s., 244s., 250s., 254, 259s., 267s., 272, 281
Culto a Maria 202
Cultura 9s., 129
   cretense / micênica 83, 128; cf. tb. Micenas
Cumont, F. 132

Da 150
Daídala 64s.
Daímon 73, 101, 199
Dança 52s., 57, 100, 132, 231, 277
Dante Alighieri 126, 172
Dediénai 76, 96
Deisidaimonía 71, 73, 76
Delfos 81, 119, 206, 280
Delos 238, 279
Deméter 49, 77, 79s., 98s., 131, 147, 158, 204s., 224, 226
Demócrito 112
Demódoco 100
Demóstenes 71
Desmitização 154, 163, 171, 252
Despótes nómos 74
Destino 7, 57s., 101, 143, 199, 205, 242
Deubner, L. 65, 130, 228
Deus / divindade / deuses / relação homem-Deus 13, 23-25, 28, 31s., 35, 38, 41, 43-45, 54-58, 63s., 76-83, 86s., 95-97, 107-109,

111s., 113-116, 117s., 119-124,
125-173, 208, 209-219, 278-282
do milho 54, 57s., 187
Deusa com asas 81
Di inferi 79
Dia 149, 156s., 166, 215, 269
Diana 231
Dicearco 211
Dídimo 249
Diels, H. 72, 75, 109, 112, 115, 162, 179, 248
Dies 156, 166, 215
   religiosi 127
Diespiter 156s., 161, 163, 167s., 215
Dike 75, 269
Dincas 187
Dinewan 29s.
Dio Cassius 93
Diogenes 207
Diógenes Laércio 248
Diomedes 101, 143
Dionísio de Halicarnasso 154, 157, 160
Dionísio 50, 65s., 100, 112, 128s., 132, 147, 158, 179, 207s., 216s., 224, 259-261, 277
   Lyaios, Lysios, Lyseus 259-261
   Omestes 158
Dionysia 65
Dióscuros 133, 147
Dipolíeia 64
Dispiter 161
Dius Fidius 269
Divino 31-35, 38, 56, 71-73, 75s., 83s., 101, 104, 106, 112-114,

118-123, 127-129, 140, 145, 150, 153, 171, 213, 222
Di-wo-nu-so-jo 260
Dodds, E.R. 126
Dómos, dómata 280
Dragão 236
Drerup, E. 140
Droste-Hülshoff, A. 237
Düring, I. 249
Dyau 215
Dyaus-pita 215
Dýnamis 84

Ectípico 40, 43, 171
Eídea 128
Eidénai 102s., 106s.
Eidololatría 111
Eîdos 102, 251
Eitrem, S. 130, 132
Ektragódein 68
Elêusis 98s., 204, 224, 226, 251
Eleutero / Eleutera 260
Eleuthería / Eleuthéria 218, 261
Eleuthérios 218, 260s.
Élio Aristides 259
Emuna 272s.
En sarkí, en pneúmati 238
Enárgeia 126
Eneias 82, 114, 167
Enérgeia 84
Ênio 269
Epicuro / epicuristas 116, 179, 181, 186
Epifania 34s., 125s., 135, 216, 243

Epimeteu 139-141, 143
Epistéme 105s.
Epoché 116, 118-120, 152
Erastos 249
Erebos 149, 194s.
Eretria 281
Erffa, C.E. 84, 87, 92, 95, 96
Ergon 15
Erictônio 254
Eríneas 98, 138
Eschára 134
Esparta 231, 279
Esperança 51
Esquartejamento 65, 224
Ésquilo 86, 112, 144, 184, 215, 218, 259
Estácio 245
Estoicismo / estoicos 116-120, 122
Estrutura 13, 44, 101, 106, 277
Éter 149
Etiópia 135s.
Etrusco 66, 68, 151, 153, 221s., 233
Eulábeia / eulabûmai / eulabés 70-73, 76, 93, 123
Eumelo 146
Eurípides 42, 81, 198, 213s.
Eusébeia 84, 93
Evlávia 71
Existência 45, 68, 72, 109, 123, 135, 137, 147, 172, 201, 203, 261
Existencialismo 209s.
Êxtase / ékstasis 73, 122, 208, 230, 259

Fanodemo 50
Farnell, L.R. 144
Fase / *pháseis* 46s., 126
Fasti
   Amiternini 158
   Praenestini 158
Fatum 122, 124
Fé 72, 74, 117s., 263-276
Feácios 135s.
Febo 77
Fecial 161
Feijões 158
Feminino 216
Fêmio 100
Feriae Iovis 158
Fertilidade 164
Festa 9s., 42, 43-66, 68, 99s., 111-113, 121, 123, 126s., 129-131, 135s., 142, 156, 181, 221, 230
Festugière, A.-J. 86
Fidere 267
Fides 159, 161, 263, 266-270, 273
Fídias 171
Filhas de Oceano 112, 227
Filipe da Macedônia 249
Filolau 72, 112
Flacius / Francowitz, M. 263
Flamen Dialis 127, 149-171
   Martialis 156s., 165
   Quirinalis 156, 158, 165
Flaminica 155, 161s., 165
Fliacas 52
Fogo
   roubo do 138, 203, 223

Fowler, W.W. 79s., 93, 151
Frazer, J.G. 7, 59, 155, 165
Freud, S. 190, 262
Friedländer, P. 141
Frígio 254
Fritze, H. 132
Frobenius, L. 8, 53, 187
Fulda, A. 106
Fundação da cidade 16
Furtwängler, A. 233

Gaia 138, 204
Gaius 161
Ganimedes 144
Gélio 157-160, 165s.
Genius 163-166
Gercke, F. 239
Gérion 75
Gesto 35, 88, 90, 94, 236, 239
Getsêmani 239
Gigantes 138
Goethe, J.W. 44, 88, 97, 183
Górgona 20, 190
Grande Mãe 154
Grão 204; cf. tb. Cereais
Gratia 246s.
Gratiae 186
Grey, G. 18s., 21, 41

Hades 178-181, 184, 186, 190, 204; cf. tb. Submundo
Hágios 78
Hagnós / hagné 77-79
Halliday, W.R. 81

Hambruch, P. 22, 29
Harpias 131
Harrison, J.E. 7s., 47
Házesthai 76s., 95
Head, B.V. 267
Hecatombe 130, 135, 280
Hécuba 88, 90, 94, 130
Hedén, E. 101, 214
Hefesto 144-146, 203, 207, 227, 254
Heidegger, M. 178, 180, 278
Heitor 88, 94s., 143, 197
Helena 85, 213
Hélio 96
Hénosis 136
Hera 63s., 92, 100, 145-147, 158, 162, 201, 203s., 206s., 217, 225
 templo 203, 281
Héracles 75, 96, 147, 232-237, 239s., 248
Heráclito 31, 74s., 149, 178
Heraia 63
Hermes 130, 145, 180, 206, 216, 223s., 233, 241
Hérmias de Atarneu 242, 249-251, 254
Heródoto 15, 112, 128, 140, 281
Herói / lutas de heróis / sagas de heróis 17, 21s., 24, 31, 34, 94s., 113, 137, 142s., 145, 147-149, 232-241, 250
Herondas 33
Herten, J.C.A. 71, 73, 93
Hesíodo 74s., 77, 87, 95, 106, 118, 125, 127s., 136-143, 149, 195, 198s., 222-224

• 293

Hesíquio 149, 271
Hierón 82s.
Hieroworgos 83
Hierûrgos / hierúrgeîn / hierurgía 83
Higino 93
Hinos órficos 259, 269
Hipocentauros 20
Hipólito 230
Hipponoos / Hipponoe 107
Hitita / hititas 38
Hoegler, R.G. 130
Hofmannsthal, H. 232
Hölderlin, F. 50, 215
Homero / homérico 13, 15, 35, 76s., 80, 83, 86-89, 92, 96-104, 106, 108-110, 113, 125, 128-133, 135s., 143s., 146s., 171, 184, 197-201, 204, 214, 220, 229, 246
  hino a Deméter 85s., 98, 224
  hino a Hermes 206, 223s.
  Ilíada 77, 92, 96, 99s., 105, 108-110, 128, 130, 133, 143s., 146, 196s., 200, 220, 222, 259
  Odisseia 77, 80, 85, 96, 99s., 105, 196, 199s., 214
Homo religiosus 120
Honos 244
Horácio 50, 62, 188, 245, 258
Horân 103, 111
Hosía / hósion / hósios 80-84
Hosiotér 81
Huizinga, J. 9, 59
Humanidade 11
Humanismo / humanista 13, 34, 200, 210

Humboldt, W. 256
Hurrita 38, 254

Iasião 49
Idade de ouro 137
Ideia / *idéa* 43s., 52, 57-63, 102, 133-137, 143, 222, 251
Idus / idos 159, 269
Ilhas Trobriand 39
Imagines 158
Imortalidade 185
Impluvium 159
Índia / indiano 215
Índios; cf. Cora
Inebriamento 129, 207
Iniciação / iniciado 82
Iniciados 99
Iovis fatum 122
Isaías 272; cf. tb. Bíblia, Antigo Testamento
Ishtar 207
Islamismo 254
Israelita; cf. Judaísmo
Iuno, Luno, Juno 162-164, 240
  Argiva 162
  Lucina 163
  natalis 163
Iuppiter, Júpiter 64, 122, 154-157, 159, 162, 169, 215, 268-270
  Anxurus 160
  Farreus 161
  Indiges 167
  Lapis 161
  Liber 164, 218, 261

Libertas 218, 261
Optimus Maximus 168
Templo 268
Veiovis 157
Ius divinum 150
Iustitia 80

Jaeger, W. 102, 106, 246s., 249
Jahn, O. 240
Jano 163
Jean Paul (Richter) 144
Jensen, A.E. 10, 61
Jerusalém 254
Jesus; cf. Cristo
Jogo 9, 35, 40-42, 50, 55, 58-61
Jörgensen, O. 101
Judaísmo / judeu / israelitas 11, 69s., 136, 140s., 152, 198, 201, 209s., 212, 225, 238, 254-256, 261s., 272s.
Jung, C.G. 10, 52, 140, 160
Juno; cf. *Iuno*
Júpiter; cf. *Iuppiter*
Juvenal 41, 166

Kahler, H. 277, 279s.
Kalós / kalé 63
Keil, H. 240
Kern, O. 84
Klostermann, E. 258
Koch, C. 153, 157s., 160, 163, 167
Koets, P.J. 73
Kore 205, 226
Körte, A. 249

krátos 75
Kretzschmer, P. 95
Krokotón 230s.
Kumarbi 254

Labirinto 178, 195
Lactâncio 93
Laelius 117
Lanuvium 163
Larentalia 158
Latte, K. 244, 267
Leão 228, 232s., 240
Lectistérnios 154
Lectus genialis 166
Leda 248
Lei 74s., 147, 201, 217s.; cf. tb. *Nomos*
Lénaia / lenós 65
Lenau, N. 238
Léthe 139
Leto 205s., 227
Lévy-Bruhl, L. 190
Língua / linguagem 77s., 108-111, 254-257, 278
Link, G. 83
Linssen, H. 261
Livingstone, R.W. 8
Lívio 166, 269
Loeschke, G. 52
Lógos 15, 176
Lokroi 267
Lua 29-31, 179, 216, 231
  cheia 204, 269
  deusa lunar 54, 132
  nova 163

• **295**

Luciano 38
Lupercalia 159
Lutero, M. 258, 274
Luther, W. 139
Lya 260
Lýtron / lýtrosis 258

Macróbio 157, 160-162, 269
Mãe / deusa-mãe 88, 90, 194, 203-206, 215s., 225, 27s., 254
  matriarcado 88, 202s., 205s., 225
Magia 58-60, 151, 197, 260
Mágico 84, 268, 275
Maia 206
Malinowski, B. 39, 55, 171
Mana 78, 84
Mann, T. 20, 40s., 120
Maoris 20
Marett, R.R. 51-53
Marte 155
Marxismo 209s., 217
Matriarcado 165, 225
Matrimônio 159, 164s., 201, 203, 207
Matronalia 66
Me on 195
Meinhof, P. 31
Mekone 28, 30, 32
Meleagro 230, 236
Mênades 208
Menandro 114, 213
Menelau 86
Mens 267s.
Mesopotâmia 38
Mesquita de Omar 254

Messianismo 256
Metaneira 98
México 54
Meyer, E. 137
Micenas 34s., 38, 128
Milton, J. 232
Mistério(s) 82, 99, 204, 224, 226, 243
Misticismo 209s.
Mito 10, 14s., 20, 25-28, 38-42, 53-56, 63-65, 74s., 101, 130, 132, 134s., 153s., 167s., 171-173, 196-208, 237-239, 242-252, 263-276
  (s) escatológicos 17
Mitologema / *mythologemata* 17, 20s., 25, 27s., 30-32, 55-57, 168, 183s.
Mitologia / mitológico 10, 11-32, 33-42, 150s.
Mitra 132
Mnemosina 249
Modelo / imagem primeva 14, 16, 76, 201
Moira / *moîra* 200, 217
Moisés 258s.
Molorco 240s.
Mommsen, T. 172
Monte Citéron 64
Morfologia cultural 8
Morphé 251
Morte 79s., 130-132, 143, 157, 174, 176-180, 182s., 187s., 243, 245, 251s.
Morto(s) 80s., 128, 183-185, 191
  veneração dos 80, 134, 157
Mulher primeva 138

Müller, K.O. 15, 17, 25-27, 29, 207s.
Müller, M. 34
Muniquia 228-231
Musas 190, 249
Música 10, 17-21, 27-32, 52s., 242
Mysteria 99
Mytheîsthai 199
Mythologeîn 15s., 199
Mythología 16
Mythologos 38
Mythos / mythus legein / μῦθος 15, 33, 199, 242, 244, 263, 270

Nada 184s.
Não ser 174-195; cf. tb. Morte
Naós 279-281
Napoleão 41
Naturalis theologia 118, 120
Natureza
  aition da 29s., 77, 129, 131, 147, 149, 205, 218, 259
  religião natural 136
  povos naturais 31, 46; cf. tb. Povos primitivos
Nausícaa 86
Nemeia 232, 240
Nemesân / nemesâsthai / nemesízesthai 95
Nêmesis / *némesis* 81, 95s.
Niebergall, M. 124n.
Nietzsche, F. 58, 207
Nilsson, M.P. 23, 24
Ninfa 138, 205, 208
Noeîn 106-109, 147, 175

Noite 95, 149, 166, 194, 269
  deusa 77, 79
Nomizómena / nenomisména / nómima 74, 81
Nomos / nómos / nomízein 74-76, 89, 95
Nono 259
Norden, E. 23, 141
Nova Zelândia 18, 20
Numen 115s., 121
Núpcias / nupcial 28, 64, 166, 205s.
Nûs / nous 107-110, 112, 115s., 118s., 121s., 139, 200s., 206, 217
Nutus 116

Odisseu 77, 85s.
Oîkos / oikía 280
Ὀλιγοπιστία 273
Olímpia 112, 203, 232-241
Olimpíadas 126
Onquestos 80
Oração 197, 200, 214, 272
Oráculo 72, 81, 122, 206
Orenda 84
Órgãos sexuais 89s.
Origem 30, 179
Orítia 20
Ortega y Gasset, J. 20, 40
Otto, R. 78, 140
Otto, W.F. 8, 129, 134, 145, 215, 231, 270
Ovídio 38, 66
Ovis Idulis 159

• 297

Padres da Igreja 38
Pai 156, 167s., 201s., 216s., 225s., 231, 260
Palas Atena; cf. Atena
Panathenaia 63
Pandora 140
Paranomía 211
Parapsicologia 177
Parilia 66
Parmênides 105, 109, 186
Partenon 50
Parthenia 228, 230s.
Parto / dar à luz 28, 164, 206, 216, 231
Pascal, B. 72
Pater, W. 8
Patriarcado 202s., 205s., 226s.
Pátroclo 85, 108, 143
Pausânias 129
Pax et venia deum 127
Pecado original 39
Pedra 161, 254
Pégaso 20
Πείθειν / πείθεσθαι / πιστεύειν 265s.
Pélope 65
Penélope 89
Periodicidade 227
Período micênico 24, 83, 202, 205, 260, 279
Persa(s) 132
Perséfone 77, 79, 85, 190, 204s., 226s.
Perseu 216
Perthes, G. 175, 178
Pettazzoni, R. 7

Philippson, P. 108, 136
Phílos 142
Phrónesis 102
Physis 74, 259
Pietas 80, 92-94, 114s., 121, 150s., 244s.
Pileus 160
Pilos 128, 160
Píndaro 50, 74s., 98, 115, 136, 138, 142, 251, 260
Πιστεύειν 266, 271s.
Pistis / πίστις 72, 263-267, 269, 273
Pitagórico 72, 112, 274
Pithoígia / pithoigía / píthoi 66
Pítias 249
Platão 15-17, 20, 33, 40, 44, 71, 81, 102-104, 106, 112s., 119, 175, 179, 185, 213, 222, 249-251, 265, 279
 o poeta 91
Plateias 218
Plínio o Velho 213, 269
Plutão 204
Plutarco 48s., 65, 71, 81, 83, 93, 105, 158, 159, 162, 168, 259
Pluto 49, 205
Poesia / poeta / arte poética 10, 14, 16-19, 20s., 30-32, 99-101, 125, 135, 190s., 198s., 238
Poíesis 16
Políbio 68
Polícrates 218
Polignoto 63
Pompeia 278

Pontifex / *pontifex maximus* 156
Poplifugia 158
Porfírio 65, 80
Poseidon 132, 145, 150, 201, 205, 216, 254
   Hippios 80
Posis Das 153
Povos primitivos 19, 31, 39, 51, 53, 56, 59, 190, 196
Prâxis 113
Praxíteles 91
Preuss, K.T. 14, 54-56, 59, 131
Príamo 80, 143
Priápico 145
Pritaneu 64
Probus 240
Procriação 163, 166s., 243
Pródico 251
Profanum 82
Profetismo 121
Prometeu 17, 26, 28, 30, 41, 48, 112, 135, 138-141, 144, 218, 223s.
Promontório de Leocádia 130
Pronoia 122
Propércio 163
Proserpina 190; cf. tb. Perséfone
Protágoras 15
Protestantismo 46
Psicologia analítica da religião 9, 58, 243
Psyché 179
Ptolomeu V 211
Pudor 92
Puhvel, J. 260

Queroneia 48s.
Quimeras 20
Quirino 155

Radin, P. 52, 140
Redemptio / *redemptor* 255, 257
Rei / reinado 75, 155
Reia 204
Reinhardt, K. 33, 43
Reino dos mortos 79, 128, 180; cf. tb. Submundo
Reitzenstein, R. 120, 137, 138, 264
Religio 70-72, 76, 92s., 99, 114-116, 119-123, 125-127, 151s., 154, 170, 175, 183, 196
Religiose 169
Rex sacrorum 155
Riezler, K. 107, 109, 139
Rilke, R.M. 177, 181
Rite 150
Rito / ritual 28, 48, 64s., 73, 115, 130, 133
Rocha; cf. Pedra
Rohde, E. 174, 207
Rohde, G. 156, 159
Róheim, G. 51
Röhr, J. 85
Roma 218
   Capitólio 169, 267s.
Rose, H.J. 155, 164
Rosenzweig, F. 209
Rostowtzew, M. 126
Ruskin, J. 7

Sacer 79, 83, 223
Sacerdote 116s., 155-172
Sacra 156
Sacrifício / *sacrificium* 28, 41, 48s., 64, 79s., 81, 83, 130-135, 138s., 142s., 147, 156-159, 197, 220-224, 230, 240, 254, 268, 277, 280, 282
Saga 24
Salii 165
Salis, A. 236
Salústio 238, 271
Salvação
 religião da 39, 253-262
Salvator 258
Samos 203, 218, 281
Samter, E. 160
Sanctio 83
Sanctus / sanctitas 79s., 82
Santo / santidade 79-82, 130s., 220-224
Santo Agostinho 256
São Jerônimo 255, 257s., 274
Sarpédon 108
Sartre, J.-P. 210, 217
Sátiro 142, 208
Sauer, K. 165
Sáutari 54
Scheler, M. 177s., 181, 182, 183, 187
Schelling, F.W.J. 14s., 144
Schmidt, C. 174
Schmidt, P.W. 10, 61
Scholem, G. 256
Schulz, R. 87
Scrinium 280s.

Sébas 84-87, 98, 125, 175s.
Sébein / sébesthai 84, 86
Selinunte 218
Semnós 98
Ser 103, 109, 121, 139, 147, 175, 183s., 187, 193s., 216, 227, 250, 298s.
Ser humano / humanidade 13, 23, 31s., 67s., 78, 81, 116, 119-121, 142s., 179, 204
 primevo 138
 cf. tb. Deus
Serifos 215
Serviço aos ídolos 111
Sexto 274
Sexualidade / sexual 89s.
Sheol 204
Sicília 218
Sileno 142, 208
Sílio Itálico 270
Simão o Mago 275
Símbolo / simbólico 88s., 115, 130, 133
Sképsis 116, 119
Smith, R.W. 69
Snell, B. 102, 103, 119
Sócrates 15, 102, 104-106, 113, 197, 246, 250s.
Sofista(s) 15, 17
Sófocles 13, 80, 98
Sol 29-31, 96, 216
 deus do 55
Sólon 74
Sonho 192, 259
Sotér 258, 260s.

Spencer, B. 51
Spes 244s.
Staudacher, W. 168
Stier, H.E. 74, 75
Submundo
   divindade do 48,. 79-85, 134, 158s., 178, 183s., 195, 201, 203-206, 227, 230s., 237
   jornadas ao 17
Subterrâneo; cf. Submundo
Sumério(s) 38
Sundwall, J. 149
Superstição 73, 122, 260
Superstitio 73, 122s.

Tabu 78, 83
Tácito 158, 165, 168
Tanagra
   figuras de 34, 130
Tártaro 95, 195
Taylor A.E. 102
Taylor L.R. 152
Telêmaco 85s., 95
Têmis / *thémis* 76, 89-92, 94s., 97
Templo 78, 277-282
Tempo 149, 172
   primevo 29, 31, 134-136, 149s., 171
Teócrito 91
Teofrasto 73, 80, 186
Teogonia / teogônico 26
Teriomorfismo 35
Terra 19, 138, 166, 194s.
   deusa 54, 85, 150, 204s.
Tétis 108

Thaûma / *thámbos* / *thaumázein* 86, 176
Théa 111, 113
Théatron / teatro 112s.
Theîon 34, 210, 213, 216
Theología 213
Theôn ópis 96
Theôn sébas 86
Theoreîn 111
Theoría 98-114, 123, 171, 183
Theorós 111s.
Theós 110, 142, 198, 198-200, 209-219
Theoxénia / *theodaisía* 133, 154
Thingánein 119
Thrásos 71
Threskeía / *thrêskos* / *threómai* 73
Thriambos 168
Thulin, C.O. 160
Thymós 200
Thysía 48
Tibulo 163, 245
Tirésias 91
Tirteu 247s.
Titanomachía 146
Titãs / titânico 19, 75, 139, 142-148, 195, 222s.
Totem 51-54, 57
Touro
   sacrifício de 28, 41, 48s., 64, 130-136, 150, 208, 220, 222-224, 280
Treu, G. 232
Triumphus 168-169

Ulai, ulochytai 132
Ulpiano 82
Ulrich, T. 92
Urano 138, 204
Urso / ursa 42, 228-231
Usener, H. 27

Vaca 132
Vahlert, K. 151
Valerius Maximus 93
Valéry, P. 282
Van der Leeuw, G. 47, 78, 91, 126, 129
Varrão 157, 164, 169
Veiovis 157-163; cf. tb. *Iuppiter*
Vênus / *venus* 207, 246s.
Verdenius, W.J. 87
Vinho 50, 66, 129, 159, 207, 220-222
Virgem / virgindade 206, 238, 248
Virgílio 82, 114, 137, 156, 164, 172, 190, 240, 270
Virgines Vestalis 172
Virtus 242-246
Visão / contemplação 85-88, 94, 96s., 98-114, 119-124, 128, 142s., 147s., 175, 184
Visão / visionário 121
Visitare / video 111
Vocatio 120
Vox 263, 270s.
Wackernagel, J. 210
Wagenvoort, H. 156

Webster, T.B.L. 128
Weinreich, O. 259
Welcker, G. 271
Weniger, L. 78, 133
Wilamowitz-Moellendorff, U. 73, 78, 81, 82, 83, 84, 91, 213, 249, 265
Willinger, E. 76
Wissowa, G. 93, 150, 151, 152, 156, 157, 158, 159, 160, 161, 244, 245, 261, 267

Xenófanes 140
Xenofonte 230, 251, 279

Yahvé 69, 70, 72

Zeus 30, 64s., 75-77, 86, 91s., 95, 97, 106-110, 119, 128, 132, 138-143, 146s., 149, 171, 197s., 200-207, 214-216, 218s., 224s., 229, 231, 248s., 260s.
Eleutério 218, 260s.
Katachthonios 157
Pistios 269
Polieus 64
- templo de 218, 232s.
Xenios 249
Zimmer, H. 141
Zimmermann, H. 215
Ziu 215

Posfácio

Religião antiga, de Karl Kerényi, foi publicado em 1971 como Volume VII de *Werke in Einzelausgaben*, pela editora Langen-Müller, Munique-Viena. O editor desse livro, composto por vários estudos, era o próprio autor. Como responsáveis por esta nova edição, limitamo-nos a eliminar os erros de impressão presentes na primeira edição.

As notas foram mantidas em tom deliberadamente lacônico pelo autor, pois para ele a prioridade era a coerência interna de seu próprio texto, que não se dirigia apenas a especialistas. Em 1971, ele ainda podia confiar que os filólogos clássicos e estudiosos da religião poderiam facilmente orientar-se pela bibliografia que ele próprio consultava. Desde então, um quarto de século se passou e uma bibliografia muito mais recente foi adicionada: muitas das obras do pré-guerra citadas não são mais conhecidas hoje. É por isso que incluímos o local e o ano de publicação da bibliografia citada, onde isso se mostrou possível sem pesquisas extensas. Isso facilita ao leitor atual situar esta exposição da religião antiga na história da ciência. Para uma melhor visão geral, unificamos as referências às obras do autor publicadas após na *Werkausgabe*.

Magda Kerényi
Cornelia Isler-Kerényi

CULTURAL

Administração
Antropologia
Biografias
Comunicação
Dinâmicas e Jogos
Ecologia e Meio Ambiente
Educação e Pedagogia
Filosofia
História
Letras e Literatura
Obras de referência
Política
Psicologia
Saúde e Nutrição
Serviço Social e Trabalho
Sociologia

CATEQUÉTICO PASTORAL

Catequese
Geral
Crisma
Primeira Eucaristia

Pastoral
Geral
Sacramental
Familiar
Social
Ensino Religioso Escolar

TEOLÓGICO ESPIRITUAL

Biografias
Devocionários
Espiritualidade e Mística
Espiritualidade Mariana
Franciscanismo
Autoconhecimento
Liturgia
Obras de referência
Sagrada Escritura e Livros Apócrifos

Teologia
Bíblica
Histórica
Prática
Sistemática

REVISTAS

Concilium
Estudos Bíblicos
Grande Sinal
REB (Revista Eclesiástica Brasileira)

VOZES NOBILIS

Uma linha editorial especial, com importantes autores, alto valor agregado e qualidade superior.

PRODUTOS SAZONAIS

Folhinha do Sagrado Coração de Jesus
Calendário de mesa do Sagrado Coração de Jesus
Almanaque Santo Antônio
Agendinha
Diário Vozes
Meditações para o dia a dia
Encontro diário com Deus
Guia Litúrgico

VOZES DE BOLSO

Obras clássicas de Ciências Humanas em formato de bolso.

CADASTRE-SE
www.vozes.com.br

EDITORA VOZES LTDA.
Rua Frei Luís, 100 – Centro – Cep 25689-900 – Petrópolis, RJ
Tel.: (24) 2233-9000 – Fax: (24) 2231-4676 – E-mail: vendas@vozes.com.br

UNIDADES NO BRASIL: Belo Horizonte, MG – Brasília, DF – Campinas, SP – Cuiabá, MT
Curitiba, PR – Fortaleza, CE – Juiz de Fora, MG – Petrópolis, RJ – Recife, PE – São Paulo, SP